Adler & Condor

Eine wahre Geschichte
von einer unerwartet mystischen Reise

von

Jonette Crowley

Elraanis Verlag

Adler & Condor

Eine wahre Geschichte von einer

unerwartet mystischen Reise

von Jonette Crowley

Im Original erschienen 2007 bei:

StoneTree Publishing

5380 S. Monaco St., Suite 110

Greenwood Village, Colorado 80111

Deutsche Erstausgabe 2009:

Elraanis Verlag, Reit im Winkl

www.elraanis.de

ISBN 978-3-934063-60-0

Druck: Druckerei Steinmeier GmbH & Co. KG

Gewerbepark 6, 86738 Deiningen

Titelbild: Machu Picchu von Marlene Tuttle

Kondor von Image@www.roughwood.net mit freundlicher Genehmigung

Foto auf der Rückseite: Mallku Arévelo von Erin Crowley

Buchdesign, Umschlag, Satz: -allgraphics- Tom Groß, Berlin

Übersetzung: Birgit Junker

Lektorat: Gerlinde Heinke

»In dem Verlangen nach deinem gigantischen Selbst
liegt deine Güte,
und dieses Verlangen ist in jedem von euch.«

Kahlil Gibran, »Der Prophet«

»Schrittweises Lernen,
Wissen das sich lediglich auf Grund dessen erweitert,
woran du schon immer geglaubt hast,
ist nichts im Vergleich zu dem Wissen,
dessen absolute Präsenz alle vorherigen Ideen sinnlos werden lässt.«

Jonette Crowley

Inhalt

Danksagung

Ein Buch zu schreiben ist Teamarbeit. Für mich, die ich extrem extrovertiert bin, muss es so sein. Zuallererst geht meine Dankbarkeit an meine Familie und Freunde, die mich unterstützt haben bei meinen Erforschungen von – allem. Es würde keine Abenteuer in dieser Geschichte geben ohne meine kameradschaftlichen Mitreisenden und Mitwanderer, zuerst in Australien, dann im Himalaja und letztendlich in den peruanischen Anden. Danke, dass ihr mit mir bis ans Ende der Welt gegangen seid.

Von Anfang an habe ich für dieses Buchprojekt verschiedenste Freundinnen in unsere Wohnung, die sich in den Rocky Mountains von Colorado befindet, geschleift, um mir beim editieren zu helfen, und – wenn meine Handgelenke von der Tastatur zu schmerzen anfingen – um weiter zu tippen. Mein tiefster Dank geht an Becca Oldt, Deborah Bergman, Gloria Barschdorf, Marlene Tuttle und Amara Whitney für ihre harte Arbeit, ihre einsichtigen Vorschläge und am allermeisten für eure Freundschaft. Die Familie hat auch mitgeholfen. Mein geliebter Ehemann, Ed Oakley, der auch Autor ist, hat unterstützt, Korrektur gelesen und war eine große Hilfe in all den Entscheidungen die Veröffentlichung betreffend. Meine Schwester, Erin Crowley, war eine sorgfältige und umsichtige Lektorin und Schwester. Maureen Rodwin hat mit ihrem Kommentar »Jonette, dieser Abschnitt ist zu eigenartig für normale Leser« geholfen. Meine Nichte, Kelly Crowley, hat am Computer getippt und editiert, ohne irgendwelche neunmalklugen Kommentare in das Manuskript einzufügen. Amy MacDonald war großartig im Entziffern meiner Kritzeleien. Liebe Freunde haben das Skript in den verschiedensten Stadien gelesen, um es dann jedes Mal signifikant zu verbessern: Jarla Ahlers, Nancy Mitchell, Brad Johnson, Berdine und Muriel de Visser, Yolanda Groenevelt, Vicki Staudte und so viele andere. Unzählige weitere von überall auf der Welt haben es gelesen und mir Ermutigungen und Bestätigungen geschickt. Ich bin dankbar für den Rat des Bestseller-Autors James Redfield: »Nimm dir Zeit und verschicke es nicht, bevor es perfekt ist.«

Für das professionelle Editieren habe ich mich auf das Fachwissen von Michael Cowger und Helenita Ziegler verlassen. Reya Ingle hat beim endgültigen Korrekturlesen geholfen. Für die Hilfe in so vielen Details bin ich Dave Gordon aus meinem Büro dankbar, ein Mann mit vielen Talenten. Und eine ganz besonders große Umarmung geht an Ginny Hill, die unermüdlich in den letzten paar Monaten gearbeitet hat, um zu ergänzen, am Computer zu schreiben, zu koordinieren, Entscheidungen zu treffen und all die hundert Details in Zusammenhang gebracht hat, die es braucht, um ein Buch herauszubringen.

Meine größte Dankbarkeit geht an all diejenigen von euch, die dieses Buch lesen und es erlaubt, in eure Herzen treten zu lassen. Durch Lesen, durch Lernen, durch Wachstum und durch ein vollständigeres Lieben machen wir diese wunderbare Welt zu einem noch besseren Platz. Vielen Dank.

Einführung

Wenn ich gewusst hätte, dass ich ein Buch schreiben würde, dann hätte ich mir ein paar Notizen gemacht.

So begann der Dialog mit meiner inneren Stimme, die von mir verlangte, ein Buch über meine spirituellen Abenteuer in den Anden zu schreiben. Ich war gerade erst von Südamerika wieder zwei Tage zu Hause, und ein Buch zu schreiben befand sich nirgends auf meiner Liste der Dinge, die ich zu erledigen hatte. Was du liest ist der Beweis dafür, dass die innere Stimme sich durchgesetzt hat.

Ich bin eine Mystikerin aus Versehen, eine normale Person mit außergewöhnlicher Neugierde. Ich bin eine Ehefrau, eine Schwester, eine Geschäftsfrau, die den Weg des spirituellen Erwachens entlang stolpert, Wahrheiten entdeckt, die herumzetern, um aus den zumeist unzugänglichen Gewölben der altertümlichen Mystik freigelassen zu werden.

Obwohl dies eine sehr persönliche Geschichte ist, drängt jeder Abschnitt dich dazu zu überprüfen, was ist deine Geschichte? Vertraue deiner Wahrheit. Deine Geschichte, deine Bestimmung entfaltet sich in dem subtilen Spiel und den Mustern von Synchronizität, von Einsichten, die erst abgetan und verworfen werden, und von kleinen Gesprächsfetzen der Wahrheit, die ganz knapp unter der Oberfläche dessen flüstern, von dem du annimmst, es sein das ganz alltägliche Leben. Es gibt kein ganz alltägliches Leben. Du bist nicht alltäglich! Du wirst feststellen, dass es ein größeres Muster und einen Zweck in deinem Leben gibt, wenn du genauer hinschaust.

Als ich wegen irgendeinem Aspekt in dieser Geschichte davon zurücktreten wollte aus Angst, was andere von mir denken würden, habe ich mich an meine Bekenntnis erinnert, führend sein zu wollen. Soweit ich es behaupten kann, gibt es keinen anderen Weg zu führen, als durch das Beispiel. Ich hoffe, dass dich diese Geschichte unterhält, dich zum Lachen und zum Weinen bringt, dich herausfordert und dich erwachen lässt. Die Meditationen, Zeremonien und spirituellen Einweihungen, die hierin enthalten sind, können dich in diese Energien und die Weisheit der alten Mysterien mit hinein führen. Sie sind ein Geschenk des Lichts für dich.

Jonette Crowley, Denver, Colorado

Teil I
GEISTER
AUF MEINEM WEG

»Stell dir vor, du hast ein gewaltiges mystisches Erlebnis …
wenn du davon zurückkehrst, bist du nicht mehr dieselbe Person
und kannst es nicht mehr sein.«

- White Eagle -

1
Eine Prophezeiung
der Inka

Eine alte Prophezeiung, die unter den einheimischen Menschen überall in Amerika geteilt wird, besagt, dass wenn der Adler aus Nordamerika und der Condor aus Südamerika sich vereinen, der Geist des Friedens auf der Erde erwachen wird. Nachdem sie Jahrtausende darauf gewartet haben, glauben viele Eingeborenen, dass jetzt die Zeit dafür gekommen ist.

Es ist der Morgen des 21. Dezembers 2004 und ich sitze im vorderen Wagen eines Touristenzugs, der Perus heiliges Tal durchquert auf dem Weg zum Machu Picchu. Das Signalhorn des Zuges stößt einen Warnton für ein Dutzend Arbeiter mit Bauhelmen aus, die daran arbeiten, heruntergefallene Felsbrocken aus dem Schienenbereich zu räumen. Tiefe Einschnitte von zu viel Regen durchziehen die steilen Hügel von Kakteen, Bougainvillen und einen Ort, wo jemand Kallas angepflanzt hat. Vom Fenster aus starre ich über den Urubamba Fluss. Der Inka-Pfad, den ich erst vor vier Monaten gewandert bin, schneidet in die Hügel, die bedingt durch den saisonalen Regen beginnen grün zu werden. Steinterrassen, die vor langer Zeit gebaut wurden und von den einheimischen Farmern immer noch genutzt werden, steigen aus den Überresten einer Inka-Brücke auf. Als wir den Dschungel in der Nähe von Machu Picchu erreichen, geben die Eukalyptus-Wälder-Blätter, die von gedecktem Grün triefen – den Weg frei für die reichhaltige, heimische, kaskadenartige Vegetation.

Ich habe gerade Mallku verlassen und reise allein, eine von vielen Tages-ausflugs-Touristen in dem Zug nach Aguas Calientes, der Stadt am Fuße des Machu Picchu. Ist es erst vier Monate her, seit ich hier gewesen bin? Dieses Mal ist es anders. Ich führe keine Gruppe an und heute ist die Sommerson-nenwende in der südlichen Hemisphäre, der zweitwichtigste Tag im Inka-Kalender.

Was bedeutet die Prophezeiung vom Adler und dem Condor wirklich? Ist es nur ein Mythos? Wenn jetzt die Zeit dafür ist, wie werden wir es wis-sen? Was ist mit der Legende von der goldenen Sonnenscheibe der Inkas – stammt sie ursprünglich von dem verlorenen Kontinent Lemurien? Ist sie in Perus Titicaca-See versteckt, so wie einige glauben? Was bedeutet das heute alles für uns? Überdies, was kann diese altertümliche Legende möglicher-weise mit mir zu tun haben?

Nun, ich weiß, dass wir tief in die altertümlichen Mythen mit eingewoben sind – ein wesentlicher Teil von Prophezeiungen und ihrer Erfüllung. Den-noch schleudern wir durchs Leben und sind uns der größeren Vision, die wir erschaffen, nicht bewusst, bis sich die Stücke letztendlich zusammenfü-gen. Die Reise, die heute am Machu Picchu endet, hat mich mehr als zwan-zig Jahre des Reisens quer durch Australien, Afrika, Nepal und letztendlich Südamerika gekostet. Im Nachhinein kann ich die Teilstücke sehen, so wie sich die Scherben eines bunten Fensterglases zu einem unglaublichen Bild zusammenfügen und die Prophezeiung des Adlers und des Condors nur ein Teil davon ist.

2
Ein ansonsten normales Leben

In den ersten dreißig Jahren meines Lebens sind keine Stimmen in meinem Kopf aufgetaucht und ich hatte auch keine ungewöhnlichen Visionen. Im Alter von zwölf Jahren bestand mein Hellsehen darin, mich wie eine Zigeunerin zu verkleiden und so zu tun, als würde ich für die Nachbarskinder die Zukunft vorhersagen mit Hilfe von einem Packen Spielkarten.

Aufgewachsen in einem Vorort von Denver als die Älteste in einer großen, katholischen Familie, bin ich durch alle Phasen eines typischen jungen Mädchens gegangen, welche entscheidend für ihr Schicksal sind. In der zweiten Klasse wollte ich Nonne werden; in der vierten Klasse Missionarin; in der sechsten Klasse Lehrerin. In der Schule hervorragend und von Natur aus selbstlos, legte ich mich darauf fest, Kinderärztin zu sein. Natürlich würde ich keins von alledem werden.

Während dieser Jahre zu Hause sind wir jeden Sonntag in die Messe und zur Beichte gegangen, nachdem uns unsere Mutter daran erinnert hat, wie gemein wir zu unseren Geschwistern gewesen sind. So wie alle guten katholischen Kinder trugen wir Wettbewerbe aus, wer am schnellsten hintereinander zehn Ave-Maria aufsagen konnte. Dann, in der achten Klasse, habe ich mich radikal von den Lehren der Kirche abgewendet. Virginia Tighe, die Mutter einer der Studentinnen aus meiner Mittelschulklasse, kam in unsere Schule, um uns von den Erfahrungen aus ihren vergangenen Leben zu erzählen. Einige Jahre zuvor, während einer klinischen Hypnose, begann Mrs. Tighe in einem echten irischen Dialekt zu sprechen und lieferte dabei nachweisbare Fakten über ihr Leben in Irland als Mädchen mit dem Namen Bridey Murphey. Das Buch *Die Suche nach Bridey Murphy**, das von ihrem Fall handelt, wurde eine der ersten erfolgreichen Arbeiten, die einen Beweis dafür bereithielten, dass wir in der Vergangenheit schon einmal andere Leben gelebt haben.

Sobald ich von dieser fantastischen Geschichte gehört hatte, war es leicht für mich, an vergangene Leben zu glauben. Ich fing damit an, vieles, was ich im Katechismus gelernt hatte, anzuzweifeln. Ich fragte »Warum glauben Katholiken nicht an vergangene Leben? Warum muss man Katholik sein, um in den Himmel zu kommen?« Meine Mutter betete für mich und bat mich darum, mit einem Priester über meine vielen Zweifel zu sprechen. Das tat ich, aber seine Antworten hatten keinen Einfluss auf mich. Als ich aufs College ging und so von zu Hause weg war, habe ich aufgehört zur Kirche zu gehen. Was könnte besser sein? Ich besuchte die Universität von Colorado in Boulder in den 70er Jahren – Hippies, Drogen, Campus Streifzüge, Transzendentale Meditation. Jedoch meiner Linie treu bleibend, hielt ich mich von den ersten drei fern und die Gebühr für TM konnte ich mir nicht leisten. Es gab immer Philosophie-Kurse, Klassen über vergleichende Religion und nachdenklich stimmende Bücher, um den Durst nach meiner wachsenden Neugier über die spirituelle Welt zu stillen.

Meistens verbrachte ich die Tage am College in der Bücherei, organisierte Partys der Studentinnenvereinigung und Universitäts-Veranstaltungen oder brachte mich in die nationale Politik ein. Als mein Plan, Ärztin zu werden zerschlagen wurde durch meine Unfähigkeit Differenzialrechnen zu erlernen, habe ich mir als Hauptfach den Umweltschutz herausgepickt. Das hat mir erlaubt, alle wissenschaftlichen und ökologischen Kurse zu belegen, die

---

* Morey Bernstein, *The Search for Bridey Murphy*, 1956

mir viel Freude bereitet haben, während ich immer noch der Annahme war, die Welt retten zu können. Nach meinem Abschluss begann mein Traum, einen Unterschied machen zu können, damit, dass ich nach Washington D.C. gezogen bin, um als Interne im amerikanischen Repräsentantenhaus zu arbeiten.

Sogar in den idealistischen Siebzigern war ein umweltpolitisches Hauptfach nicht gerade der Freifahrschein, den ich mir erhofft hatte. Somit habe ich mich nach einem Sommer voller Politik an der Universität von Missouri eingeschrieben, um einen Hochschulabschluss als Betriebswirtin zu bekommen. Von da an hat sich alles relativ logisch in einem schnellen Tempo entwickelt. Meinen ersten Job hatte ich bei Andersen Consulting. Mein nächster Job – als ich fünfundzwanzig war – war als nationale geschäftsführende Direktorin der Studentinnenvereinigung, für die ich mich im College verpflichtet hatte. Ich habe jeden Tag davon geliebt – die Arbeit und die Frauen. Ich freute mich über die Herausforderung, eine Multimillionen-Dollar Organisation zu führen – dass heißt, bis zu dem Tag, an dem mich der Aufsichtsrat entlassen hat. Mein jugendlicher Idealismus, der durch Geschäftserfahrung und organisatorisches Köpfchen noch nicht gelassen genug war, brachte mich dazu, die Veränderung zu schnell durchsetzen zu wollen. »Jonette, du bist viel eher für die Geschäftswelt geeignet, nicht für etwas Gemeinnütziges,« war die Zusammenfassung des Präsidenten bei meiner Entlassung.

Mit gebrochenem Herzen wegen meiner ersten Karriereniederlage schmiedete ich einen Fluchtplan. »Lass uns quer durch Neuseeland und Australien trampen,« schlug ich aufgeregt Mary Fran vor, meiner Reisepartnerin vom College. Unseren besorgten Eltern Auf Wiedersehen winkend setzten wir unsere übervoll gepackten Rucksäcke auf und innerhalb von Tagen standen wir am Straßenrand nördlich von Auckland, unsere Daumen hochhaltend, um eine Mitfahrgelegenheit zu erhaschen. Über sechs Monate lang zelteten und wanderten wir, schliefen auf Bahnhöfen und in Jugendherbergen und entdeckten die Freuden von jungen Gästen in freundlichen, englischsprachigen Ländern.

Sydney, mit seinem atemberaubenden Hafen und den Wasserwegen, seinem berühmten Opernhaus und dem strahlenden Wetter, war ein Juwel, das wir uns für das Ende unserer Reise aufhoben. In der Sommersonne stehend, mitten auf dem Hauptplatz, war mein Herz angefüllt von der glänzenden Schönheit der Stadt. »Hier könnte ich leben!«

»Sei vorsichtig worum du bittest,« sagt ein altes Sprichwort. Wie sollte ich auch wissen, dass das Universum meine unverschämte Bitte gehört hatte? Nachdem wir unsere Post an der Hauptpost abgeholt hatten, fanden wir eine angesagte Kneipe für ein Freitag Abend-Feierabendbier und um einen Freund-eines-Freundes zu treffen – einen Geschäftsmann. Dies war unser letzter Abend in Australien und das feierten Mary Fran und ich. David, der Geschäftsmann, fragte mich: »Womit verdienst du dein Geld um leben zu können?«

Da Trampen möglicherweise nicht die richtige Antwort dafür war, raffte ich mich auf zu antworten: »Ich habe einen Hochschulabschluss in Betriebswirtschaft und war eine Unternehmensmanagerin.«

»Hmm,« überlegte er, »ich brauche jemanden, der mir dabei hilft meine Firmen zu führen.«

Noch ein weiteres Bier, einige tief gehende Diskussionen – so tief gehend, wie es in einer populären Kneipe an einem Freitag nach Feierabend werden kann, und ich ergatterte mir ein Einstellungsgespräch. Der einzige Haken war, dass das Gespräch in den USA stattfinden musste, da ich am nächsten Tag nach Hause flog. Ich musste einen guten Eindruck hinterlassen haben, denn ich war gerade einmal eine Woche zurück in Colorado, als David anrief, um ein Gespräch in Los Angeles zu arrangieren. Hast du jemals festgestellt, dass wenn das Universum bereit dazu ist, dir einen Wunsch zu erfüllen, es durch nichts aufgehalten werden kann?

Innerhalb eines Monats, mit einem Arbeitsvertrag und einem Arbeitsvisum in der Hand, kehrte ich nach Australien zurück, um dort zu leben. Langsam begann ich in der Welt ›Down Under‹ Freunde zu finden. Ich habe für David ein Jahr gearbeitet, bekam eine dauerhafte Aufenthaltsgenehmigung und wechselte dann in den Bereich der Software-Beratung über. Ich war alleinstehend, ein Yuppie in einer der herrlichsten Städte auf der Welt, mit einer Wohnung am Hafen von Sydney. Es schien so, als ob ich meine Nische gefunden hätte.

Dein Weg entsteht durch Laufen

Mit der Ungebundenheit der freien Natur, die in meinen Adern fließt, fuhr ich, wann immer es möglich war, mit Freunden hinaus für Rucksacktouren und Camping in der Wildnis von New South Wales. Einmal hatten wir Glück und entdeckten einen Koalabär. Ein anderes Mal sahen wir eine Herde wilder Pferde, von den Australiern werden sie »Brumbies« genannt, die in der Nähe unseres Zeltes grasten. Ich hätte mir niemals vorgestellt, dass sich das Ende meines ansonsten normalen Lebens auf einem von diesen Camping-Trips ereignen würde. Etwas so Seltsames und Außerirdisches passierte, dass dessen Signifikanz erst zwanzig Jahre später klar wurde, als ich den Inka-Pfad erwanderte.

Unser Ausflug an diesem Osterwochenende führte uns zu dem Blauen Gummibaumwald in den Bergen westlich von Sydney. Hier wachsen gewaltige Eukalyptus- und Gummibaumbestände so kerzengerade und groß, dass die frühesten Siedler des Landes die meisten von ihnen gefällt haben, um sie als Masten für Segelschiffe zu benutzen. Dennoch lag dieses Gebiet hier für die Schiffsbauer von vor 200 Jahren zu weit im Landesinneren, so dass diese Bäume hier elegant und geheiligt stehen geblieben sind. Sie werden deshalb blaue Gummibäume genannt, weil ihre papierartige Rinde so strahlend weiß ist, dass es tatsächlich so aussieht, als hätte sie eine Blautönung.

Die Mittagssonne blinkte durch die tanzenden, duftenden Blätter hinunter auf das hohe Gras auf dem offenen Waldboden. Ich wanderte verträumt vor meiner Gruppe von Freunden her. Als ich friedvoll den Pfad entlang ging, erschien eine weitere, eher ätherischere Welt neben mir, in etwa so, wie bei einem aufgeteilten Fernsehbildschirm. Ich befand mich mitten in meiner gewöhnlichen Realität und gleichzeitig dazu auch in einem mystischen, nicht-physischen Bereich. Es war so, als wenn es zwei Personen von mir gäbe – eine physische Jonette und ein ätherisches Abbild. In dieser anderen Dimension saß die Erscheinung einer wunderschönen Frau mit langen, glatten Haaren, in Weiß gekleidet auf einem Stein in einer Lichtung. Ihr Haar war weiß, aber ihr Gesicht war nicht das einer alten Frau. Alles von ihr strahlte auf herrlichste Weise. Auf telepathische Art und Weise bedeutete sie meinem ätherisches Selbst, zu ihr zu kommen und meinen Rucksack abzusetzen, damit ich mich ausruhen könne. Ihr engelsgleicher Blick erfüllte mich liebevoll. Nach einigen Minuten der seelischen Verbindung deutete die Geistige Frau an, dass es an der Zeit für mein ätherisches Double war, weiterzugehen. Ich begriff, dass ich durch den Wald des anderen Seinsbereiches weitergehen sollte. Mit ihren Gedanken teilte sie mit, dass mein nicht-physisches Selbst meinen Rucksack – der ebenfalls ätherisch war – bei ihr lassen sollte.

Geistige Welt oder nicht, die Idee meinen Rucksack zurückzulassen, passte mit gar nicht. »Schließlich,« so dachte ich, »reise ich doch schon mit leichtem Gepäck. Mein Zelt, meinen Gaskocher, mein Essen habe ich doch schon bis auf die Grundausstattung zusammengekürzt.« Es war klar, dass ich kein telepathisches Argumentieren mit der Frau in Weiß gewinnen konnte, also willigte ich widerstrebendein, in der unsichtbaren Welt ohne alles weiterzugehen. Und doch versuchte ich, mit ihr zu verhandeln: »Wenn du mich schon meinen Rucksack nicht mitnehmen lässt, kannst du mir zumindest sagen, welchen Weg ich einschlagen soll?« Ich konnte keine Wege und Markierungen in diesem Wald aus den anderen Seinsbereichen entdecken.

Auf ihre sanfte Art bedeutete sie mir, Keinen Handel. Sie würde mir nicht sagen, mit welchem Weg ich beginnen solle, nur, dass es an der Zeit war zu gehen. Sie sprach in meinen Gedanken, Dein Weg entsteht durch Laufen.

Ich war nicht gerade begeistert, von einem geistigen Wesen gesagt zu bekommen, ich könne nichts mitnehmen, und dass ich niemanden hätte, oder das es keinen Weg gäbe, dem ich folgen könne. Dennoch, in dieser anderen, simultanen Dimension folgte ich dem Angebot der Geistigen Frau. Mein geistiges Selbst ließ meine ätherischen Besitztümer bei ihr auf der mystischen Wiese zurück, um ohne Weg in die Wälder loszustreifen, in eine Richtung meiner Wahl. Noch heute ist meine Hauptbeschwerde als spirituelle Entdeckerin die, dass das meiste von meinem Wissen von meiner inneren Führung her kommt. Manchmal wäre es einfacher, einem Guru oder Lehrer zu folgen; jemand anderen zu haben, der mir sagt, was zu tun ist. Vielleicht hat mir die Frau in Weiß gezeigt, dass jeder von uns seinen eigenen Weg entdecken muss, und dass wir unseren Weg mit Zuversicht gehen sollen. Auf der anderen Seite war dies vielleicht ein persönlicher spiritueller Test, und dass mein Einverständnis, lastenfrei weiterzugehen und einem nicht bekannten Weg zu folgen, mein Leben vollkommen verändert hat.

Nach ein paar Minuten verschwand diese strahlende Geistige Frau und ihre ätherische Welt. Ich setzte meine Wanderung in der normalen physischen Realität fort, noch immer meinen physischen Rucksack tragend. Seitdem habe ich mich oft gewundert: »Wer ist sie gewesen?« Sie war mit Sicherheit engelsgleich, aber sie war kein Engel. Die Antwort auf meine bleibende Frage würde warten müssen bis zu dem Zeitpunkt, als ich mehr als zwei Jahrzehnte später in den Anden ankam. Es war das erste Mal und es würde nicht das letzte Mal gewesen sein, dass ich Spirit in mein ansonsten normales Leben hatte eintreten lassen. Bis auf Weiteres jedoch behielt ich den Zwischenfall für mich. Meine Wanderfreunde waren zumeist Geschäftspartner, die es wahrscheinlich nicht verstehen würden, dass ich, während ich vor ihnen herlief, an einer mystischen Kommunikation mit einer unsichtbaren Frau teilnahm.

3

White Eagle

~~~~~~~~~~~~~~~~~~~~~

Wie die meisten von uns auch, bin ich einen weiten Weg gegangen, um die Dinge zu verstehen, an die ich jetzt glaube. Nachdem der Zwischenfall in dem blauen Gummibaumwald geschehen war, bestand meine spirituelle Erkundung aus ein paar Besuchen bei übersinnlichen Medien und aus dem Lesen der ersten Bücher von Carlos Castaneda. Ich wollte schon immer meditieren, hatte mir aber nie die Zeit genommen, es zu lernen. In den 1980ern gab es in Sydney einen populären Kurs für persönliches Wachstum, genannt »Selbst-Transformation«, welcher ein Segment mit Meditation beinhaltete. Da alle meine Freunde dorthin gingen, schrieb ich mich auch dafür ein. Während der Einführung sagte uns die Kursleiterin, dass wir die Grundlagen von einer einfachen Technik für ein Mantra zum Meditieren lernen würden. Sie erklärte uns: »Am Ende des Kurses werdet ihr mit einem Kristall auf eurer Stirn oder eurem Dritten Auge lernen zu meditieren.«

Ich hörte nicht, was sie sonst noch sagte, denn mein Verstand raste bei der Vorstellung von einem Kristall auf meiner Stirn. »Kristall? Bedeutet das Waterford?« In meiner Naivität stellte ich mir bildlich vor, wie ich einen Weinkelch oder eine Glasvase an meinen Kopf hielt. Das würde alles sehr interessant werden. Ich ließ meinen Blick über die etwa hundert Personen im Publikum streifen. Sie schienen nicht damit zu hadern, ein Glas an ihre Stirn zu halten, um zu meditieren. Sie sahen alle ganz normal aus. Und ganz nebenbei war es zu spät, um mein Geld zurückzuverlangen.

Meditieren zu lernen war das einzige große Geschenk, das ich mir jemals selbst gegeben habe. Ungefähr so wie das Lesen die grundsätzliche Fähigkeit ist, die es uns erlaubt, unsere Welt kennenzulernen, so ist Meditation das Werkzeug, das uns den Zugang zu so vielem mehr ermöglicht. Meditation hilft dir dabei, mehr von dem zu werden, was du schon bist. Am Ende des Kurses hatte ich einen klaren Quarzkristall erworben, den ich festhielt, wenn ich meditierte. Ich war schon weit gekommen!

Zwanzig Jahre später kann ich beiläufig über andere Dimensionen diskutieren, über parallele Realitäten, den verlorenen Kontinent von Lemurien und Zwillingsflammen – alles Ideen, die ich als verrückt von mir gewiesen hätte, während ich in Australien gelebt habe. Obwohl meine heutigen Vorstellungen sicherlich ein wenig außerhalb des Durchschnitts liegen könnten, so wurde jeder Schritt, den ich getan habe, vollkommen von dem vorhergehenden unterstützt. Meine eigenen Erfahrungen haben meine Glaubenssysteme erweitert und bisher scheint kein einziger Schritt fehlerhaft gewesen zu sein.

Ich habe mich selbst dem Praktizieren von Meditation verschrieben, mit den Worten unserer Kursleiterin, die immer noch in meinen Ohren klingen: »Meditation ist das Praktizieren des stillen Sitzens; es geht nicht darum, was du erlangst. Nur das Meditieren lehrt die Meditation.« Meine Lieblingserklärung war, »Beten bedeutet mit Gott zu sprechen. Meditieren bedeutet die Antwort zu hören.« Ich war nicht sehr gut darin; normalerweise verbrachte ich die vorgegebene Zeit von zwanzig Minuten damit, über meine Einkaufsliste nachzudenken, meine Arbeitsprojekte zu planen oder wegzudösen.

Weil ich es leichter fand, wach zu bleiben, wenn ich in einer Gruppe meditierte, schlug ein Freund vor, ich sollte an einer wöchentlich stattfindenden Klasse einer Spiritualistenkirche in einem Vorort von Sydney teilnehmen. Die Grundlage der Spiritualistenbewegung ist der Glaube, dass die Geister (Spirits) mit uns kommunizieren können. Für mich war das eine ganz neue Welt. In einer katholischen Familie aufgewachsen, habe ich bislang zu den Heiligen gebetet; und im College habe ich die Geistergeschichten geglaubt, die Freunde vor dem Kaminfeuer während der Chi-Psi-Studentenverbindung erzählt haben. Durch das Erweitern meines gängigen Rahmens an Bezugnahmen konnte ich die Ideen von Medien, oder Channelern, wie sie genannt werden, in Betracht ziehen.

Dreißig Menschen kamen zu der Einweisung der Klassen in der Spiritualistenkirche in Enmore, einem Vorort der Arbeiterklasse von Sydney. Es war 1985. Als wir mit geschlossenen Augen in einem Stuhlkreis saßen, benutzten die Kursleiter ihre intuitiven Fähigkeiten, um auszuwählen, welcher Student in der Anfängerklasse sein sollte und welcher bei der schon fortgeschrittenen Gruppe mitmachen könnte. Da meine Absicht hier zu sein nur in der Förderung meines Meditierens lag, war ich erstaunt darüber, eine der vier Personen zu sein, die dafür ausgewählt wurden, in die fortgeschrittene Klasse zu gehen! Die übersinnlichen Kursleiter hatten offensichtlich etwas gesehen, was sich in mir versteckte und was darauf hinwies, dass ich bereit war für fortgeschrittene spirituelle Arbeit. Diese wöchentliche Gruppe hat sich für über ein Jahr zusammengefunden, um die Fähigkeiten für mediale Sitzungen zu erlernen, für das Hellsehen und für das Channeln von geistigen Führern.

Während der zweiten Klasse war ich so überrascht über das was geschah, dass ich später einem Freund gegenüber zugab: »Diese Sache mit der Meditation ist wirklich kraftvoll!« Ich saß in der Stille mit geschlossenen Augen, als Marcia, die Kursleiterin, ein Eröffnungsgebet sprach. Mit Mühe und Not folgte ich der Invokation von Marcia, weil eine innere Vision von einer hübschen, asiatischen Frau sich scharf vor meinem geistigen Auge einprägte. Ich war frustriert, weil ich sie nicht aus meiner Vision herausbekommen konnte und weil ich nicht herausfinden konnte, wer sie war. Das war genau die Art von Ablenkung, die in erster Linie aus mir eine so armselig Meditierende gemacht hat. Als ich mich damit abmühte, meine Gedanken zu klären, hörte ich, wie sich die Tür zum Klassenraum öffnete und Marcia sagte: »Hallo, ich freue mich, dass du es geschafft hast. Wir haben schon angefangen.« Der Neuankömmling entschuldigte sich für sein Zuspätkommen. Es war das erste Mal, dass sie unserer Klasse beiwohnte. Als ich meine Augen öffnete, um zu sehen, wer da gerade angekommen war, war ich erstaunt zu sehen, dass es die Frau war, deren Gesicht ich erst wenige Minuten zuvor so deutlich gesehen hatte!

In einer anderen Klasse der Spiritualistenkirche kam Marcia auf mich zu, während ich mich anstrengte zu meditieren. »Hallo Freundin,« sagte sie und sprach zu einem geistigen Wesen, das sie bei mir ›sehen‹ konnte. Ich spürte nichts. Marcia sprach weiter zu dem Wesen: »Willkommen. Wie ist dein Name?«

Ich fühlte immer noch nichts. Wie auch immer, im Sinne von ›frisch gewagt ist halb gewonnen‹ öffnete ich meinen Mund, um zu sehen, was dabei heraus kam.

»Mein Name ist Melissa. Ich bin gekommen, um dir Blumen zu bringen«, antwortete ich mit einer kindlichen Stimme.

Das wars. Zwei Gefühle rauschten durch mich durch. Eines davon war Aufregung, weil ich erfolgreich gechannelt hatte und das zweite davon war Enttäuschung, weil ich irgend ein kleines Mädchen gechannelt hatte und nicht große Weisheit und tiefgründige Wahrheit. Ich erlaubte mir nicht mehr, wieder in der Klasse zu channeln und zum größten Teil vergaß ich das alles.

Einige Monate später, während einer Meditation in derselben Gruppe, sah ich vor meinem inneren geistigen Auge einen eingeborenen, amerikanischen Indianerhäuptling, gekleidet in weißen, zeremoniellen Insignien. Marcias Geistführer war ein Indianer und so hoffte ich, dass dieser Bursche mein Geistführer war. Ich fing an zu versuchen, seinen Namen zu erraten, »White Cloud? White Feather?« Ich musste wohl daneben gelegen haben und so machte er es leicht für mich. Die innere Vision des Indianers verwandelte sich in einen riesigen, weißen Vogel – einen Adler. Ich wusste, dass er mir sagen wollte, sein Name lautet »White Eagle«. So schnell wie sie kam, war die innere Vision auch wieder verschwunden. Weil ich dachte, es sei unwichtig, habe ich diese Erfahrung niemandem gegenüber erwähnt.

Einen Monat oder so nach der Episode mit White Eagle überreichte mir ein Freund aus der Meditationsgruppe ein kleines Buch. Als ich es auspackte war ich schockiert über den Titel und meine Nackenhaare stellten sich mir auf: *Das stille Gemüt: Die Reden von White Eagle.*[*]

»Wie kann das sein?« dachte ich mir. Ich hatte noch niemals von White Eagle gehört. Niemand wusste von meiner Vision des Indianers. Das war für meinen analytischen Verstand zu viel, um es zu akzeptieren. Offen gesagt

---

[*] *The Quiet Mind*, Reden von White Eagle

dachte ich, dass es unheimlich war! Schnell las ich das kleine Buch durch, jedoch lange genug um zu entdecken, dass White Eagle ein sich entwickelndes Wesen war, welches einmal als Indianer gelebt hat. Auf der ›anderen Seite‹ war er ein Geistführer, der von Grace Cooke, einer Engländerin*, gechannelt wurde. Es war zu seltsam, zu sehr ein Zusammentreffen von Umständen. Ich packte das Buch weg und holte es ein Jahr lang nicht mehr hervor. Ich war nicht darauf vorbereitet, die größere Frage zu stellen: »Warum ist White Eagle zu mir gekommen?« Es schien, als stolperte ich auf eine spirituelle Laufbahn zu. Oder wurde ich dazu gedrängt, gegen meinen Willen?

Trotz meiner Ignoranz waren die Würfel gefallen. Jetzt wusste ich, wer White Eagle war und obwohl unsichtbar, so war er für mich sehr real. Nach seinem ersten Auftauchen in meinem Geist sah ich White Eagle niemals mehr als Indianer oder Adler – sondern ich erfuhr ihn nur noch als die Essenz von goldenem Licht. In den zwei Jahrzehnten, seitdem wir uns getroffen haben, habe ich erfahren, dass White Eagle für hunderte von Menschen rund um die Erde ein Geistführer gewesen ist. Geistführer sind oftmals nordamerikanische Indianer – was mir sehr seltsam erschien, da er mir beim ersten Mal in Australien begegnet war.

Aufenthaltsreise durch Afrika

Nachdem ich von 1981 bis 1986 in Sydney gelebt hatte, sind meine reiselustigen Füße wieder unruhig geworden. Ein australischer Freund, Jan Roberts, und ich haben unsere Hightech-Jobs gekündigt, um uns ein Jahr von der Arbeit frei zu nehmen. Wir schlossen uns einer Reisecamping-Expedition an und reisten für sechs Monate durch fünfzehn Länder in Afrika. Um mich selbst an den Abenden um das Lagerfeuer zu unterhalten, brachte ich ein Tarot-Kartenset mit und ein Buch, in dem die Symbole dazu erklärt waren. Während ich mit meinen Reisegefährten übte, fand ich bald heraus, dass meine Worte zutreffender waren, wenn ich das Buch außer Acht ließ und

---

* Grace Cook, ein Medium oder Channel für White Eagle, deren Worte vom White Eagle Publishung Trust veröffentlicht werden.

nur die Tarot-Karten dazu benutzte, um Eingebungen damit auszulösen. Als wir in einer bombastischen Barkasse drei Tage lang den Kongo hinunter getrieben sind, habe ich die Tarot-Karten für die afrikanischen Händler und für den Schiffskapitän und seine Frau gelesen. Raymond, einer unserer Reisebegleiter, hat meine Worte ins Französische übersetzt, welches die Hauptsprache in der Geschäftswelt von Zentral- und Westafrika ist. Die Karten wurden zu einem Gesprächsanlass, der es mir ermöglichte, mit den einheimischen Menschen in Kontakt zu treten. In Algerien wurde ich in ein Haus eingeladen, um eine Lesung für eine moslemische Mutter und Ehefrau abzuhalten. Nicht ein einziges Mal zog ich in Betracht, dass meine Fähigkeit, Dinge über die Menschen zu erspüren, mehr als reiner Zufall war.

Wir reisten langsam in einem Lastwagen von Nairobi, Kenia, nach London, England. Während der Monate auf der Straße tat ich mein Bestes, um zu meditieren. Ich nahm an, dass White Eagle mein persönlicher Geistführer war, denn sehr oft nahm ich warme, liebevolle Gefühle war, die ich mit seiner Präsenz in Zusammenhang brachte.

Eine sehr kurze Ehe

Nach so vielen Monaten, die ich aus dem Rucksack gelebt hatte, bin ich im Alter von dreiunddreißig Jahren zu meiner Mutter und meinem Vater nach Colorado zurückgekehrt. Ich war bereit für ein eigenes Zuhause und eine dauerhafte Beziehung … und ich brauchte eine Arbeit.

John war ein Freund aus meiner Zeit am College. Wir verabredeten uns ein paar Mal, als er 1981 in Sydney Urlaub gemacht hat, aber mit einem Ozean zwischen uns ermattete unsere Beziehung. Sobald ich zurück in den Staaten war, erblühte unsere Romanze erneut. Im August 1988, ein Jahr nachdem ich Afrika verlassen hatte, heirateten John und ich. Ich zog in sein Haus in Südkalifornien und zog einen großartigen Job als Unternehmensmanagerin für eine namhafte Softwarefirma an Land. Alles hätte ganz wunderbar sein können. — Falsch.

In meiner ersten Nacht als Ehefrau in meinem neuen Zuhause habe ich auf der Couch geschlafen. Wenn wir in Haushaltsentscheidungen nicht einer Meinung waren, sagte mir John: »Ich bin der Boss. Ich muss all unsere

Entscheidungen treffen ... natürlich mit deinem Beitrag.« Ich lag einen Tag lang im Bett, nicht wissend, wie ich mich bewegen sollte, wenn ich keine eigenen Entscheidungen treffen konnte. Innerhalb von zwei Wochen unserer Flitterwochen befanden wir uns in einem Beratungsgespräch. Die Person, die ich immer gewesen bin, begann rapide zu zerbröckeln bei dem Versuch, unsere Ehe zusammenzuhalten. Ich hatte solange darauf gewartet, verheiratet zu sein und nun versagte ich kläglich. »Warum hat er von allen Menschen mich geheiratet, wenn er eine unterwürfige Ehefrau braucht?« fragte ich mich immer und immer wieder.

Der Therapeut half mir dabei zu sehen, dass die bessere Frage war: »Warum glaubte ich, ihn heiraten zu müssen?« Ich schämte mich für die Antwort. In meinem Ehrgeiz zu heiraten, war ich blind für die Warnsignale der unüberwindbaren, persönlichen Konflikte gewesen.

In jeder Hinsicht geschlagen zog ich im Januar aus. Mein Herz und meine Seele waren verletzt und mitgenommen. Ich war schon immer schmal, aber jetzt hatte ich keine Lust mehr zu essen. Mein Gewicht ging runter auf 45 Kilo. Ich weinte permanent. Mein noch bestehender Gesundheitszustand von meinen Afrikareisen verschlimmerte sich und verursachte, dass mein Kurzzeitgedächtnis versagte. Ich war andauernd müde. Ich konnte keine Zusammenhänge begreifen und nicht mehr so schnell denken wie vorher. Geschieden, noch bevor die Danksagungen für die Hochzeitsgeschenke geschrieben werden konnten, war ich nun zu krank, um meinen neuen Job zu behalten. Ich brauchte eine Beurlaubung vom Leben. Ich befand mich in einer Leere, an dem Ort, wo die alte Art zu leben zerbröckelt ist und die neue Art darauf wartet, geboren zu werden. Für viele entsteht diese Leere, oder das Ausleeren der vorherigen Lebensstrukturen, als ein Resultat einer bedeutenden, spirituellen Erleuchtung. Für mich ging diese Leere einer rapiden spirituellen Entwicklung voran und sie bereitete den Weg für neue Denkweisen und für neue Wege, um zu Sein.

White Eagle spricht

Es gibt eine Aussage im Zen, die besagt »Wenn der Schüler bereit ist, erscheint der Lehrer.« Das war es, was mir passierte, nachdem meine Ehe zerbrach.

Synchron dazu war ein Flugblatt von Sanaya Roman und Duane Packer in der Post, zwei erfolgreichen Autoren, die einen Wochenend-Workshop, genannt »Ein Schriftsteller sein«[*], anboten. Der Gedanke tauchte auf: »Eine Schriftstellerin? Ja! Ich kann meine Afrikareise in einen Roman verwandeln!« Ich kündigte meinen Job und schwang mich in ein Flugzeug, um nach San Franzisko zu dem Seminar zu gelangen, erpicht darauf, mein neues Leben als Schriftstellerin zu beginnen.

In dem Workshop wurden wir gebeten, uns ein Symbol für unser Projekt vorzustellen, etwas das wir dazu benutzen konnten, um unserer Arbeit Kraft zu verleihen. Weil mein Buch auf meiner Camping-Expedition durch Afrika basieren sollte, erwartete ich, dass ich mir einen Pygmäen oder Elefanten vorstellte. Stattdessen erschien in meinem Kopf ein riesiger Kristall, der Licht ausstrahlte. Ich fühlte mich großartig, erhaben ... metaphysisch. »Wie kann ein gewaltiger, strahlender Kristall irgend etwas mit mir zu tun haben?« fragte ich mich selbst verblüfft.

Die nächste Überraschung tauchte in dem Seminar auf, als wir uns mit unserem inneren Schreiber verbinden sollten. Ich erwartete hervorströmende Worte darüber, wie das Afrika-Buch aufgeteilt werden sollte. Stattdessen sagte ich laut diese Worte: *Dies ist White Eagle. Das Buch, das du schreiben wirst, ist ein Geschenk des Lichts.*

»Wer hat ihn eingeladen?!« fragte ich mich. Er ist vorher noch nie unerwartet aufgetaucht und ich hatte nicht mehr gechannelt seit dem Tag in unserer Meditationsgruppe in Sydney vor vier Jahren. »Er muss an die falsche Person geraten sein,« dachte ich. Nach alldem war es die dunkelste Zeit meines Lebens gewesen. Alles ging schief und mit Sicherheit habe ich nicht das kleinste bisschen Licht gefühlt! Und dennoch, irgendwo in dieser Vision von dem Kristall und der Worte von White Eagle habe ich die Wahrheit, die hinter dieser Botschaft lag, gefühlt.

Kurz nach dem Schriftsteller-Workshop bin ich nach Vail, Colorado, umgezogen, um bei meiner Schwester Erin zu leben, die dort eine Skihütte betreibt. Es war ein zauberhafter Ort um zu heilen, sowohl physisch als auch emotional.

An einem herrlich klaren Herbsttag, für die die Rockies berühmt sind, begann ich den Berg hinter der Highschool von Vail hochzuwandern. Immer-

---

[*] Sanaya Roman und Duane Packer, Autoren und Lehrer von *Awakening Your Light Body*, www.OrinDaBen.com

grün und der würzige Duft des heruntergefallenen Espenlaubes parfümierte die kühle Höhenluft. Der Ausgangspunkt des Weges, noch schlammig und aufgewühlt von dem Gewitterregen in der vergangenen Nacht, erforderte vorsichtige Erkundung. Ich sah die Umrisse von Stiefeln, die von einem Wanderer in den letzten paar Tagen stammten. Dann erhaschten einige frische Pfotenabdrücke meine Aufmerksamkeit. »Ein großes Tier,« dachte ich. Unverzüglich sendete der Teil meines Geistes, der immer die Wahrheit kennt, eine einzige Nachricht heraus: Ein Bär. Allerdings lehnte mein logischer Verstand die Möglichkeit, einen Bären in Betracht zu ziehen, ab und konterte mit seinem eigenen Gedanken: »Das ist der Abdruck von einem sehr großen Hund.« Ohne einen zweiten Gedanken daran zu verschwenden, wählte ich es, der Theorie vom großen Hund zu glauben und ging auf dem leicht ansteigenden Weg weiter. Für eine weitere halbe Stunde wanderte ich in einer erhabenen, sicheren Realität, das Aroma der Berge einatmend.

Meine behagliche Welt, wo nur freundliche Hunde große Fußabdrücke hinterlassen, tröstete mich. Bis zu dem Zeitpunkt, als er auf dem Weg vor mir, auf den Hinterbeinen stehend und sich bedrohlich aufrichtend, auftauchte: Der Bär! Wie konnte ich es wagen, schockiert zu sein? Der Bär hatte einen eindeutigen Abdruck hinterlassen mit dem er seine Anwesenheit ankündigte. Wie konnte ich mich dafür entscheiden, den Vorschlag von meinem Verstand über das zu stellen, wovon der intuitive Teil von mir bereits wusste, dass es wahr ist? Es war weder das erste noch das letzte Mal, dass ich mich davon überzeugt hatte, dass einige Anzeichen auf meinem Weg unmöglich das sein konnten, was ich von ihnen dachte, das sie sind. Ich konstruierte logische aber fehlerhafte Erklärungen, um es zu vermeiden, die Auswirkungen der ein oder anderen Wahrheit in Betracht zu ziehen. Seit diesem Morgen war das Zeichen auf dem Weg niemals wieder von einem Bären gewesen, doch es ist oftmals eine andere, größere Wahrheit gewesen, die ich noch nicht bereit war zu sehen.

Auf dem Weg veranstaltete ich einen lauten Krawall, so dass ich den Bären nicht überraschte und machte dann schnell kehrt, um wieder bergab zu gehen. Plötzlich erschien mir ein Milchkaffee erstrebenswerter als eine Wanderung.

Ein paar Wochen später, als ich allein im Wohnzimmer meiner Schwester saß, rauschte eine Energiewelle durch mich hindurch: White Eagle.

Aufgeregt ertappte ich mich selbst dabei, wie ich dastand und sprach, als würde ich mich an hunderte von Menschen wenden. Ich griff nach einen Tonbandgerät und fing an zu channeln:

Dies ist White Eagle. Ihr auf der Erde steht an der Schwelle einer großartigen und wundervollen Erscheinung. Es wird alles in den Schatten stellen, was je zuvor aufgetaucht ist. Die Renaissance und das Zeitalter der Erleuchtung in eurer Geschichte sind nichts im Vergleich zu der Kraft, die darauf wartet, in eurer Lebenszeit geboren zu werden.

Es passiert so viel und es liegt euch zu Füßen. Ihr, die ihr zuhört, seid die Auslöser. Ihr seid die Menschen, deren Geist offen ist für einen Neubeginn. Ich verneige mich vor euch. Mehr als zu jeder anderen Zeit vorher liegt die Zukunft in euren Händen. Ich bin hier, um euch zu sagen, dass eure Hände dazu fähig sind. Jeder von euch hat ein einzigartiges Set von Talenten, Fähigkeiten und Erfahrungen, so dass ihr die perfekten Halter dieser Träume seid. Ihr werdet die Essenz der Träume nehmen und ihr eine Form geben. Meine Freunde, ihr erledigt nicht einfach nur die Basisarbeit, denn die Samen sind schon längst ausgesät worden. Das Gefühl der Unmittelbarkeit ist so stark. Große Dinge geschehen. Hört auf eure Herzen. Jeder von euch spielt eine unterschiedliche Rolle und eure Botschaft erklingt in eurer Seele.

Das Licht ist so machtvoll. Ich ehre euch zutiefst als spirituelle Brüder und Schwestern. Ihr seid mehr als nur die Verwalter auf dieser Erde. Ihr seid Lebensspender. Geht nun, hört auf eure Herzen und erweckt neues Leben.

Danke.

Ich fühlte mich verunsichert von der Tatsache, dass White Eagle so viel zu sagen hatte und dass es so schien, als spreche er zu so vielen Menschen. Dennoch begann ich schnell zu verstehen; ich sollte White Eagle an die Öffentlichkeit bringen! Meine erste spirituelle Partnerschaft war geboren. Am Anfang übte ich, indem ich gechannelte Sitzungen für Freunde durchführte. Sie stellten mir Fragen und White Eagle verblüffte uns mit seinen klaren und akkuraten Antworten. Später experimentierte ich und fand heraus, dass die Sitzungen genauso gut über das Telefon funktionierten wie persönlich.

Eines Tages im Jahr 1989 erhielt ich eine Einladung von Sanaya Roman und Duane Packer, um an ihrer ersten Unterrichtsreihe ›Erwecken des Lichtkörpers‹ teilzunehmen. Es klang faszinierend – sich selbst in eine höhere

Schwingung zu bringen, Durchbrüche in den Mental- und Emotionalkörpern zu erreichen, sich mehr mit deiner Seele zu verbinden ... All diese Dinge, die ich unbedingt gerade brauchte. Ich war in einem tiefen, schwarzen Loch stecken geblieben.

Dennoch argumentierte mein rationales Selbst: »Sei doch nicht dumm, Jonette. Warum solltest du etwas erwecken, wovon du noch nicht einmal wusstest, dass es schläft? Und nebenbei, wie kannst du es dir wohl leisten für drei Wochenenden nach Kalifornien zu fliegen, in Hotels zu übernachten und für die Seminar-Reihe zu bezahlen?« Ich konnte es nicht. Die rationelle Seite hatte gewonnen – vorerst.

Die Idee wollte mich einfach nicht loslassen. In einem Anfall von Verzweiflung las ich mir das Einladungspaket erneut durch und fragte White Eagle, ob dies etwas sei, wo ich dabei sein sollte. *Es ist eines der wichtigsten Dinge, die du möglicherweise tun kannst,* war seine Antwort. »Wie soll ich das bezahlen?« Meine rationelle Seite war in Argumentierlaune.

Mit deinem Verlobungsring, war die Antwort von White Eagle. Also verkaufte ich meinen Diamanten und meldete mich für den Kurs an, der mein Leben verändern sollte. Mein Bruder kaufte den Diamanten und ersetzte den Stein rücksichtsvoller Weise durch einen würfelförmigen Zirkonia, so dass niemand den Unterschied merken würde.

Die Reihe für ›Erwecken des Lichtkörpers‹ waren drei Vier-Tages-Wochenenden mit Meditationen und Energieprozessen. Nach ungefähr 80 Prozent von ihnen konnte ich mich an nichts mehr erinnern. Die Leute sprachen von unglaublichen Reisen – ich schlief ein.

Und doch, irgendetwas schien sich umgewandelt zu haben, oder geöffnet. Der Schmerz und Kummer in meinem Leben fing an, sich aufzulösen. Das schwarze Loch wurde leichter. Ich fühlte mich zufriedener. Ich arbeitete zwischen den Workshops mit den Bändern aus dem Unterricht, und wiederum schlief ich während der meisten von ihnen. Sogar Fremde kommentierten die Ruhe um mich herum. Bekannte sagten mir, ich sähe strahlend aus. Es war deutlich, dass etwas Magisches passierte.

Rückblickend auf diesen Abschnitt bin ich immer wieder erstaunt über mein blindes Vertrauen. Ich hatte das Glück, Freunde zu haben, David und Carol Shouldice, die sehr viel mehr Kenntnisse über die Welt der Geistführer und des Channelings hatten als ich. Sie haben mich in jeder Weise unterstützt. Carol und ich haben meinen ersten öffentlichen Auftritt mit White Eagle organisiert. Wir mieteten einen Konferenzraum, verteilten Flugblätter und ich begann mit dem Übergang zu meiner Berufung als ein Channel. Die ganze Zeit über dachte ein Teil von mir, ich müsse verrückt sein. Hier war ich – eine Betriebswirtin mit Hochschulabschluss, eine Phi Beta Kappa, eine Führungskraft für Unternehmensberatung, vormals eine Katholikin, und nun erdreistete ich mich, im Namen eines weisen, toten Indianers zu sprechen. »Wie kann ich das meiner Familie erklären, ganz zu schweigen meinen Schwestern aus der Studentinnenvereinigung?!«

Meine Mutter war sich nicht ganz so sicher über diesen Wechsel in meiner beruflichen Laufbahn, da sich all das außerhalb ihrer normalen Denkmuster abspielte. Eines Tages, während sie im Familienzimmer an ihrer Nähmaschine saß, erklärte ich ihr mein Interesse am Channeln. Sie stellte mir die Frage, die ich seither schon oft gefragt worden bin: »Wie weißt du, dass dies nicht vom Teufel kommt?«

»Lass mich dir etwas von White Eagle vorlesen,« antwortete ich. Nachdem ich ihr die anmutigen, wunderschönen gechannelten Worte vorgelesen hatte, die ich aufgenommen und abgeschrieben hatte, fragte ich meine Mutter, »Klingt dies nach den Worten des Teufels? Habe ich *jemals* irgendetwas gesagt, dass so süß und heilig geklungen hat? Hört es sich an, als wäre ich das?«

»Nein,« gab sie bereitwillig zu.

Ich rezitierte einen Satz aus der Bibel: »Ihr sollt es an ihren Früchten erkennen.« Wir gaben beide zu, dass die Worte und Ideen, die ich durchgab, freundlich und gut waren, nicht teuflisch. Meine Mutter, aus ihrer unglaublichen Liebe und Aufgeschlossenheit heraus, dehnte ihre traditionellen religiösen Glaubenssysteme aus, um meinen Streifzug in die spirituelle Welt zu akzeptieren, zu respektieren und eventuell zu unterstützen. An diesem Tag traf ich mit ihr ein Abkommen: »Ich werde sofort aufhören zu channeln, sobald irgendetwas aus meinem Mund herauskommt, das nicht erhebend, erhaben und heilig ist.« Lachend fügte ich hinzu: »Und du kannst mich enterben, wenn ich meinen Namen ändere oder eine Religion gründe.«

4
Mark

〰〰〰〰〰〰〰〰〰〰〰〰〰

Ich war schon immer eine praktisch veranlagte Person. Ich war angefüllt
mit Fragen darüber, wie Channeling und der Glaube an eine nicht sichtbare
Welt in die modernen physikalischen Anschauungen passten. Nachdem ich
jedes Buch, das ich nur finden konnte, gelesen hatte, um die Beziehung zwischen der spirituellen und der materiellen Welt zu entschlüsseln, so kam ich
dennoch nicht näher an das Verständnis dafür heran. Darum bombardierte
ich White Eagle mit Fragen über die Beschaffenheit der Realität. Offenbar
dachte er nicht, dass er der beste Ansprechpartner für diesen Job sei, also
brachte er Mark herein.

An einem Mittsommer Abend 1989 in Colorado saß ich mit meinen Freunden Carol und David zusammen, um meine neuen Channeling-Fähigkeiten
zu üben. Unerwarteterweise ertappte ich mich dabei, wie ich durch einen
winzig kleinen Riss im Bewusstseinsgewebe hindurchrutschte. Mir war dabei kaum bewusst, dass sich dieser Riss öffnen würde, um einen Weg zu erschaffen, den viele in den folgenden Jahrzehnten erforschen würden. Plötzlich hüllte mich eine überwältigende und übermächtige Präsenz ein. »Das

ist nicht White Eagle,« dachte ich mir, als ich versuchte, mich im Gleichgewicht zu halten. Mein Herz raste. Ich brannte, von einer inneren Hitze herrührend. Ich fühlte mich schwach, wackelig und verängstigt. Unter großen Schwierigkeiten öffnete ich meinen Mund. Eine neue und kraftvolle Wesenheit sprach:

Ich bin Mark. Ich bin aus energetischer Sicht über eine weite Strecke gereist. Ich bin gekommen, um eine Kluft zwischen den unbekannten Dimensionen zu überbrücken. Meine Welt liegt auf der anderen Seite von Zeit, auf der anderen Seite von Materie, so wie ihr es kennt. Ich bin gekommen, um neue Ideen auf die Welt zu bringen. Ich bin gekommen als Antwort auf die gedanklichen Anfragen der Welt. Ich bin ein Lehrer und ein Student des Kosmos.

Das war es gewesen. Die Wesenheit, die sich selbst Mark genannt hat, war verschwunden. Ich konnte nicht länger an diesem immensen Energie-Kraftfeld festhalten. White Eagle kam zurück um mich wieder zusammenzufügen, und um mir seine Einsichten über das, was gerade geschehen war, mitzuteilen. Ich habe diese Erklärung gechannelt:

Du musst anfangen, zu verschiedenen Realitäten hin zu erwachen, um das Ausdehnen des Bewusstseins zu aktivieren, das dir erlauben wird, Gott kennenzulernen. Das ultimative Ziel von Marks Arbeit mit dir ist es, dabei zu helfen, dass die Menschheit Zustände von Harmonie, Einssein und diese kreative, unendliche Energie, die ihr Gott nennt, entwickelt.

White Eagle fuhr damit fort zu erklären, dass diese Arbeit nicht bloß ein intellektuelles Unternehmen sein würde, sondern eines, das auf Erfahrungen beruht:

Die Erfahrungen werden kraftvoll sein. Stell dir eine enorme, mystische Begegnung vor, in der du Freude, Glückseligkeit, Einssein und Harmonie jenseits jeglicher Beschreibung fühlst. Wenn du davon zurückkehrst, wirst du wissen, dass eine Veränderung von höchstem Rang stattgefunden hat. Obwohl du vielleicht die Erfahrung mit deinen Worten und deiner Logik abtun wirst, so wirst du dennoch nicht mehr dieselbe Person sein und kannst es auch nicht mehr sein.

Das hörte sich alles so an, als hätte ich mich freiwillig für eine wegbereitende Bewusstseinsarbeit gemeldet, und obwohl ich Bedenken hatte, so war ich doch bereit, dem weiter nachzugehen. Später habe ich Mark gefragt: »Warum ich?«

Aus zwei Gründen, sagte er in meinem Kopf. Erstens, weil du unbefangen bist; du hast keine rigiden Glaubenssysteme, Dogmen oder eine Menge voreingenommener Ansichten darüber, wie die Welt funktionieren sollte. Zweitens, weil du bereit bist das zu lehren, was du nicht kennst.

Dieser zweite Teil, das mit dem Lehren, was ich nicht weiß, war sehr schwierig für mich. Es war unangenehm, mir zu erlauben über Sachen zu channeln, die ich nicht vollkommen verstand, dennoch wählte ich es, dem zu vertrauen, was durchkam. Ich war und werde es weiterhin sein, ein bewusstes Channelmedium, was bedeutet, dass ich vollkommen gegenwärtig bin und aktiv mit Mark und White Eagle zusammenarbeite, um die sprachlich richtigen Worte zu finden.

Mark bat mich darum, ihn jeden Dienstagabend unter Beisein von Carol und David zu channeln, die mir dabei helfen sollten, diese enormen spirituellen Energien zu halten. Ich war immer stolz auf meine Fähigkeit, meine Gedanken ausdrücken zu können, und ich war immer mit dem einverstanden, was aus meinem Mund heraus kam. Plötzlich sprach ich von komplizierten Bewusstseinszuständen, über die ich rein gar nichts wusste. Mein Verlangen zu kontrollieren, zu ergänzen oder zumindest zu verstehen, was ich gesagt habe, hatte Mark wohl langsamer werden lassen. Er ließ sich eine sehr kreative Lösung einfallen. Er bat darum, dass ich an den Dienstagen bei Carol und David zu Hause übernachten sollte. Uns wurde gesagt, dass wir den Wecker auf 2 Uhr morgens stellen sollten, so dass ich Mark channeln könnte, während ich zu müde war um zu kontrollieren, was er sagen wollte. Ich mag heute noch keine Dienstage!

Sobald wir dann unsere nächtliche Routine absolviert hatten, traf sich eine kleine Gruppe von Freunden wöchentlich für unsere Lern-Sitzungen mit Mark. Die Begrüßung *Willkommen Studenten*, die streng aus meinem Mund strömte, war das Signal dafür, dass Mark bereit war, um uns in magische Meditationen zu führen oder die komplexe Physik des Universums zu erklären. Durch Mark erfuhren wir die Natur der Realität jenseits unserer Sinneswahrnehmungen. Wir reisten im Bewusstsein zu Dimensionen, die ähnlich wie die waren, über die Jane Roberts in ihren bahnbrechenden Büchern, gechannelt von Seth*, geschrieben hatte. Als mein Vertrauen und meine Fähigkeiten mit diesen neuen Energien wuchsen, bat Mark darum, dass wir die Anzahl der Studenten in unserer Gruppe vergrößerten. Wenn er sagte, dass wir vierzehn Leute brauchten, dann waren auch vierzehn ehrgeizige spirituelle Pioniere da.

Ein Channel für Mark zu sein, ist eine extrem schwierig zu beschreibende Erfahrung. Seine Energie ist so enorm, dass ich in den vielen ersten Jahren ihn nur channeln konnte, wenn eine Gruppe anwesend war, die mir dabei half, seine immense Schwingung zu halten. Es ist seltsam, sich auf Mark mit einem menschlichen Fürwort, wie er oder ihn, zu berufen, denn er ist eher mehr ein Energie-Feld als ein Geistführer oder eine Wesenheit. Tatsächlich hat Mark niemals in einer physischen Realität existiert.

Seit diesem ersten Abend habe ich Mark für Gruppen in den Vereinigten Staaten und in Europa gechannelt, den Einzelnen dabei helfend, ihre Einschränkungen im linearen Denken zu durchbrechen und die Schleier zu ihrer eigenen Kraft und ihrem eigenen Verstehen anzuheben. Mark spricht nicht einfach nur über die Möglichkeiten; er arbeitet mit mir zusammen, um die Menschen auf Ebenen von Bewusstsein zu transportieren, damit wir Einsichten erfahren können, die weit über alle Worte hinausgehen. Weil diese Art des erfahrungsgemäßen, energetischen Lehrens direkt zu persönlicher Erfahrung weiterleitet, sind die Wahrheiten, die dort entdeckt werden, einzigartigerweise unsere eigenen. Mark hält Werkzeuge des Erwachens bereit, um uns dazu zu ermutigen, jenseits der Limitierungen zu reisen, die uns in der Vergangenheit zurückgehalten haben. In Marks Begleitung erfahren wir unseren Geist als grenzenlos, fließend und unermesslich.

Ich schätze mich selbst als Erforscher der äußeren Randbereiche menschlichen Bewusstseins ein. Diese Randbereiche wachsen in dem Maße, wie wir unsere Fähigkeiten ausdehnen können. Bei ein paar Gelegenheiten bin ich wahrscheinlich weiter gegangen, als ich es hätte tun sollen. Einmal, während einer unglaublich hohen Meditation, hörte ich eine innere Stimme, die aus einer unermesslichen Distanz zu mir zu kommen schien: *Jonette, diesmal bist du zu weit gegangen.* Ich schaffte es, mich zusammenzureißen, um unversehrt

---

* Jane Roberts, *Seth spricht – Das Seth Material*

wieder in meinem normalen Zustand aufzutauchen. Dennoch war ich zukünftig vorsichtiger, dass ich mein Wachstum nicht zu sehr vorantrieb.

Zwei Jahre später konnte ich leicht in diesen selben, ausgedehnten Bewusstseinszustand gehen und dabei andere noch dorthin mitbringen, was Mark als ›sechste Dimension‹ oder ›Ort der Wunder‹ bezeichnete. Die Fähigkeiten des kollektiven, menschlichen Bewusstseins entwickeln sich so schnell, dass ein Zustand, den ich nur mittels einer mystischen Erfahrung erlangen konnte, nun von vielen Menschen innerhalb von ein paar Jahren erreicht werden kann, oder manchmal auch innerhalb von ein paar Monaten.

Nichts und Alles

Ein Beispiel davon, wie Mark einen Raum oder ein Energiefeld für mich erschuf, um jenseits meiner vergangenen Limitierungen zu gehen, kam Mitte der 1990er herein. Ich channelte Mark in einem Seminar für spirituelles Wachstum, als eine außergewöhnliche und doch recht einfache Begebenheit stattfand. Ich hatte eine unmittelbare Erfahrung dessen, was ich als »Gottes-Bewusstsein« bezeichnete. Es war eine spirituelle Erfahrung, die anders war als irgendetwas, das ich von vorangegangenen Meditationen her kannte. Der Titel des Workshops »Ein Wochenende der Transzendenz« hätte mir eine Ahnung davon geben sollen, dass Durchbrüche bevorstanden.

Mark und ich begannen den Meditations-Prozess, indem wir unsere Gruppe, bestehend aus fünfundzwanzig Leuten, in hohe Zustände erleuchteten menschlichen Bewusstseins hineinführten. Er bat uns dann, unsere Bewusstheit zu der Ebene der Schöpfer/Schöpfung hin auszudehnen. Ich hatte noch niemals zuvor einen derartig tiefgründigen Zustand von unendlichem Sein erfahren. Ich saß da wie gebannt. Ich hatte Gedanken, aber sie waren nichts; Emotionen, aber sie waren nichts. Tatsächlich gab es nichts zu sehen, nichts zu lernen, nichts zu tun, nichts, woran man sich erinnern müsste. Dieser Ort war nichts und gleichzeitig alles.

Woran ich mich am meisten erinnern konnte, war der Mangel an Sinn in diesem Raum. Wenn ich zu verstehen versuchte, was wirklich von Bedeutung war, dann war nichts von Bedeutung. Meine Erfahrung war unendlich klein und zur selben Zeit doch auch gigantisch. Es ging jenseits aller Worte, jenseits jeder Beschreibung oder jeden Verstehens. Ich habe keine Wesenheit gespürt, kein Licht, keine Kraft oder nicht einmal Macht. Es war einfach nur.

Als die Meditation endete, saß ich da mit meinem Kopf in meinen Händen. Ich konnte keinerlei Gedanken finden, keine Stimme und keine Erklärung dafür, was gerade geschehen war. Ich bemühte mich darum, einen Sinn zu finden. Warum fühlte ich mich so, als müsste ich etwas verstehen, damit ich die Erfahrung davon akzeptieren konnte? Machte das Verständnis davon etwas real oder wahr? Was sollte ich dann mit einer Erfahrung tun, die so weit über das Verstehen hinausging, dass kein Sinn darin enthalten war, der auf meine durchschnittliche Welt anwendbar war?

Ich wurde erfüllt von Emotionen: Dankbarkeit, Angst, Furchtlosigkeit und Schuld. Zuerst seufzte ich vor Dankbarkeit. Ich war im selben Moment demütig und vergötternd zugleich: »Habe ich tatsächlich den Schöpfer/die Schöpfung berührt? Habe ich wirklich Gott berührt?« Selbst während meine Seele mit dem Bewusstsein von Meistern kommunizierte, waren meine menschlichen Gefühle unbedeutend gewesen. Zu Anfang der Meditation hörte ich, wie jemand in der Küche Lärm machte und ärgerte mich. Ich betete darum, dass ich dahin kommen würde, wo ich hin musste, trotz meiner negativen Gedanken. Gott sei Dank tat ich dies.

»Ist eine Lektion hierin enthalten?« Seht ihr, als ein Lehrer hatte nichts eine wahre Bedeutung für mich, es sei denn, es gab eine Lektion, die ich anderen mitteilen konnte. Was bedeutete es, dass ich den Zugang zu einem solch heiligen Zustand erhalten konnte, obwohl ich wütend war? Es könnte bedeutet haben, dass dieser Anteil von mir, der wütend wird, nicht groß oder wichtig genug ist, um meinen Prozess zur Göttlichkeit aufzuhalten. Ich musste meine Emotionen nicht verbessern oder die perfekte Persönlichkeit besitzen, um Gott zu kennen. Mein rationales Selbst fragte sich: »Habe ich wirklich Gott erfahren?« Meine Antwort darauf war »Ja!« Ich habe Gott in dem Maße erfahren, wie es mir zu diesem Zeitpunkt möglich war. Wie konnte ich das wissen? Deshalb, nur deshalb. Gefühle anderer Art als Dankbarkeit kamen hervorgesprudelt: Angst. Bedeutete dies, dass ich anders zu leben hätte? Und wenn, könnte ich es? Darüber hinaus, wenn mein Leben sich nicht änderte, welchen Wert hatte dann die Erfahrung? Diese Antwort wusste ich. Die Erfahrung war so vollkommen, vollständig und tiefgründig in sich selbst, dass es egal war, ob ich mich veränderte oder nicht. Es war nichts. Es ging nicht darum, etwas zu lernen oder etwas zu verändern. Es spielte keine Rolle.

Eine weitere Emotion war auch anwesend: Furchtlosigkeit. Ich fühlte, dass ich mir keine Sorgen mehr machen musste, ob ich das Richtige tun würde. »Mache ich die richtige Arbeit? Mache ich sie gut genug? Schnell genug?« Es spielte keine Rolle. Die einzige, für die es eine Rolle spielte, war ich, und ich spiele nicht wirklich eine Rolle in dieser Sache.

Ich erfuhr auch Schuld. Wie konnte ich diesen Zustand erreichen, obwohl ich Fleisch aß, obwohl ich nicht jeden Tag meditierte, obwohl ich gerade eben wütend war? Richtig und falsch, das wurde mir klar, sind Erfindungen der Menschen, um uns von Gott fern zu halten.

Ich war zur gleichen Zeit amüsiert und verärgert, als mich einer der Studenten später fragte: »Was ist der Unterschied zwischen dem Höheren Selbst und der Seele?«

Ich wollte herausschreien: »Das spielt keine Rolle! Wen interessiert das? Wen interessiert das!?!« Der Teil von uns, der immer analysieren muss, wird es niemals kapieren! Es wird niemals genug Informationen oder richtige Antworten für diesen Teil von uns geben! Unser ständiges menschliches Bedürfnis, das Mystische zu verstehen und einzuschätzen könnte, das Ding schlechthin sein, was uns davon abhält.

An diesem Abend beim Abendessen fragte mich ein Freund: »Was waren die drei oder vier Dinge, die du von dieser Erfahrung gelernt hast?«

Ich musste zugeben: »Nichts.« Ich würdige es, warum Menschen mit Nah-Toderlebnissen diese oftmals für sich selbst behalten haben. Es gab wirklich nichts zu sagen, was in demselben Bereich lag wie die Erfahrung. Ich habe nichts gelernt. Es gab nichts weiter zu sagen als dies: Es ist.

Abgesehen von solchen Gedanken wurde mir klar, dass ich alle Bedeutungen, Endergebnisse, Lektionen und Einsichten nach dem Umstand erschuf. Die Erfahrung an sich brauchte keine Erklärung. Das war es, wie Mark den ersten Worten, die gesprochen wurden, gerecht wurde, als er vor fünf Jahren ankam. *Stelle dir eine enorme, mystische Begegnung vor ... Wenn du davon zurückkehrst, wirst du wissen, dass eine herausragende Veränderung stattgefunden hat. Obwohl du die Erfahrung vielleicht abwerten wirst mit deinen Worten und deiner Logik, so bist du dennoch nicht mehr dieselbe Person und wirst es nicht mehr sein können.*

Mark lehrt, indem er uns an die Schwelle zu unserer eigenen Weisheit mitnimmt. Manchmal werden wir dort abgesetzt ohne weitere Erklärung, oder ohne Bedarf an irgendetwas.

Obwohl ich Mark für reguläre Klassen channle, so ist dennoch immer White Eagle mein primärer Geistführer gewesen. Es ist White Eagle, der mir persönliche Ratschläge gibt, wenn ich frage, und ich channle White Eagle in Privatsitzungen für Klienten. Wenngleich Mark und White Eagle immer da sind, wenn ich sie rufe, so kommen sie niemals, außer als Antwort auf eine spezielle Anfrage für Unterstützung. Mit solch weisen und wundervollen geistigen Helfern mögt ihr vielleicht denken, dass ich mich in meinem tagtäglichen Leben schwer auf sie verlasse. Nennt mich stur, aber meistens stehe ich zu meiner Philosophie aus der Kindheit: »Ich möchte es selbst tun!« Falls mein Weg nicht funktioniert, dann rufe ich White Eagle für eine höhere Perspektive.

Einweihung in die Weiße Bruderschaft

White Eagle und Mark gaben sich selbst als von der »Großen Weißen Bruderschaft« oder der »Bruderschaft des Lichtes« kommend bekannt. Diese Gruppe hoch entwickelter Seelen besteht aus Meistern, deren Fokus es ist, dem menschlichen spirituellen Erwachen Hilfestellung zu leisten. Ihr über die Jahre hinweg bestehendes Symbol war ein goldener, sechszackiger Stern in einem Kreis gewesen. Einige sagen, dass die Wesenheiten der Großen Weißen Bruderschaft spirituelle Führer in Lemurien, dem verlorenen Kontinent im Pazifik, gewesen sind. Nach dem Untergang von Lemurien brachten die Meister ihr Wissen in die Region des heutigen Tibet, wo sie Büchereien und Mysterien-Schulen gründeten. Ich erfuhr später, dass die Weiße Bruderschaft ebenfalls mystische Verbindungen in den Anden und zu den Inkas hatte.

Natürlich nahm ich an, dass tot zu sein die erste Voraussetzung war für die Aufnahme in einem solch exklusiven Orden. Ihr könnt euch meine Überraschung vorstellen, als mir in einer besonders tiefen Meditation im Jahre 1989 – ich hatte erst kürzlich White Eagle und Mark kennengelernt – White Eagle erzählte, dass ich ein menschliches Mitglied der Weißen Bruderschaft sei. Auf dem Bett im Haus meiner Eltern sitzend, nahm ich einen goldenen, sechszackigen Stern in einem Kreis in der Mitte auf meiner Stirn wahr, auf dem Chakra des Dritten Auges.* Von diesem Moment an sah ich mich zuversichtlich als ein spiritueller Lehrer und Heiler.

White Eagle sagte mir, dass ich andere Eingeweihte durch das Erspüren derselben goldenen Sterne auf ihren Stirnen erkennen würde. Wenn ich nur die Umrisse des Sterns sah, dann bedeutete es, dass sie das Potenzial dazu hatten, aber noch nicht vollständig zu ihrem spirituellen Wissen erwacht waren. Bis auf Weiteres sollte ich niemandem von meiner Einweihung in die Weiße Bruderschaft erzählen. Es war nicht schwer, diese Verpflichtung einzuhalten. Wen würde es interessieren?

Zwei Jahre später wurde mir abermals während des Meditierens, eine spirituelle Beförderung gegeben. Anstelle des ätherisch auf meiner Stirn platzierten goldenen, sechszackigen Sterns wurde mir ein elfzackiger Stern gewährt. Er kennzeichnet das Verschmelzen des sechszackigen Sterns mit dem fünfzackigen Stern – einem alten Symbol für die Venus. Ich nahm an, dass diese Verschmelzung der beiden Sterne anzeigte, dass ich vom Lehrer und Heiler sein graduiert war, um ein Anführer zu sein. Gnädig akzeptierte ich die innere Ernennung und die Verantwortung, die sie mit sich brachte. Bezogen auf Alice A. Bailey in ihrem Buch von 1922 Einweihungen: Mensch und Sonnenjahr, »ist eine Einweihung eine Ausdehnung des Bewusstseins – ein Mittel zum Öffnen von Geist und Herz zu einem Erkennen dessen, was in der Realität schon existiert.«** Der elfzackige Stern der Führung war für mich eine höhere Einweihung innerhalb der Weißen Bruderschaft.

Die Geschenke von dieser Einweihung haben mich dazu befähigt, komplexe, multidimensionale Energien hervorzurufen, abzustimmen und zu übermitteln. Als Resultat daraus kann ich Menschen dabei unterstützen, ihr Bewusstsein zu erweitern. Zusammen navigieren wir durch Raum und Zeit und erlauben uns dabei, Dinge außerhalb unserer persönlichen Erfahrungen kennenzulernen. Mein Ziel war es immer gewesen, mich in Richtung Erleuchtung zu bewegen und anderen zu dienen, indem sie dazu inspiriert werden, sich weiterhin auf ihrem eigenen persönlichen Weg voran zu bewegen.

---

* Ein Chakra ist ein Energiewirbel innerhalb des feinstofflichen Körpers. Traditionsgemäß beziehen wir uns auf sieben Hauptchakren entlang des Zentralmeridians innerhalb des menschlichen Körpers.

** Alice Bailey, Initiations: Human and Solar, Buchrückseite

Im Jahr 1998, neun Jahre nach meiner ersten geheimen Einweihung in die Weiße Bruderschaft, bat mich White Eagle darum, eine ganze Gruppe, der ich über das Abzeichen des sechszackigen Sterns der Weißen Bruderschaft Unterricht erteilte, einzuweihen. Die Bedeutsamkeit dieser Einweihung größeren Ausmaßes war, dass die Türen zum innersten Heiligtum der mystischen Weisheiten von all jenen von uns aufgestoßen wurden, die Wissen jenseits dieser materiellen Realität suchten. Ich begrüßte die Aufnahme von so vielen weiteren in die Bruderschaft des Lichts.

Nur vier Jahre später, als ich Mark bei einem Workshop in Yucatan channelte, wurde der elfzackige Stern der »Einweihung zur Führerschaft« an die Teilnehmer vergeben. Und wieder zeigte mir dies die Schnelligkeit an, mit der momentan das menschliche spirituelle Wachstum voran schritt, und es war ein Zeichen, dass so viele Anführer in diesem Prozess des Erwachens sein würden.

5
Mein Blauer
Sternen Mann

~~~~~~~~~~~~~~~~~~~~~~~~~

Während mein spirituelles Leben erblühte, brach ich gleichzeitig zu einer neuen Karriere als Unternehmensberaterin auf. Da mir die Arbeit als Geschäftsführerin einer großen Software-Firma nicht die Zeit und Flexibilität ermöglichte, die ich brauchte, bildeten meine Freundin Jarla Ahlers und ich eine Partnerschaft, um Unterricht zur Schulung von Führungskräften abzuhalten. Fünfzehn Jahre später biete ich immer noch Schulungen für Berater und Führungskräfte an, um großen Organisationen Hilfestellung zu leisten.

Trotz all dieser positiven Veränderungen gab es in meinem persönlichen Leben ein großes Loch. Ich war es leid, mich immer mit den falschen Männern zu verabreden. Ich sagte dem Universum, dass es mich nicht damit belästigen sollte, mir irgend jemanden zu schicken, der nicht sowohl Erdung in der realen Welt als auch Spiritualität besaß. Natürlich hatte ich eine noch viel längere Liste: er sollte in Colorado leben, aktiv sein, intelligent, erfolgreich, nicht rauchen, attraktiv … ihr kennt die Liste.

Jeden Tag machte ich etwas, was ich »meine Meditation für Seelenverwandte« nannte. Ich ging zu dem höchst möglichen Ort in meinem Bewusstsein, welchen ich als Berggipfel visualisierte. Von diesem Ort sendete ich eine ›persönliche spirituelle Werbeanzeige‹ aus und zog daraus die logische Schlussfolgerung, dass jeder Mann, der meine hochenergetische Anfrage spüren konnte, sich daraus spirituell entwickeln würde. Ich stellte mir die Anfrage bildlich als eine rosa Flagge auf der Bergspitze vor. Hoffnungsvoll visualisierte ich in meinen täglichen Meditationen über ein paar Wochen diese rosafarbene Flagge, wie sie auf dem Gipfel wehte. Zuerst gab es keine Ergebnisse. Also wurde ich mit Spirit unnachgiebiger: »Ich möchte einen definitiven Hinweis darauf, wie ich meinen Seelenverwandten finden kann.« An diesem Morgen bekam ich einen Hinweis. Es war nicht so ganz eindeutig, dennoch war ich mir gewiss, dass es wichtig war. »Blauer Stern« war der Begriff, der hängenblieb, obwohl ich auf einen Namen oder eine Telefonnummer gehofft hatte.

Nun war ich auf der Suche nach meinem blauen Stern! Ich gehörte einer Netzwerk-Gruppe an, die interessante Leute anzog. Eines morgens nahm ein nett aussehender, gut gekleideter Mann zum ersten Mal an einem Treffen teil. Am Tisch für die Registrierung wurde neuen Leuten ein metallischer Stern ausgegeben, um ihn auf ihre Namensschilder zu kleben. Ihr könnt es euch denken; genau da, neben seinem Namen war kein goldener, silberner oder roter Stern … sondern ein blauer Stern! Ich dankte White Eagle für diesen Hinweis, als ich mich in Richtung der Gruppe (die meisten davon Frauen) begab, die sich um den Neuankömmling versammelte.

Als eine alleinstehende Frau wanderte mein gut trainiertes Auge sofort zu seiner linken Hand. »Oh nein, das kann nicht sein! Dort ist ein goldener Ring! Warum führte mich der Hinweis zu einem verheirateten Mann? Vielleicht hat er einen Freund,« dachte ich, während ich ein Gespräch mit ihm anfing.

»Was machst du so?« fragte er.

»Ich bin eine Schulungsleiterin und rede über Mitarbeiterführung und Unternehmensveränderungs-Management,« antwortete ich.

»Warum nimmst du nicht am nächsten monatlichen Treffen der Nationalen Redner Vereinigung in Denver teil?« fragte er mich.

»Okay, es muss so etwas wie eine Schatzsuche sein. Das Blaue Stern Symbol ist der erste Hinweis darauf, der mich zu dem richtigen Mann führt,« dachte ich bei mir. Folglich ging ich zu dem NRV-Treffen, um mich auf einige ›unberingte‹ Männer zu konzentrieren. Ohne Ergebnis. Dann sah ich ihn. Er saß in der ersten Reihe neben einem Stapel neuer Bücher. Offensichtlich war er der Autor. Er war attraktiv. Kein Gold blinkte an seinem Ringfinger. Der Titel des Buches, das er geschrieben hatte, sprach Bände: *Erleuchtete Mitarbeiterführung: Zum Herzenswandel gelangen.** »Hmmm,« dachte ich, »er könnte einige Voraussetzungen haben.« Mich selbst vorstellend ging ich sein Buch durch und ging dann bis aufs Äußerste, um ihn zu einem bedeutenden Channeling-Ereignis einzuladen, das ich nächste Woche abhielt.

Ich folgte den Hinweisen, um Ed Oakley zu finden, die Liebe meines Lebens, mein Blauer Stern, mein Ehemann. Nach drei Verabredungen waren wir einander zugetan, obwohl es mich fünf volle Jahre kostete, um ihn davon zu überzeugen, dass eine Heirat etwas anderes ist als ein Zusammenleben. Ich tat mich mit ihm zusammen und arbeite immer noch in der Unternehmensgesellschaft, die er gegründet hat.

---

* Ed Oakley, *Enlightened Leadership: Getting to the Heart of Change*, www.EnLeadership.com

Teil II

DIE WEISHEIT DER GROSSMÜTTER

*»Die gefährlichere Seite des Ego ist es, so zu tun,
als wären wir weniger als die Größe, die wir sind.«*

6
Mit der Natur kommunizieren

~~~~~~~~~~~~~~~~~~~~~~~~

Im Jahr 1992, in dem ich Ed Oakley getroffen hatte, lernte ich eine andere, sehr spezielle Freundin kennen, Sue Burch. Sie kam zu mir nach Hause für eine von White Eagle gechannelte Lesung. Sue war eine resolute Dame irgendwo in den Sechzigern, mit kurzen, grauen Haaren und von mittlerer Statur, die in einem goldenen Mazda RX7-Sportwagen herumfuhr. White Eagle beantwortete ihre Fragen – ihre Finanzen, ihre zerbrochene Ehe, ihre Familie – auf die üblichen Weise. Die Sitzung war fast vorbei, als White Eagle zu ihr sagte: *Du redest mit den Steinen, nicht wahr?*

»Ja, warum,« stammelte sie, ganz klar überrascht von der Direktheit meines Geistführers. »Mir gehörte ursprünglich mal ein Steingarten. Ich bin Landschaftsgärtnerin und ich liebe es, Gesteinsformationen zu kreieren.« Sie pausierte und White Eagle wartete: »Und es gibt einen speziellen Fels – in Wyoming. Manchmal fahre ich dort hinauf, nur um auf ihm zu sitzen, zu reflektieren, zuzuhören. Er hilft mir beim Denken.«

Weisst du, was Kornkreise sind? White Eagles Befragung nahm eine Wendung an, die nur er verstand.

Sue, eine Großmutter aus Colorado, antwortete auf die einzige Weise, wie man es sich nur vorstellen kann. »Korn was?«

Geh zum Buchladen ›Tattered Cover‹ und finde ein Buch mit Bildern von Kornkreisen. Lege deine Hände auf die Bilder, ordnete White Eagle an.

Ein paar Tage später bekam ich einen Anruf von Sue. »Worum geht es hier?« verlangte sie zu wissen. »Ich habe meine Hände direkt im Buchladen auf die Fotografien gelegt und Elektrizität schoss durch mich hindurch. Worum geht es hier?« wiederholte sie. »Ich muss noch einmal mit dir und White Eagle sprechen.«

Sie fing an, die Montagabend Kurse zu besuchen, die von meinem Geistführer Mark gechannelt werden. Als sie ihre Augen schloss, um Marks Bewusstseinsreisen zu folgen, ging sie jedes Mal weiter hinaus als jeder andere. Wenn andere Freude und Frieden fühlten, dann würde Sue zu einem blauen Universum oder irgendwohin gehen, was ähnlich esoterisch oder undefinierbar war. Sie verfluchte Gott. »Ich mag nicht, wo ich hingegangen bin. Ich verstehe nicht, was ihr versuchen wollt, mir zu zeigen! Wo ist der Frieden und die Freude?« Auch Sues Geistführer unterschied sich von allen anderen; ihrer war Ra, der ägyptische Sonnengott, der von einer goldenen Sonnenscheibe symbolisiert wird.

Sie kam, um eine Freundin und eine spirituelle Kollegin zu sein. Ich liebte sie. Mark hatte einmal unsere spirituelle Partnerschaft im Sinne eines technischen Klettersports beschrieben. *Jonette ist die Sichernde, die von unten das Seil und den Schutz für Sue, die der anführende Bergsteiger ist, hält.* Sue konnte ohne mich nicht in diese hohen Dimensionen gelangen und ich war nicht diejenige, die zuerst gehen sollte. Sue fühlte sich dazu hingezogen, an einer Kornkreis-Tour in England teilzunehmen. Sie fühlte die Vibrationen im Zentrum dieser gigantischen und ungewöhnlichen Muster in den Feldern. Sue ›sah‹, dass diese Kornkreis-Energien durch die Erde hindurch zu einem Portal unter dem Himalaya-Gebirge gehen. Einen Tag, bevor es in einem Kornfeld auftauchte, träumte sie von einer fünfzackigen Sternformation. Sie war voll mit den Mysterien des Universums.

In der Zwischenzeit sind Ed und ich in ein großes, neues Haus außerhalb von Denver umgezogen. Wir baten Sue darum, ein Stein- und Wasser-

Gebilde für uns zu gestalten. Ihr Plan erforderte massive Gesteine – nicht einfach gewöhnliche Steine, die man leicht im Lager einer örtlichen Landschaftsgärtnerei bekommt. Diese Felsbrocken waren besonders, sie mussten zu ihr sprechen. Wyoming. Ihr Herz sagte ihr, dass sie rot sein müssen, Granit aus Wyoming.

Als Sue in ihren alten Sportwagen sprang, um Richtung Norden zu fahren, sagte ihr die Stimme ihrer Intuition, Toilettenpapier mitzunehmen. Ihre Verbindung zur Natur und zu den Felsbrocken, die sie sich ausmalte, sagten ihr, wo sie auf den staubigen Straßen des windgepeitschten Farmlandes in Wyoming abbiegen musste. Die staubige Straße gabelte sich rechts. Eine pinkfarbene Felsbildung ragte aus den Steppenausläufern nahe des Horizonts hervor. Ein Schuppen war in der Nähe und ein Plumpsklo – welches sie genau jetzt brauchte. Sue lächelte, als sie ihre Rolle Toilettenpapier schnappte und über den am Boden liegenden Stacheldrahtzaun stieg. »Ich muss am richtigen Ort sein. Danke,« sagte sie zum Universum.

Walter, ein fünfundachtzig Jahre alter Rancher, besaß das Land, von welchem unsere Felsen entfernt werden sollten. Er musste es als seltsam empfunden haben, als er die Tür öffnete und mit Sues scharfen blauen Augen und ihrer brüsken Art konfrontiert wurde. »Ich bin gekommen um einige von Ihren Felsen zu kaufen,« informierte sie ihn. Er setzte seinen vielgetragenen Cowboyhut auf, um nach draußen zu gehen. Sie erklärte ihm, was sie bezahlen würde und dass ein Kran und einige Tieflader in zwei Wochen eintreffen würden. Sue wollte tonnenweise Gestein.

Sue wusste ganz genau, welche Felsbrocken für unseren Garten vorgesehen waren und welche auf der Ranch bleiben mussten. Unglücklicherweise sah für den Kranführer und den Lastwagenfahrer ein roter Granitfels so ziemlich aus wie der andere. Die Männer hatten geschäftig einige Zehn-Tonnen schwere Felsbrocken auf den Lastwagen geladen, bevor sie ankam. Immer mit der Natur und ihren geliebten Steinen verbunden, ging Sue um einen Tieflader herum und hörte, wie ein gigantischer Felsbrocken, der schon auf dem Laster war, telepathisch und eindeutig feststellte: *Ich muss hier bleiben.* Die Männer der Gesteinsförderung werden sich womöglich immer noch bei einem Bier über die Zeit austauschen, als diese herrische alte Dame sie den Felsbrocken wieder abladen ließ, für den sie über eine Stunde zum Verladen gebraucht hatten, nur um ihn durch einen anderen

Fels zu ersetzen, der ihrer Meinung nach genauso aussah. Mit Teich und Wasserfällen, Ponderosakiefern und roten Granit-Felsbrocken kreierte sie einen magischen Ort, den sogar die Arbeiter als »White Eagles Garten« bezeichneten. Im vorderen Gartenbereich ist »Walters Fels«, der, von dem der runzelige Farmer zu Sue sagte, er sei sein Favorit. Der Garten, bepflanzt mit herrlich leuchtenden Blumen, war der Ort unserer September-Hochzeit im Jahr 1996.

Weil ich dich liebe

Durch ihr Beispiel und ihre Leidenschaft für die Natur demonstrierte Sue unsere Einheit mit dem Universum. Sie konnte sich mit Bäumen und Felsgesteinen verbinden, aber konnte ich das? Eines Tages passierte es unerwartet, als ich in der Innenstadt von Seattle eine geschäftige Strasse überquerte. Als ich auf einem Mittelstreifen anhielt, um darauf zu warten, dass die Ampel umsprang, bemerkte ich eine riesige Tanne, die über der Kreuzung aufragte. Dagegen sind die Bäume in Colorado dürr, und daher war ich dankbar für seine enorme Größe und Fülle. Ohne nachzudenken sah ich hinauf zu seinen fantastischen Zweigen und sagte laut: »Wow! Du bist wunderschön!«

Sofort fühlte ich eine körperliche, schlagartige Öffnung in meinem Herzen! In diesem Moment wusste ich, dass der Baum mich gehört hatte und mein Kompliment anerkannte! Niemals zuvor hatte ich solch eine direkte und klare sensorische Kommunikation mit der Natur gefühlt. Wie auch immer, dies war nur der Anfang meiner Beziehung zu diesem Baum.

In der nächsten Woche, während ich von Denver nach Austin flog, um ein Programm für Mitarbeiterführung zu unterrichten, las ich einen Abschnitt in einem Buch über das Sich-Verbinden mit Devas, oder Naturgeistern, von speziellen Pflanzen. Das Buch instruierte den Leser, sich vor eine Pflanze zu setzen und sich einzustimmen. In einem Flugzeug in einer Höhe von 30.000 Fuss fliegend, war ich nirgendwo auch nur in der Nähe von einer Pflanze, aber ich stellte mir vor, ich würde mich mit dem Baum in Seattle verbinden, da wir offensichtlich Freunde waren.

Whoosh! Sobald ich an den Baum dachte, fühlte ich ihn – er war definitiv männlich. Der Geist von diesem Tannenbaum in Seattle war eine starke

Präsenz in meinem Kopf. Schockiert fragte ich telepathisch: »Wie hast du mich gefunden?«

Weil ich dich liebe, war die sofortige gedankliche Antwort. Für den Bruchteil einer Sekunde staunte ich über die Einfachheit dieser Idee – dass es die Macht der Liebe ist, die alles durch Zeit und Raum hinweg miteinander verbindet. Liebe ist das vereinende Feld. Der Baum spürte meine Pause und fragte: *Zweifelst du daran?* Nun, wie könnte ich diese Liebe bezweifeln? Ich kannte den Geist dieses Baumes, da er mein Herz so spürbar berührt hatte, als ich an diesem Tag seine Schönheit bewundert hatte.

In meiner menschlichen Unsicherheit war meine nächste gedachte Frage: »Warum liebst du mich?« Der Geist des Baumes antwortete nicht direkt auf diese Frage; aber ich verstand, dass Liebe einfach die Essenz der Dinge ist. Wenn wir etwas lieben, dann ist unser Bewusstsein damit verbunden. Ich hatte das Gefühl, dass der Geist des Baumes eine Menge Dinge beantworten könnte, die weit über das Hoheitsgebiet der Bäume hinausgingen. Als ich nachgrübelte, warum ein Baum über andere Themen Bescheid wusste oder sich dafür interessierte, erkannte ich, dass es so etwas wie Baum-Bewusstsein oder Fels-Bewusstsein oder sogar Ich-Bewusstsein gar nicht gibt; es gibt nur ein Bewusstsein. Ich habe spirituell und intellektuell an das Einssein von allem geglaubt, aber bevor der Geist des Baumes mit mir kommuniziert hat, hatte ich es nie tatsächlich auch gefühlt.

Es stellte sich heraus, dass diese Verbindung ein Auftakt zu einer noch größeren persönlichen Verbindung mit der Natur war, die ich auf dem Inka-Weg in den Anden erfahren würde.

7
Entschlüsselung
des Wissens der Inkas

Über die Jahre kamen Sue und ich an Sonnenwenden und Tagundnachtgleichen zusammen, um mit Mark als unsere Begleitung zu meditieren. Wir öffneten außergewöhnliche Räume am äußersten Rand des menschlichen Bewusstseins. Sue hatte schon immer gewusst, dass es für sie eine besondere Arbeit in Peru zu tun gab, ironischerweise ein Ort, an dem sie niemals gewesen ist. Im Alter von einundsiebzig Jahren wurde bei ihr Darmkrebs diagnostiziert, der sich ausgebreitet hatte. Sie war am Sterben. Wir beide wussten, dass ihre Reise durch die Anden eine mystische, schamanische Reise sein würde und kein körperlicher Ausflug.

Darum haben wir am 21. Juni 2002, an einer Sonnenwende, in meinem Wohnzimmer in Colorado gesessen, um jegliche spirituelle Arbeit, die sie zu tun hatte, virtuell zu tun. Später lernte ich, dass die Juni-Sonnenwende, Winter in der südlichen Hemisphäre, der kraftvollste Tag für die Priesterschaft der Inka ist. Sue war klar, dass der Ort, zu dem sie sich hingezogen fühlte, nicht Machu Picchu oder Cuzco, sondern außer dem Titicaca-See ein gewaltiger hochgelegener See in den Anden war.

Mark geleitete uns beide zu einer gemeinsamen inneren Reise in ein vergangenes Inka-Leben. In diesem Leben war Sue ein Hohepriester und ein Astronom mit den Kräften zur Prophezeiung. Sie sah das Kommen der Leute voraus, die das Ende für die Herrschaft der Goldenen Sonnenscheibe und ihrer Religion, so wie sie in den Anden über die Jahrtausende praktiziert worden ist, bringen würden. Die Eindringlinge waren sich der mystischen Weisheit der Ältesten nicht bewusst. Als Priester wusste Sue in diesem vergangenen Leben, dass die Inkas dieses heilige Wissen schützen mussten, das ihnen von den Eingeweihten gegeben wurde. Wenn diese Geheimnisse nicht verborgen würden, dann würden die esoterischen Energien und Praktiken in die falschen Hände fallen. Und darum mussten die Mysterien und Kräfte um jeden Preis beschützt werden.

Wir erlebten diese mystische Reise zusammen – mit Sue, wie sie schilderte, was sie sah und fühlte, während ich Mark zur Klarstellung channelte. Vor meinem geistigen Auge konnte ich alles sehen, was Sue beschrieb. Es war so, als ob auch ich Teil einer vergangenen Lebenserinnerung war, in der Sue ein Priester und ich ein Zeuge von dem war, was als nächstes passierte. Ich nahm die Sitzung auf Band aus.

Sue schloss ihre Augen und fing an zu sprechen. »Ich sehe mich selbst auf einem Berggipfel. Meine Arme sind oben, ausgestreckt und ich fühle große, große Verzweiflung. Ich fühle, als würde ich um irgendeine Form von Gewissheit beten, mir zu helfen. Ich fühle, als würde ich von Licht berührt werden. Ich kann Sternen-Energie fühlen und die Sonne, wie sie meine Fingerspitzen erreicht. Es ist, als würde ich ein Königreich aus Licht betreten – es ist eine Gewissheit. Ja, ich kann das noch einmal erleben!«

Ich channelte Mark, der hinzufügte:

Dieses Wissen war zu stark für das menschliche Gefäß in diesem Leben. Du wusstest, dass das Hervorrufen dieses Geschenks des Wissens dich töten würde, aber du wusstest, dass du es tun musst. Somit standest du da und hast den Geist der Erde und des Feuers hervorgerufen. Der wunderbare Fels, auf dem zu standest, fing an, mit der Weisheit zu vibrieren, die durch deine Füße in ihn eintrat. Diese unglaubliche Verschlüsselung des Wissens des Universums, alles kam wirbelnd und strudelnd durch deinen Körper. Es ging durch dich hindurch – hinein in das willige steinerne Auffanggefäß und dann hinein in die Feuer im Zentrum der Erde. Dies repräsentierte unglaubliches Wissen und Weisheit jenseits aller Dimensionen, die wir gehalten haben.

»Alle Arten von farbigen Lichtstrahlen übertrugen sich von mir zu dem Felsen,« fuhr Sue fort, immer noch das Anden-Leben erfahrend. »Licht kommt aus dem Zentrum der Erde hochgeschossen, als wenn alles Wissen angenommen worden ist. Ich fühle, als ob es vorbei ist. Ich drehe mich nun um und verlasse den Ort, gehe den Berg hinunter. Ich fühle mich total ausgelaugt, erschöpft. Bin ich gestorben?«

Ich channelte die Antwort, die wir beide fühlen konnten:

Du gingst und hast einen Platz in der Natur gefunden, da dein Körper verbraucht war. Deine Seele wurde an einen Ort des Wissens mit dem Verständnis dafür angehoben, dass du während all deiner zukünftigen Leben Bewusstsein dazu gewinnen würdest, bis es wiederum die Zeit dafür war zu kommen und die Energie aus dem Zentrum der Erde durch diesen Fels der Welt zurückzubringen, fast eine Umkehrung zu dem, was du in den vergangenen Zeiten getan hast. Du würdest in der Zukunft wissen, wann die Welt wieder bereit war für dieses Wissen, um es wieder zurück in die Menschheit explodieren zu lassen und nicht nur auf eine geheiligte Weise im Zentrum der Erde festzuhalten. Du wusstest, dass du für den zweiten Teil deiner Abmachung wiederkommen würdest. So fragen wir dich also – bist du bereit, noch einmal die Verschlüsselung zu empfangen? Dieses Mal wird es aus der Erde herauskommen, durch dich hindurch zur Menschheit und zur Natur.

Sie antwortete: »Mark, als ich von dem Felsen in die Natur gegangen bin, war ich nicht länger physisch. Mein Körper war angefüllt, nicht mit Blut oder Muskeln und Knochen ... er war angefüllt mit Licht. Meine Haut hat es drinnen gehalten. Ich erinnere mich, dass ich mich hingelegt habe und gegangen bin. Ich fühle auch jetzt, in diesem Moment, dass mein Körper mit genau demselben Licht oder derselben Energie angefüllt ist, und ich fühle, dass ich bereit bin, es zu empfangen.«

Mark sprach durch mich:

Dieses Mal wird Jonette dir helfen. In dem anderen Leben hast du es allein getan; da gab es niemanden, der das geträumt hat, was du geträumt hast und wusste, was du wissen musstest. Jonette geht für dich in die Lehre. Sie ist hier, um bei dir zu sein, und um dabei zu helfen, die Kraft dieser Weisheit zu halten, dieses Lichtes, dieser Verschlüsselung, die nun soweit ist, losgelassen zu werden. Es kommt durch dich hindurch und wird der Natur und allen menschlichen Herzen geschenkt, die bereit sind, es zu empfangen. Nimm dich nun selbst mit in eine höhere Dimension.

Sue war aufgeregt, als sie sprach, »Dieses Mal gibt es einen Unterschied. Damals, als mein Körper das Licht beinhaltete, war es sehr, sehr schmerzhaft. Jetzt können die Energien, die durchkommen, nicht mehr in etwas enthalten sein. Es ist, als ob das Wissen sich in die Unendlichkeit auflöst. Es fließt in alle Dimensionen hinein. Es ist so ein sanftes, wunderbares Gefühl! Das ist nicht das gesamte Wissen. Das ist nur der Teil, der für uns gerade angemessen ist. Liege ich da richtig, Mark?«

Ja. Es ist nur das, was jetzt von den Pflanzen, Mineralien und, am allerwichtigsten, von den Menschen angenommen werden kann. Mit dieser Verschlüsselung wird die wahre Bruderschaft der Menschheit und der Natur und der Sterne damit beginnen können, erkannt zu werden. Die Schleier werden fallen. Auf vielerlei Art ist dies die Erinnerung an das vereinigte Feld; das Feld in dem alles Eins ist. Es wird nicht länger Trennung geben und den dadurch bedingten Verlust der Erinnerung zwischen der menschlichen Rasse und all den anderen Teilen der Einheit. Es ist eine Anerkennung der höheren Dimensionen der Nicht-Trennung. Die Welt war vorher nicht bereit für mehr Energie. Nun sind genug Menschen erwacht, die den höheren Zweck verstehen können und die mit der Erde arbeiten können, damit dieser Fels allein nicht mehr all diese Weisheit halten muss. Es wird Phasen der Aktivierung in Zusammenarbeit mit der Erde und den Sternen geben, denn dies ist eine riesige, interdimensionale Öffnung.

»Wenn ich meine Augen geschlossen halte, fühlt sich mein Körper vollkommen aufgelöst an,« kam Sue zu dem Schluss. »Ich fühle einen großartigen, wunderschönen Frieden in meinem Herzen. Es ist sonderbar. Alles erscheint so friedvoll. Es ist, als würde ich auf diesem wunderschönen Felsen stehen, der mitten aus der Nacht hervorragt, mit dem Mondlicht, das auf mich niederscheint. Die Erde ist eingeschlafen und alles ist im Frieden, aber es ist ein Frieden, der jenseits von allem liegt, was ich je erfahren habe. Dies würde ich liebend gerne mit der ganzen Welt teilen.«

Das hast du, antwortete mein Begleiter.

Zurück in meinem Wohnzimmer dauerte es eine ganze Weile, bis wir sprechen konnten. Wir hatten uns selbst in ein Ereignis aus einem vergangenen Leben eintauchen lassen, für welches es keinerlei Erklärung geben konnte. In der Nacherzählung ihrer Erfahrung berichtete Sue, dass das Licht und die Energie, die sie durch das Portal in die Erde am Titicaca-See transferiert hatte, nicht von diesem Platz allein gehalten werden konnte, sondern dass es sich irgendwie durch den Erdkern hindurch zu einem Berg im Himalaya bewegte.

Ich hatte keine Pläne dafür, physisch nach Peru zu reisen. Ich dachte, dass ich nur eine liebe Freundin darin unterstützte, in Frieden zu sterben, indem ich ihr dabei half, ihre spirituelle Mission zu erfüllen, eine, die noch nicht einmal sie verstand. Keiner von uns realisierte, wie prophezeiend diese gechannelte Sitzung war.

8
Durchwandern des Himalayas

In der realen Welt, genau wie auch auf den spirituellen Ebenen, bin ich eine Abenteuerin. Ich bin Kamele in der Wüste von Indien geritten und in der Sahara in der Nähe von Timbuktu. Ich bin über Nacht in der Wildnis von Australien verloren gegangen, war in Kairo im Krankenhaus gewesen, und hatte meine Freude daran, über 50 Länder besucht zu haben – bislang. In den letzten fünfzehn Jahren habe ich mit White Eagle und Mark gearbeitet, um Unterricht zu erteilen, und um für Leute gechannelte Lesungen zu geben. Mein Lieblingsteil von dieser Arbeit ist es, meine Berufung als spirituelle Lehrerin und meine Liebe zum Abenteuer zu kombinieren, indem ich Gruppen zu den heiligen Plätzen rund um die Erde führe.

Im Jahr 2003, ein Jahr vor meinen Ausflügen in die Anden, habe ich eine Gruppe zu einer spirituellen Reise in den Himalaya geführt. Mein Ehemann Ed, mein siebzehnjähriger Neffe John, fünf amerikanische Freunde, vier niederländische Frauen und ein schwedischer Mann brachen nach Nepal auf. Unser Ziel war spirituelles Wachstum, planetarische Dienste und die persönliche Leistung, in vierzehn Tagen zum Gipfel des Kalapathar zu wandern. Dieser 5.547 Meter hohe, steinige Berg bot eine klare Sicht auf den Mount Everest und die benachbarten Berge und einen Blick nach unten auf das Everest Basis Camp.

Ein schwarzer Vogel wird über dir fliegen

Bevor ich zu meiner Reise nach Nepal aufbrach, traf ich mich mit meiner geliebten Sue Burch in ihrem kleinen Appartement. Obwohl sie ziemlich geschwächt war von ihrem Krebs und der Chemotherapie, so war sie doch erpicht darauf, mich im Herausfinden des höheren, spirituellen Zwecks meiner bevorstehenden Reise zu unterstützen. Sie war davon überzeugt, dass der Himalaya eine sehr starke Verbindung zu den Anden hatte und besonders zu der inneren Arbeit, die sie neun Monate zuvor getan hatte, nämlich das Verschlüsseln von Energie in einen Megalithen in der Nähe vom Titicaca-See. Einigen zufolge ist der Titicaca-See, der hoch in den Anden zwischen Peru und Bolivien liegt, der weibliche Pol des Planeten und die Region rund um den Mount Everest im Himalaya ist der männliche Pol. Sue fühlte auch, dass die Energien, die sie einige Jahre zuvor im Zentrum der Kornkreise in England erlebt hatte, direkt in Verbindung zu einem Berg im Himalaya standen. Sie stellte Fragen und machte sich Notizen als ich Mark channelte. Die meiste Zeit über hatten wir ähnliche Visionen und Gefühle, aus denen wir dann ein vollständigeres Verständnis zusammenflickten.

Sobald wir danach fragten, welche spirituelle Arbeit meiner Gruppe in Nepal tun sollte, wurde Sue und mir in einer Meditation ein monströser Kessel mit brodelndem Feuer gezeigt. Es war, als würden wir in die brennenden Innereien der Erde starren. Der glühende, klaffende Eingang war von ein paar riesigen, kosmischen Wesen bewacht. Zuerst konnte ich nicht sagen, ob diese Wächter Engel des Lichts oder dunkle Geister waren. Dann wurde mir gesagt, dass diese Öffnung »Das Tor zur Hölle« repräsentierte. Das verwirrte mich. Erstens glaube ich nicht an die Hölle, und zweitens hatte ich nicht das Bedürfnis, am Eingang der Verdammten herumzuhängen. Die Vision war ähnlich wie das Feuer und Schwefel Zeugs, womit ich im traditionellen Christentum nicht einverstanden war.

Mark erklärte, dass alle Energien erschaffen wurden, positive als auch negative, und bis in alle Ewigkeit weiter bestehen, es sei denn, sie werden bewusst transformiert. Die Menschheit hat schon immer negative Energien erschaffen durch ihre Gedanken, Ängste, ihren Hass und ihre Kämpfe. Solch eine Energie ist giftig und würde die spirituelle Entwicklung gebremst haben, wenn die Erde sie nicht, um uns zu schützen, sicher an den Wurzeln des Himalaya-Gebirges aufbewahrt hätte. Diese Hölle, die Sue und mir gezeigt worden ist, war nicht der Ort, an den die Menschen für ihre Sünden hin verdammt werden würden, sondern der Ort, wo das energetische Resultat der negativen Gedanken und Aktionen der Menschheit solange aufbewahrt wird, bis die Menschen genug spirituelle Fähigkeiten haben, um sie zu verwandeln. Dies würde den Planeten Erde von der Last befreien, die Dunkelheit zum Schutz der Menschheit halten zu müssen. Die zwei kosmischen Wesenheiten, die wir in unserer inneren Vision gesehen haben, sind die Guten und ihre Aufgabe ist es, die Tür für jedes Wesen versiegelt zu halten, das die Negativität freilassen könnte mit der Absicht, Schaden anzurichten.

Die Mission unserer Gruppe, die wir offensichtlich akzeptiert hatten, war es, zu diesem Tor oder Portal zu gehen und das Licht und die Kraft des Guten zu nutzen, um mit der Freilassung der Dunkelheit zu beginnen, die dort aufbewahrt wurde. Mark hat uns gesagt, dass genug Gutherzigkeit vorhanden war, um die giftige Negativität in höhere, leichtere Frequenzen umzuwandeln. Mit der Gewissheit, in einer Spiritualität zu sein, die weit über meinen Verstand hinausging, fragte ich Mark kleinlaut: »Wie werden wir wissen, ob wir erfolgreich im Freilassen der Dunkelheit waren, die unter dem Himalaya-Gebirge aufbewahrt wird?«

Ein schwarzer Vogel wird über euch fliegen, wenn eure Aufgabe erfüllt ist, war Marks gechannelte Antwort. Ich hoffte wie verrückt, dass es im Himalaya viele schwarze Vögel gab. Die Vorstellung, sich mit den Toren der Hölle einzulassen und dabei zu versagen gefiel mir nicht gerade.

Sues Berg: – Ama Dablam

Von Beginn an hielt unser spirituelles Abenteuer in Nepal im April 2003 unerwartete Überraschungen bereit. Ein eher abgenutztes, 18-sitziges Flugzeug der Gorka Air transportierte uns aus Kathmandu hinaus zu einer Flugpiste bei Lukla in der Everest-Region. Diese Piste, die mehr als 2743 Meter über dem Meeresspiegel liegt, ist prekärerweise aus dem Berg selbst herausgehauen worden. Sie ist nur 519 Meter lang, so kurz, dass es eher einer Landung auf einem Flugzeugträger gleicht.

Pema*, unser Sherpa-Reiseleiter, den Ed und ich im vorigen Sommer auf dem Gipfel von Colorados höchstem Berg getroffen haben, wartete in Lukla mit unserem Expeditionsteam auf uns. Wir hatten zwei Köche, eingeflogen aus Kathmandu, drei Sherpa-Reiseleiter und vier Küchenjungs. Zehn Träger trugen die ganze Ausrüstung in Körben auf ihrem Rücken, festgeschnallt mit Riemen, die um ihre Stirn herum gingen. Sobald wir in größere Höhenbereiche kamen, benutzten wir Yaks, um einen Teil der Ausrüstung zu tragen.

In der amerikanischen Landessprache bekam »Sherpa« die Bedeutung von einem Träger bei Wanderungen. Tatsächlich jedoch sind die Sherpa ein Volk und eine kulturelle Gruppe, bestehend aus ethnischen Tibetern, die vor über 300 Jahren von Tibet in die heutige so genannte Everest-Region von Nepal ausgewandert sind. Sie praktizieren einen sehr traditionellen Nebenzweig des Buddhismus unter Berücksichtigung des Glaubens an eine Vielzahl von Naturgeistern. Was ich faszinierend fand ist, dass jeder Nachname bei den Sherpas Sherpa ist. Zum Beispiel lautet der vollständige Name unseres Reiseleiters Pema »Pema Dorji Sherpa«. Und um das Ganze für Ausländer noch verwirrender zu machen, wird dem Sherpa-Kind, unabhängig von seinem Geschlecht, der Vorname in Abhängigkeit vom Wochentag seiner oder ihrer Geburt gegeben.

Nach zwei Tagen zermürbendem Bergaufwandern zelteten wir an einer Stelle oberhalb von Namche Bazaar, der größten Stadt in der Khumbu- oder Everest-Region und der Hauptstadt der Sherpa. Für unsere erste Gruppenmeditation versammelten sich zwölf von uns vor dem Abendessen in dem Zelt, das als Speiseraum diente. Das dreizehnte Mitglied unserer Gruppe, mein jugendlicher Neffe John, war in unserem Zelt zusammengebrochen. Er war auf Grund von Magenproblemen so krank, dass er froh gewesen war, mit einem Hubschrauber von hier weg transportiert zu werden und die ganze Kletterei hinter sich zu lassen. Der Rest von uns hockte auf unseren

---

* Pema Dorji Shepa, www.Sherpatrek.com

grasendes Yak

Der Berg Ama Dablam

Campingstühlen; unsere Plastikkrüge mit dampfendem Tee standen vor uns auf einem Klapptisch.

Ich fing an, Mark zu channeln, der uns in eine Meditation führte, um uns mit den Bergen, der Natur, den lokalen Leuten und mit jedem anderen zu verbinden. Während der Hälfte wurde unser friedlicher Zustand durch einen Ausbruch von lautem, abscheulichem Schnarchen erschüttert! Es schien aus der Richtung von einem unserer Kollegen, Larry Cooper, zu kommen. Mit meinen geschlossenen Augen versuchte ich mich darauf zu fokussieren, Marks Worte hereinzubringen, die fortdauernde Störung ignorierend. »Wie kann eine Person nur so viel Lärm verursachen?« dachte ich. Immer noch davon überzeugt, dass es Larry war, wunderte ich mich: »Warum schubst ihn denn keiner und weckt ihn auf?« Wir alle versuchten tapfer zu meditieren, trotz des Lärms. In dem Moment, als ich das Channeling beendet hatte, öffnete ich sofort meine Augen und starrte in die Richtung, wo das Geräusch herkam. Larry war hellwach, mit einem Grinsen auf seinem Gesicht. Tatsächlich war jeder wach – aber das Schnarchen ging weiter! Wir öffneten den Zelteingang in die dämmrige Luft. Ein zotteliger Kopf und große, braune Augen begrüßten uns direkt draußen vor der Tür; unser Übeltäter war ein Yak! Sein sonorer Beitrag zu unserer Meditation bot jedes mal Futter für Kicheranfälle, wenn wir uns in das Verpflegungszelt setzen.

Wegen der Notwendigkeit zur Akklimatisierung an die Höhe wanderten wir für ein oder zwei Tage und rasteten dann einen Tag. Einer dieser Rast-Tage war bei dem Kloster Thengboche, von dem gesagt wird, dass es das am höchsten gelegene Kloster in Nepal sei. Das sich wiederholende bergauf und bergab wandern in einer Höhe von über 3900 Metern sorgte dafür, dass der Tag, an dem wir bei dem Kloster ankamen, ein Erschöpfender war. Ich hatte Höhenkopfschmerzen, welche durch ein zerebrales Ödem verursacht wurden, und drohten, meine Schädeldecke in zwei Teile zu zerteilen. Wir hielten am äußeren Tor dieses buddhistischen Klosters an, um wieder zu Atem zu kommen. Dies gab uns die Gelegenheit, die unglaublich beeindruckenden Himalaya-Gipfel aufzunehmen, anstelle des vorsichtigen Achtgebens auf unsere Tritte auf diesem steinigen Weg. Wir bestaunten den majestätischsten Berg, den ich jemals gesehen hatte und der königlich und einsam über dem Tal aufragte. Ralph Johnson, ein Wanderkollege mit einer Anzahl an Taschen überall, in jeder von ihnen jeweils eine Karte, einen Kompass oder ein GPS-Gerät,

Unsere Gruppe am Thengboche Kloster

Meditation auf der Klosterwiese

kannte den Namen des Berges, auf den ich deutete. »Das ist Ama Dablam, ein sehr netter Berg,« erzählte mir Ralph in seinem schwedischen Akzent.

»Ein netter Berg. Das ist die Untertreibung des Jahrhunderts!« dachte ich. Tatsache ist, dass gesagt wird, Ama Dablam sei einer der fünf herrlichsten Berge auf der Welt. Nur ein wenig unter 6900 Metern regiert dieser Berg mit unvergleichbarer Schönheit in einer Schar anderweitig außergewöhnlicher Berge. Sie war in reinen Schnee eingehüllt, der hier das ganze Jahr über auf ihre Schultern fällt. Sie war die Krönung, mit zwei kleineren Bergen nebendran, die sie wie Höflinge flankierten. Ama bedeutet Mutter, Dablam bedeutet Halskette. Für mich bedeutete dies der Busen von Mutter Erde. Sie stand da wie eine Göttin des Himalaya; im Vergleich dazu war der Mount Everest dort lediglich der höchste Berg.

Auf einmal, als ich zum Ama Dablam starrte, hatte ich eine schlagartige Erkenntnis: »Dies ist Sues Berg! Das ist derjenige, zu dem sie die Energien hingeschickt hat in ihrem vergangenen Leben als Hohepriester in Peru! Von hier kam die Kraft, als der Felsberg in der Nähe des Titicaca-Sees die Energie nicht länger halten konnte, die sie in ihn hinein übermittelt hatte!« Augenblicklich wusste ich auch, dass dies der gleiche Berg war, der die Tore zur Hölle enthielt, vor denen Mark gewarnt hatte.

Dies war der Ort, an dem wir den speziellen Meditationsprozess zur Heilung der Erde von den negativen Energien, die dort im Herzen des Himalaya verborgen waren, durchführen sollten. Mark hatte mir gesagt, dass es jetzt an der Zeit war, unser Bewusstsein und unsere hohe spirituelle Energie, die zur Verfügung stand, zu nutzen, um die Negativität zu entlassen und sie durch die Schwingungen der Göttlichkeit zu ersetzen. Ich hatte keine Ahnung, wie wir das bewerkstelligen konnten, nur, dass es unsere Aufgabe war.

Es war Vorfrühling. Der Rhododendron war gerade am Erblühen und säumte die Wiesen und das Land rings um das Kloster Thengboche. Die dünne Luft enthielt den ausgeprägten Duft von Yak-Dung und Holzfeuern. Junge, in kastanienbraunen Roben gekleidete Mönche mühten sich damit ab, ein Wasserrohr zu verlegen. Es herrschte ein Gefühl von zeitlosem Wohlergehen vor. Neben dem Kloster, auf einer Weide für Yaks, versammelte sich unsere Wandergruppe, um unsere spirituelle Arbeit zu tun. Die spektakulären Gipfel des Everest, Lhotse, Nuptse und Ama Dablam hielten die Oberherrschaft über uns. Ich channelte Mark in einer Meditation, die uns auf eine mystische Reise zu den felsigen Wurzeln des Ama Dablam mitnahm. Dort wurden wir Zeugen der Höllentore, die Mark Sue und mir schon in Denver gezeigt hatte. In Licht gekleidet und von den alten Meistern der Weißen Bruderschaft beschützt, standen wir der Dunkelheit gegenüber. Ich fragte einmal White Eagle: »Wie stark ist die Dunkelheit?«

Seine Antwort: *Die Dunkelheit ist so stark wie die Angst, die du davor hast.* Wir hatten keine Angst. Diejenigen von uns mit der Gabe des inneren Sehens wurden Zeuge von der Öffnung eines Portals tief in der Erde und der Umwandlung der dort aufbewahrten Negativität in Licht. Durch die Unterstützung bei der energetischen Heilung der Erde halfen wir auch uns selbst dabei, an diesem Morgen zu heilen. Aber hatten wir unsere spirituelle Mission vollbracht?

Mark hatte uns, bevor wir nach Nepal aufgebrochen sind, erzählt, dass das Zeichen, an dem wir erkennen konnten, ob wir erfolgreich die negativen Energien aus den Toren der Hölle entlassen und umgewandelt hatten, ein schwarzer Vogel sein würde, der über uns hinwegfliegt. Wir müssen unsere Mission mit Bravour gemeistert haben, weil sich die gesamte Natur zusammengetan hatte, um unsere Leistung zu feiern. Während wir meditierend auf diesem hochgelegenen Feld im Himalaya saßen, konnten wir kaum Marks gechannelte Worte verstehen, wegen all der Raben um uns herum! Zu keiner anderen Zeit unserer Reise hatten wir so viele Raben gesehen. Ein Schwarm von mindestens zwanzig großen, schwarzen und ungestümen Vögeln schoss über uns hinab, landete auf Ästen in der Nähe oder tippelte kurioserweise bis auf wenige Zentimeter an unsere Zeltplane heran. Die Meister wollten uns versichern, dass, obwohl wir nicht wussten, was wir getan hatten, wir es geschafft hatten.

Unsere nächste Meditation auf der Wiese brachte uns dazu, ein ›Sternentor‹ oder ein kraftvolles Energieportal zu erfahren, welches auch im Innersten des Ama Dablam war. Nachdem wir dabei geholfen hatten, die Negativität zu befreien, die dort gehalten wurde, fühlten wir eine starke Anwesenheit kosmischer Liebe. Wir wurden in eine wortlose und heilige Verzückung eingehüllt, die uns weit weg transportierte, jenseits der Limitierungen in diesem Leben. Grenzenlose Glückseligkeit strömte durch uns hindurch und ließ schlafende Samen der Gnade in jedem von uns erwachen. Wir betraten eine übersinnliche Wegöffnung, die unsere Herzen mit der kosmischen Güte verband. Mark erklärte, dass der energetische Zugang des Ama Dablam eines der wichtigsten Empfangszentren von höherdimensionalen Frequenzen für die Energiemeridiane oder das Gitternetz der Erde ist. Dies ist die Meditation aus dem Himalaya, die unsere Herzen für eine höhere Erfahrungsebene aktiviert hat:

Om Mani Padme Hum

Erlaubt dem Gesang, euch auf den Schwingen des Klangs in den Berg – Ama Dablam – hinein mitzunehmen. Dort ist ein Sternentor aus der fünften Dimension.* Ihr werdet es wissen durch das Fühlen der Essenz von geometrischen Kräften und Mustern. Bewegt euch kraftvoll in das Herz dieser Geometrien hinein. Tief in dem großartigen Berg Ama Dablam gibt es eine Sende- und Empfangsstation für die Energien und Sternentore außerhalb der Milchstrasse.

Bewegt euer Bewusstsein in die Energieübersetzungen selbst hinein. Ihr werdet sie als Muster wahrnehmen. Ihr werdet vielleicht sogar eine Ahnung von der Quelle bekommen, die zu diesem Platz von ausserhalb der Galaxie sendet. Und dann dieses Portal, welches umgekehrt zur Erde und der Atmosphäre sendet. Wir bitten euch, eure eigene Schwingung anzupassen, um in Harmonie mit den Mustern zu sein, die kontinuierlich hierher gesendet werden. Das wird euch an die Energien der Umwandlung, die zur Erde kommen, anpassen.

Ihr könntet das Himalaya-Portal auch das Mutter-Sternentor nennen – den Dirigenten für all die anderen Sternentore und Portale auf dem Planeten. Sie alle kommunizieren mit diesem Haupt-Sternentor. Bittet einfach darum, euch selbst auszurichten und mitzuschwingen, euer Wesen, euer Wissen um die Aktivitäten hier. Es ist wichtig, dass wir dies heute öffnen – bei Vollmond. Es wird damit fortfahren, euch zu berühren und sich selbst mit euch abzustimmen. Wann immer ihr

---

* Mark erklärt, dass die ersten drei Dimensionen die normale physikalische Realität sind, die 4. Dimension ist Licht und Schwingung – alles was mit Frequenzen zu tun hat. Die 5. Dimension beinhaltet Symbole, Codes, Geometrien. Die 6. Dimension ist magnetischer Natur und jenseits von Raum/Zeit. Es fühlt sich an wie unendliche Liebe. Die 7. Dimension ist holographisch und wird oft bezeichnet als »Gottes-Bewusstsein«. Es gibt unzählige höhere Dimensionen mit Qualitäten, die für uns schwierig zu ergründen oder zu erfahren sind.

das Gefühl habt, dass die Geschwindigkeit der Umwandlung zu schnell vorangeht und Disharmonie, Unausgeglichenheit oder Chaos in eurem Leben erschafft, dann verbindet euch wieder mit dieser zentralen Sendestation. Stellt euch selbst wieder neu darauf ein, denn dies ist das Meister-Sternentor der fünften Dimension auf der Erde. Wenn ihr einmal danach ausgerichtet seid, scheint das Chaos und die Disharmonie einfach wegzuschmelzen.

Fühlt, wie wichtig das ist in Verbindung mit der Auflösungsarbeit, die ihr gerade vollendet habt. Es gibt nichts, was ihr noch tun müsstet. Wir mussten euch mit diesem Ort bekannt machen, so dass ihr ihn finden könnt, mit ihm in Resonanz gehen könnt, euch selbst darauf abstimmen könnt und ihm zuhören könnt. Die Integration wird für immer andauern. Wenn ihr Schwierigkeiten habt, auf diese Berge zu steigen oder im Leben, dann wird diese Verbindung euren Aufstieg erleichtern.

Ich fühle immer noch eine physische Bewegung in meinem Herzen, wenn ich mich mit der Kraft von diesem Ehrfurcht gebietenden Berg verbinde. Das bedeutsamste Geschenk dieser Reise ist es, dass die höheren Frequenzen, die nun im meinem physischen Herzen wohnen, in der Lage sind, als Katalysator automatisch auch die Herzen von anderen zu aktivieren.

Das Kloster Thengboche

Während unseres Aufenthalts am Kloster Thengboche haben wir uns im ungeheizten Haupttempel den Gesängen der buddhistischen Mönche angeschlossen, einmal früh am Morgen und dann wieder um 15 Uhr nachmittags. Wir saßen auf dem blanken Fußboden, eingehüllt in unsere hochmoderne Bergsteigerausrüstung, zähneklappernd in der bis auf die Knochen gehenden Kälte. Die Gemeinde der Mönche, jeder in eine einfache Robe aus Wolle gekleidet, schien unempfindlich gegen die Umgebung zu sein, als sie sanft vor und zurück schaukelten während ihrer tranceartigen Rezitationen. Nach den Gebeten zog ein fröhlicher, junger Mönch lachend Larry Cooper auf, der, so wie wir alle anderen auch, bis zum Gehtnichtmehr in wärmende Lagen eingehüllt war. Der Mönch öffnete vollständig seine Robe, um zu enthüllen, dass er absolut gar nichts darunter anhatte!

Rimpoche Ngawang Tenzin Jangpo

Während wir dort zelteten, hatten wir das große Glück, eine Audienz bei dem höchsten Lama der gesamten Everest-Region zu bekommen, dem Abt des Klosters, Ngawang Tenzin Jangpo. Es war deshalb Glück, weil er gerade erst von seinem Winterquartier in Kathmandu zurückgekehrt war, am gleichen Tag, als wir ankamen. Unserem Reiseleiter Pema, der den Abt sehr gut kennt, war es möglich, ein Treffen zu arrangieren.

Der Abt wurde 1935 in Namche Bazaar in Nepal in einer tibetischen Familie geboren. Als Jugendlicher bestand er darauf, dass sein wahres Zuhause im Kloster Thengboche sei. Er wurde mitgenommen, um den Groß-Lama in Tibet zu treffen, der den Jungen als Reinkarnation des Gründers des Thengboche Klosters erkannte. Dem Jungen wurde der Name Ngawang Tenzin Jangpo gegeben und er verbrachte Jahre des Studiums und Trainings mit den großen Lehrern Tibets. Bekannt als Thengboche Rimpoche ist er der spirituelle Führer der Sherpas. Der Titel »Rimpoche« wird einer Person verliehen, die die anerkannte Reinkarnation von einem ehemaligen Großen Lehrer oder Meister ist. Nicht alle Äbte sind auch Rimpoches und nicht alle Rimpoches leben in Klöstern. In Nepal und Tibet gibt es einen wunderschönen Brauch, um Anerkennung zu zeigen, wenn man jemand neues kennenlernt. Unser Freund und Reiseleiter in Kathmandu, Krishna Lohani[*], zum Beispiel begrüßte uns im Hotel mit einer uralten Zeremonie, in der er einen weißen oder goldenen, seidenen Kata-Schal jedem von uns um den Hals legte. Dann, mit seinen Händen in Gebetsposition gefaltet, beugte er seinen Kopf und wiederholte die universelle Segnung und Begrüßung »Namaste«, was mit »Meine Göttlichkeit grüßt deine Göttlichkeit« übersetzt wird. Unsere Kata-Schals haben uns gut gedient. Wir wurden dazu angewiesen, dem Abt oder dem Groß-Lama von Thengboche einen Seidenschal zu überreichen, in den als Spende ein paar Dollars oder Rupien eingefaltet waren. Der Abt segnete uns dann, einen nach dem anderen, und gab den nun geweihten Schal wieder an uns zurück. Mein Mann Ed und viele andere von uns hatten Tränen in den Augen durch das bloße Sein in der Gegenwart des Rimpoches. Obwohl er nur wenig Englisch sprach, durchbrach sein strahlendes Lächeln jede Sprachbarriere.

Die Everest Basis-Camp Wanderung

Unser typischer Tag auf dieser Wanderung begann mit Tee, der uns in den einzelnen Zelten morgens um 6 Uhr von den Kochgehilfen serviert wurde. Darauf folgte eine Schüssel mit warmem Wasser zum Waschen, obwohl es morgens meistens zu kalt war, um gerne mehr als nur das Nötigste zu waschen. Wir packten unsere Kleidersäcke und gingen Frühstücken. In der Zwischenzeit bauten die Träger unsere Zelte ab und beluden ihre Körbe und die Yaks mit der ganzen Ausrüstung. Das Frühstück bestand aus Müsli und oftmals auch aus Eiern. Um 8 Uhr morgens wanderten wir los, angezogen mit allerlei unterschiedlichen Lagen an Kleidern, um uns vor der Kälte zu schützen. Natürlich wurde es, sobald wir anfingen zu laufen und die Sonne über die Berge herüberkam, so warm, dass wir eine Vielzahl an Stops einlegen mussten, um die Kleiderschichten auszuziehen. Auf Grund der Höhenlage und der unterschiedlichen Fähigkeiten innerhalb der Gruppe kamen wir

---

[*] Krishna Lohani, Nepal, spiritueller Reiseleiter, www.trekntour.com

nur langsam voran. Die Wege waren steinig und steil und sie schlängelten sich durch die Hügel und Täler. »Himalaya Ebene« nannte es Pema, weil das ganze bergauf und bergab Wandern unterm Strich keinen wirklichen Höhengewinn einbrachte. Der heimtückischste Teil des Wanderns war es, Ausschau nach den beladenen Yak-Karawanen zu halten. Wir wurden dazu angehalten, auf der Innenseite des Wanderwegs zu gehen, so dass wir nicht von einem Yak mit »defekten Bremsen« seitlich vom Berg herunter geschubst wurden.

In tieferen Lagen wanden sich die Fußwege durch kleine Städtchen mit terrassenartigen Farmen und Wanderhütten. Der April brachte allmählich einige Blumen und Blüten an Obstbäumen zum Vorschein. Die Leute pflügten per Hand, sich bückend, um Kartoffeln, Gemüse und Grünzeug einzupflanzen. An den meisten Tagen wanderten wir für drei Stunden und machten dann am Wegesrand Rast, während das Mittagessen von unseren Köchen auf Petroleum-Campingkochern vorbereitet wurde. Generell wanderten wir dann jeden Nachmittag weitere drei bis vier Stunden. Während des Mittags war es dann warm genug, außer in den höheren Lagen, um kurze Hosen und leichte Shirts zu tragen. Jedoch zogen mitten am Nachmittag die Wolken herein und brachten kühles, nasses Wetter mit. Wir hielten am Weg

Neffe John, Ed und Jonette, der Ama Dablam im Hintergrund

entlang an, um unsere ganzen warmen Kleiderlagen wieder anzuziehen, die wir vorher ausgezogen hatten.

Bis zu dem Zeitpunkt, wo sich unsere Gruppe jeden Abend ins Lager schleppte, hatten die Träger bereits unsere Zelte aufgestellt. Wir wurden sehr faule Camper. Wir tauschten unsere staubigen Wanderklamotten durch einigermaßen saubere und trockene Campingbekleidung aus. Unsere heiß ersehnte Teezeit war um 16:30. Abendessen gab es um 18:00 im Verpflegungszelt. Uns allen war zu kalt und wir waren zu müde, um länger als bis 20:00 wach zu bleiben. Weil ich Kälte nicht ausstehen kann, war ich froh, den wärmsten Daunenschlafsack mitgebracht zu haben, den ich finden konnte. In einigen Nächten mit heftigem Schneefall wurden wir dadurch geweckt, dass die Sherpas unsere Zelte schüttelten. Sie beseitigten den Schnee, damit die Zelte nicht über uns zusammenbrechen würden.

Wir bewanderten insgesamt vierzehn Tage lang den Rundweg zwischen Lukla und dem Basis Camp am Everest. Unser höchster Lagerplatz war auf 5180 Metern bei der winzigen Siedlung Lobuche. Das Alter der Teilnehmer in unserer Gruppe reichte von siebzehn Jahren bis in die späten fünfziger, wobei die meisten Leute über fünfundvierzig waren. Wir repräsentierten alle Variationen von Fitness, keiner hatte alpine Erfahrung. Auf der Wanderung fielen wir in einen Tagesrhythmus und fügten, wenn wir konnten, Meditationen ein.

Wie man vielleicht erwartet haben konnte, litt unsere Gruppe unter den verschiedensten Krankheiten. Die meisten von uns hatten so etwas wie Verdauungsprobleme; eines davon wurde sehr ernst. Wir mussten Ralph Johnson, einen agilen und kräftigen Mann aus Stockholm, in Pheriche zurücklassen, einer Stadt mit der Klinik, die die Everest-Expeditionen betreut. Ihm ging es dann nach ein paar Antibiotikagaben und ein paar Tagen Ruhe wieder besser.

Glücklicherweise war ein Mitglied der Gruppe, Yolanda Gröneveld, Ärztin mit Spezialisierung in Akupunktur. Sie war immer damit beschäftigt, Zelt-Termine abzuhalten. Pema, unser führender Sherpa-Reiseleiter, sah mit wachsamen Interesse zu, wie Yolanda die Akupunktur dazu benutze, Höhenkrankheit, Darmprobleme und Beinschmerzen zu behandeln. Als Pemas eigener trockener, abgehackter Husten sich verschlimmerte, bot ihm Yolanda eine Behandlung mit den Nadeln an. Angst blitzte auf seinem Gesicht auf, als er stammelte: »Nein danke. Es geht mir soweit gut.« Wir veralberten Pema gnadenlos: »Du meinst also, das du den Mount Everest dreimal bestiegen, aber Angst vor diesen winzig kleinen Nadeln hast!« Er wollte nicht nachgeben, also teilten wir mit ihm unsere Hustenbonbons und Vitamin C.

Es war ein persönlicher Sieg für jeden von uns, der mühevoll diese letzten steinigen Schritte auf den Gipfel des 5547 Meter hohen Kalapathar geklettert war! Von der Spitze aus schauten wir herunter auf das Basis-Camp des Everest, das sich wie bunte Flecken über den Khumbu Gletscher darunter ausbreitete. Wir waren hier bei der 50-jährigen Geburtstagsfeier der Erstbesteigung durch Edmund Hillary und Tenzing Sherpa. Eine große Anzahl an Bergsteigern aus der ganzen Welt zeltete auf dem Eis. Quer über dem Tal zeichnete sich der höchste Punkt auf diesem Planeten ab, der Mount Everest. Seine weiße Krone zeichnete sich majestätisch gegen den unglaublich blauen Himmel ab. Eine konstante Schneefahne schoss von seinem Gipfel in die Höhe.

Der Yeti

Von da an brachte uns die Wanderung dankenswerterweise zurück in eine tieferen Lage, jedoch nicht ohne ein paar weiterer, harter Aufstiege. Unsere Atmung wurde leichter, unser Appetit kam zurück, unsere Kopfschmerzen verschwanden. Doch bis dahin waren wir altbewährte Veteranen auf dieser Wanderung. Auf unserem Rückweg nach Lukla hielten wir über Nacht in Khumjung an, Pemas Dorf, wo seine Frau ein kleines Gästehaus als ein Teil ihres Zuhauses betrieb.

Khumjung ist bekannt für den Schädel des Yeti oder des grässlichen Schneeungeheuers, der in einem Glaskasten mit Vorhängeschloss im örtlichen Kloster aufbewahrt wird. Wir bezahlten unsere Rupien, um einen Blick auf den Schädel zu werfen. Es gab nicht viel zu sehen, eine Menge schwarzer Haare und ein wenig vertrocknete Haut. Himalaya-Yeti oder Affenmensch, ihr würdet sogar nach dem Anblick dieses Beweises skeptisch bleiben. Aber nachdem ich eine erstaunliche Geschichte von meinem Neffen John gehört hatte, hatte ich allen Grund, an die Existenz einer nur schwer fassbaren Spezies der zweifüßigen Primaten, hier als Yeti bekannt, zu glauben.

Khumbu Gletscher, sich dem Everest nähernd

Mt. Everest vom Gipfel des Kalapathar aus

In jeder Gesellschaft gibt es Konventionen, Normen und Glaubenssysteme, um die sich die Menschen herum gruppieren. Weicht man zu weit vom Durchschnitt ab, geht man die Gefahr ein, als abartig abgestempelt zu werden, oder zumindest als ein wenig exzentrisch. Das funktioniert bisweilen ganz gut. Wir können uns einfach entscheiden, etwas nicht zu sehen oder zumindest nicht daran zu glauben, wenn uns mit dessen Anerkennung droht, in die äußerste Randzone der glockenartigen Kurve dessen befördert zu werden, was als normal bezeichnet wird. Ich dachte darüber nach, während ich John zuhörte, der mir eine unglaubliche Geschichte darüber erzählte, was er letzten Sommer im wilden Hochland von Colorado entdeckt hatte.

Er und sein Vater, mein Bruder John, machten eine Ausdauerwanderung in den Rockies zwischen Redstone und Aspen, sechsundzwanzig harte Bergmeilen umfassend, über drei Pässe hinweg, alles ohne anzuhalten. So wie es manchmal in den Bergen passieren kann, hörte die gestrichelte Linie, die so klar auf der topographischen Karte erkennbar zu sein schien, in der alpinen Wirklichkeit auf zu existieren.

John beschrieb es so: »Wir waren weit vom regulären Weg entfernt, uns unseren eigenen Weg am Ende der Welt bahnend, als wir einen großen, alten Baumstumpf bemerkten, der so aussah, als wäre er vornüber gekippt worden. Der Dreck drumherum war weich und in ihn gepresst war ein riesengroßer menschenähnlicher Barfußabdruck ... Big Foot! Der Fußabdruck war klar umschrieben, sogar im Zehenbereich. Wir schauten uns nach anderen Abdrücken um oder Haarbüscheln, die an Zweigen hingen, aber wir sahen nichts weiter. Wir legten unsere Wanderstöcke neben den Abdruck, um eine Perspektive zu bekommen und machten ein paar Fotos. Der Abdruck war länger als 45 cm!«[*]

Ich war ganz begeistert von Johns Geschichte! Ich liebe es, wie das offensichtlich Unmögliche wahrscheinlicher wird und das Wahrscheinliche nachgewiesen wird! Es war herrlich zu denken, dass es gigantische, haarige und unglaubliche Kreaturen gibt, die mit uns nebeneinander bestanden haben und die wir trotz all unserer Wissenschaftlichkeit verpasst haben. Tatsächlich

---

[*] Eine Internetsuche nach Big Foot-Sichtungen deutete auf Aktivitäten in derselben allgemeinen Region in der Wildnis von Colorado hin.

werden solche Dinge gewöhnlich übersehen, bis jemand vom konventionellen Weg abweicht. Es erinnerte mich daran, was ein Freund von mir einmal gesagt hat: »Ich liebe es, morgens aufzuwachen und herauszufinden, dass ich vollkommen mit etwas daneben lag, woran ich vorher geglaubt habe.«

Die Ama Dablam Herzaktivierung

Als wir zurück nach Kathmandu und in die Welt der Strassen, Elektrizität und Toiletten geflogen sind, sehnten wir uns alle ein wenig nach dem, was der Himalaya uns gegeben hatte. In Kathmandu waren wir damit gesegnet, Zeit mit einem weiteren reinkarnierten, tibetischen Lama zu verbringen, Choki Nima Rimpoche. Er sprach Englisch und erfreute uns mit seiner klaren Weisheit und Unbeschwertheit. Ich persönlich fühlte eine spezielle Seelenverbindung zu diesem erleuchteten Meister. Seit ich ihn getroffen habe, habe ich einige Male gefühlt, wie er zu meinen Meditationen erschienen ist, um mich mit seiner Segnung zu grüßen.

Unsere gemeinsame Wanderung durch den Himalaya hat unsere Gruppe zu einer wunderbaren Familie verbunden, zu einem Team. Jeder unterstützte jeden durch einen Ausdruck an Ermutigung und Mitgefühl. Im Moment lebend, mit Güte, war unser größter Lerneffekt. Wir waren von jedem gut umsorgt, von unserer Expeditionscrew und Pema – unserem Leit-Sherpa, der zu einem Freund geworden war. In dem glorreichen Berg, Ama Dablam, haben wir den Ort gefunden, in den Sue, in ihrem Leben als Inka-Hohepriester, die Energien der Weisheit und der Macht gesendet hatte, als der massive Fels am Titicaca-See nicht länger alles davon halten konnte.

Nur ein paar Wochen nach der Heimkehr von Nepal zurück nach Colorado, habe ich an einem monatlichen spirituellen Treffen des Crimson Circle in den Gebirgsausläufern von Colorado teilgenommen. Bei einer Tasse Tee während der Pause stellte ich mich Josh Roach vor, der ebenfalls neu bei diesem Treffen war. Immer noch angefüllt von meinem Ausflug nach Nepal plapperte ich: »Ich bin gerade erst von einer spirituellen Expedition an der Basis des Mt. Everest zurück gekommen ... Dort war ein unglaublich schöner Berg, genannt Ama Dablam. Er hatte ein kosmisches Sternentor, dass unsere Herzen auf eine höhere Ebene von Licht und Liebe hin aktivierte ...« Ich hätte noch weiter reden können, aber sobald ich Ama Dablam und die Herzaktivierung diesem Fremden gegenüber erwähnte, konnte ich die Energie fühlen, wie sie von meinem Herzen zu seinem übersprang! Meine Augen weiteten sich in Erstaunen. »Du fühlst es auch, nicht wahr?« fragte ich ihn schockiert.

Joshs Hand sprang zu seinem Herz, als ein ungläubiger Ausdruck auf seinem Gesicht erschien. Ich hielt meinen Atem an, auf seine Bestätigung wartend. »Ja, ja, irgendetwas passiert tatsächlich mit meinem Herz ... aber ... wie kannst du das wissen?«

Auf diese Frage hatte ich keine Antwort. Wie hätte ich es nicht bemerken können? Die Verschiebung in Joshs Herz war einfach zu groß!

Verblüfft wunderte sich Josh darüber, wie eine plappernde Fremde wusste, was in seiner Brust vor sich ging, während ich verzückt darüber war, dass ich Herz-Einweihungen übertragen konnte, indem ich den Namen des Berges erwähnte!

Später beschrieb Josh seine Erfahrung: »Als die Aktivierung des Sternentor-Portals sich von Jonettes Herz-Chakra in meins bewegte, wusste ich zum ersten Mal, was meine Lebensaufgabe war. Mein ganzer Körper wurde mit Gänsehaut überzogen, meine Haarfollikel kribbelten. Ich konnte fühlen, wie meine zellulären Strukturen in meinem Körper zu der stabilsten, herrlichsten und einladendsten energetischen Schwingung resonierten. Es war eine Energie, die ich in dieser Inkarnation noch nicht erfahren hatte, aber eine die mich dazu brachte, mich rück-zuverbinden.«

Seit diesem Nachmittag sind Josh und ich spirituell ein Herz und eine Seele. Sechzehn Monate später war er einer der zwanzig auf dem Inka-Wanderweg in den Anden. Seit dieser ersten Erfahrung mit Josh habe ich diese kraftvolle Ama Dablam Herzaktivierung zu hunderten von Leuten in meinen Klassen übertragen, bei Telefonkonferenzen und über das Internet. Umgekehrt sind diese Personen in der Lage, ihre Absicht zu nutzen, um diese hohen Energien der Liebe in die Herzen von anderen übertragen.

Sue

Ich hatte Sue Burch so viel über unsere Erfahrungen in Nepal mitzuteilen. Sie war ganz aufgeregt, etwas von unserer Expedition zu erfahren, seit sie bei mir war, als Mark uns von dem »Tor zur Hölle«-Portal im Himalaya erzählt hatte und unserer Gruppenmission, es für das Licht zu öffnen. Vom Krebs geschwächt wohnte meine liebe Freundin nun in einem Hospiz.

Ich brachte ihr meinen seidenen Kata-Schal, der von dem Groß-Lama der Everest-Region gesegnet war. Ich hatte das starke Gefühl, dass Sue und er irgendwie in einem anderen Leben verbunden waren. Ich schob sie in ihrem Rollstuhl in den Garten hinaus, eine Decke über ihre dünnen Beine gelegt, ihre blauen Augen strahlten hell aus ihrem haarlosen Kopf hervor. Ich zeigte ihr mein Foto des buddhistischen Abtes des Thengboche Klosters. Sie ergriff den Schal vor ihrem Gesicht, schaute auf das Foto und brach in das lieblichste Lächeln aus. »Er war einst ein wunderbarer Ehemann,« war alles, was sie sagte.

Als wir gemeinsam durch die Nepal-Bilder stöberten, war Sue auf alles neugierig. Ich erzählte ihr, wie uns die Raben umrundet haben, als wir meditierten. Als wir zu den Fotos vom Ama Dablam kamen, erklärte ich, dass wir in unserer Meditation die negativen Kräfte an der Basis des Berges geklärt hatten und anschließend ein kraftvolles Portal sich ausdehnender Herzenergien erfahren hatten. Sie war bewegt von der Schönheit des großartigen Berges, bestätigend, dass dies tatsächlich der Berg war, den sie in ihrer Vision gesehen hatte. Er war das Gegenstück zu dem Steinberg in den Anden, den sie und ich auf unserer Bewusstseins-Reise ein Jahr zuvor besucht hatten.

Zusätzlich zu dem Kata-Schal brachte ich Sue, der Frau-die-mit-den-Steinen-spricht, einen kleinen, gewöhnlich aussehenden Stein aus der Nähe des Ama Dablam mit. Sie schickte ihre Tochter Becky damit los, um ihn in eine Kette einfassen zu lassen. In den letzten Monaten von Sues Leben lag der goldene Schal an der Seite ihres Bettes im Hospiz und der Himalaya-Stein hing an einer Kette um ihren Hals.

9
Peru ruft

~~~~~~~~~~~~~~~~~~~~~~~~

Sue starb ein paar Monate später, im August 2003. Für mich und für alle anderen, die sie gekannt haben, war es ein großer Verlust. Sue Burch sah dem Tod unerschrocken ins Auge, in der Erwartung, nun letztendlich die Antworten auf all ihre spirituellen und metaphysischen Fragen zu erhalten. Obwohl sie es nie physisch zum Titicaca-See geschafft hat, zu dem Ort im peruanischen Hochland Boliviens, wo sie fühlte, dass sie wichtige spirituelle Arbeit zu tun hatte, waren sie und ich uns einig, dass wir während unserer Sonnenwend-Meditation ein Jahr zuvor getan hatten, was wir tun konnten.

Zu der Zeit von Sues Dahinscheiden hatte ich keine Lust, in die Anden zu fahren. Es spielte für mich keine Rolle, dass die Energien, die Sue in einen Fels am Titicaca-See verschlüsselt hatte, einen direkten Bezug zum Ama Dablam hatten, oder dass viele Leute daran glaubten, dass der Himalaya energetisch mit dem Titicaca-See verlinkt war. Das nächste Abenteuer, woran ich dachte, war, eine spirituelle Gruppe nach Afrika zu führen, um dort den höchsten Berg dieses Kontinents zu besteigen, den Mt. Kilimanjaro. Wie auch immer, das Universum hatte andere Pläne. Als sich die Logisitk für meine Traumreise zum Kilimanjaro in Tansania nicht zusammenfügte, ermutigten mich Freunde dazu, eine Gruppe zum Machu Picchu anzuführen. »Jeder reist dorthin,« argumentierte ich, »und ich mag es nicht, das zu tun, was alle anderen tun.« Tatsache war, dass ich bereits in Peru gewesen bin und etwas Neues unternehmen wollte.

In meinen frühen Zwanzigern verliebte ich mich in einen anderen Abschlussstudenten. Gustavo war aus Südamerika. Also reiste ich an Weihnachten 1980 nach Cali in Kolumbien, um mit ihm und seiner Familie zusammen zu sein. Der Besuch und die Beziehung liefen nicht so gut, also platzte ich in eine Reiseagentur herein und fragte naiv: »Da ich nun schonmal in Kolumbien bin, wo könnte ich in Südamerika noch hinreisen?«

»Viele Menschen lieben diesen Ort,« antwortete der Reiseagent und zeigte auf einen Wandkalender, der ein umwerfendes Bild vom Machu Picchu darstellte. Ich hatte noch niemals etwas davon gehört oder gesehen.

»Ja, da werde ich hingehen,« antwortete ich. Ganz allein im Alter von fünfundzwanzig reiste ich aus einer Laune heraus nach Ecuador und dann nach Peru. Schon damals zog mich die Magie des Machu Picchu auf höchst unlogische Weise an. Dennoch würde es diesmal, 2004, anders sein. Ich würde lernen, dass ich eine sehr spezielle Verbindung zu einem Andenschamanen habe. Ich würde mich spontan an vergangene Leben erinnern und in andere Dimensionen sehen.

Dein Andenbruder

Sobald ich nachgegeben hatte und damit einverstanden war, eine Gruppenreise nach Südamerika zu organisieren, kontaktierte ich meine Freundin Asa Levine in Stockholm. Sie führte jährlich Reisen nach Peru durch und empfahl in hohem Maße ihren Reiseleiter und Reiseverkehrskaufmann Mallku. »Nichts Schlimmes ist je passiert, wenn Mallku dabei war,« versicherte sie mir.

Ich schrieb Mallku Arévalo in Cuzco eine E-Mail. Sein Programmablauf passte zu meinen Plänen; sein Preis war fair. Er ist auch auf einem spirituellen Weg, somit war er bereit, als zusätzlichen Bonus spezielle Andenzeremonien abzuhalten. Seine E-Mails an mich waren geradeheraus und klar, süß unterzeichnet mit »dein Andenbruder.« Seine Webseite war gut gestaltet*. Sein Bild zeigte eine Adlernase und die hohen Wangenknochen der peruanischen Indianer, dreißig-irgendwas, ziemlich gutaussehend auf einheimische Weise. Seine glatten, schwarzen Haare fielen ihm bis unter seine Schultern. Das Foto zeigte ihn bekleidet als Schamanen, ein Stirnband und ein zeremonielles Kostüm tragend, mit den smaragdgrünen Bergen des Machu Picchu im Hintergrund.

Er hatte mehrere Bücher über Machu Picchu und die Andenspiritualität veröffentlicht. Er war außerdem noch ein Künstler und professioneller Fotograf. Ich war überzeugt. Er würde unser Reiseleiter in Peru sein.

Tief in mir drin bewegte sich etwas anderes. Ich konnte Mallku spüren. Es fing an, als ich zum ersten Mal sein Foto auf seiner Webseite sah. Seine Energie kam zu mir, wenn ich seine E-Mails las. Er antwortete umgehend und sorgfältig auf meine endlosen, logistischen Nachfragen. Es war

Mallku, der Andenschamane

nie irgendetwas Persönliches in der Korrespondenz und doch fühlte ich mich mächtig und persönlich mit ihm verbunden. Wenn er mit »dein Andenbruder« unterschrieb, erkannte ich seine Seele! Er ist wahrhaftig mein Bruder. Mein Herz öffnete sich auf eine höchst überraschende Weise. Ich hatte noch niemals so etwas wie diese Gefühle, die ich für Mallku hatte, erfahren. Es war untypisch für mich, in jemanden verknallt zu sein. Ich fing an, mit meinen Freundinnen herumzualbern, dass ich mich in unseren peruanischen Reiseleiter verliebt hatte, den ich noch nie getroffen hatte. Hatte ich erwähnt, dass ich gerade fünfzig geworden bin und glücklich verheiratet war? Ich erzählte meinem Mann Ed, was passiert war. »Ich verspreche, nicht mit ihm durchzubrennen,« sagte ich und wir beide lachten.

---

* James Arévalo Merejido (Mallku), www.machupicchumagicaltravel.com

10
Der fünfte Buddha

Zehn Monate, nachdem wir aus Nepal zurückgekehrt waren und sechs Monate, bevor wir planmäßig nach Südamerika abreisen würden, starb mein Vater, John Crowley. Sein Tod trug ein weiteres Puzzleteil zu der Inka-Prophezeiung bei, was ich erst im Nachhinein verstand. In den besten Zeiten erwartete Dad, dass man ihn bediente. In den schlechtesten Zeiten, als er sich von einer Bypass-Operation am Herzen erholte, wurde er unausstehlich kaiserlich. »Bring mir meinen Stock. Leg die Pfirsiche dort auf den kleinen Tisch. Nein! Nicht da! Schau, wo ich hinzeige. Wo ist mein Testsatz? Mach meine Brille sauber. Mach meine Zahnprothese sauber.« Er sagte fast nie Bitte und selten Danke. Dennoch kam Dad verdienterweise zu seinem königlichen Verhalten. Er hatte einen IQ, der Leute, die lediglich klug waren, weit hinter sich in seinem Kielwasser ließ, erinnerte sich an alles, was er je gehört oder gelesen hatte und war es gewohnt, der Boss zu sein – Aufsichtsratsvorsitzender Crowley und all das. Auf Du und Du mit Gouverneuren und Senatoren war er heißbegehrt wegen seiner Weisheit und seinem sich schnell steigernden Weitblick in der Flächenplanung, im städtischen Transportwesen, in der Gemeindebebauung und mehr.

Meistens war Dad zu beschäftigt, um die üblichen Dinge zu tun, die Väter mit ihren Kindern machen. Aus diesem Grunde schwankten meine Verwandten und ich hin und her zwischen Ablehnung und Vergebung. Dennoch liebten und respektierten wir ihn als einen Visionär, als einen Mann mit Mitgefühl für die Welt, als einen Mann mit einer überlebensgroßen Rechtschaffenheit und dementsprechendem Stolz. Dad war nicht religiös und hat niemals über spirituelle Dinge gesprochen. Er akzeptierte alle Menschen, so wie sie waren und bekräftigte sogar die Tatsache, dass ich ein Channelmedium war, indem er gelegentlich einen Freund oder Bekannten für eine Lesung zu mir schickte. Er stellte White Eagle von sich aus Fragen, als Mom zwei Jahre zuvor an Krebs starb.

Es war der 26. Februar 2004, als wir von Dads häuslichem Pfleger erfuhren, dass sich sein Zustand verschlechtert hatte und dass er mit dem Rettungswagen in ein Krankenhaus in Tuscon gebracht wurde. Zwei Brüder, drei Schwestern und ich sind nach Arizona geflogen, nicht wissend, dass eine systemische Staphylokokken-Infektion sein Leben dahinschwinden ließ. Er starb am 29. Februar, dem Schalttag, ohne noch einmal aus dem Koma erwacht zu sein. Er war vierundsiebzig Jahre. Während wir Nachtwache an Dads Bett hielten, versammelte sich eine Gruppe von seinen Freunden auf der Spitze des Tafelbergs in der Wüste, den Dad geliebt hatte. Häuptling Woableza, ein Medizinmann der Lakota, der meinen Vater kennen und schätzen gelernt hat, führte eine Zeremonie für Dads Übergang durch.

Nach dem Verlassen des Krankenhauses fuhr meine Familie in die im Süden von Arizona gelegene Stadt Tubac, wo Dad gelebt hatte. Wir versammelten uns im Haus seiner engsten Freunde, Todd und Lisa Harrison, um uns zu umarmen, zu trauern und für ein Glas Merlot – Dad würde den Wein selbst bestellt haben, wenn er gekonnt hätte. Häuptling Woableza war auch dort. Er hatte eine Medaillonkette aus Perlen und einer flachen, runden, goldenen Muschel für Dad angefertigt. Er überreichte sie mir als dem ältesten Kind. Entsprechend der indianischen Tradition ist die Kette bezeichnend für einen Anführer. Sie versicherte, dass Dad als ein Häuptling auf der anderen Seite erkannt werden würde. Ich schätzte dieses wertvolle Geschenk.

Lisa, ihre Augen genauso verschwollen wie meine, musste reden. »Jonette, als Todd und ich mit John geredet haben, sagte er uns, dass seine Schultern schwer würden wegen des Gewichtes all seiner Chakren.«

»Dad wusste was ein Chakra war?« Ich war verblüfft bei dem Gedanken daran.

»Ja,« fuhr Lisa fort, »Er erzählte uns dann, dass er der fünfte Buddha war. Ich dachte, du würdest das vielleicht wissen wollen.«

Schockiert stammelte ich Fragen: »Mein Vater hat das gesagt? Hat er das ernst gemeint? Hatte er getrunken?« Sie versicherte mir, dass er ziemlich klar in seiner Aussage war.

Verwirrt dachte ich: »Wie konnte Dad überhaupt wissen, dass es mehr als einen Buddha gegeben hat?« Aus meiner Zeit in Nepal wusste ich, dass es zwölf anerkannte Buddhas gab, was soviel wie Erleuchtete bedeutete. Das ist nicht allgemein bekannt. Mein Verstand raste. »Wann hatte Dad damit angefangen, an vergangene Leben zu glauben? Ich habe niemals gehört, wie er Buddhismus oder irgendeine spirituelle Philosophie erwähnt hat. Wie konnte das sein?«

Auf einmal erinnerte ich mich schlagartig an eine seit langem vergessene Erfahrung aus den späten 8oern, als Wiedergeburten und das Zurückgehen in vergangene Leben an der Tagesordnung der menschlichen Bewusstseinsbewegung waren. Ich hatte ein paar Freunde zu einem Wochenend-Workshop bei Henry Leo Bolduc begleitet, einem renommierten Hypnotiseur, Autor und internationalem Lehrer.[*] Henry präsentierte einen einfachen Prozess, um einen ganzen Raum voller Leute anzuleiten, ein wichtiges, individuelles, vergangenes Leben zu entdecken und zu sehen, welche Lektion daraus in das jetzige Leben mitgebracht werden konnte.

Achtzig von uns folgten Henrys beruhigender Stimme, als er uns dazu anleitete zu entspannen, sich durch dieses Leben zurückzubewegen, bis zu der Zeit, bevor wir geboren wurden. Ich erinnerte mich, durch einen blauen Nebel geleitet worden zu sein, bis wir uns vermeintlich mitten in einem unserer vergangenen Leben wiederfanden, in das wir hineinplumpsten. Henry bat uns darum, unsere inneren Augen zu öffnen und uns vorzustellen, wie wir auf unsere Füße und Beine herunter schauten in dieser vorherigen Inkarnation. Meine waren nackt, dünn und braun. Meine Kleider weiß und schlicht. Ich war ungefähr vierzehn, ein Junge in einem großen Tempel oder einer Halle, die sich anscheinend in Indien befand, ein Schreiber, an

---

[*] Henry Leo Bolduc, www.HenryBolduc.com

der Seite einer Plattform sitzend und geschäftig die Worte eines großen Lehrers niederschreibend. Dort waren hunderte von Leuten, alle im Schneidersitz auf dem Boden sitzend, dem Guru zuhörend. Mein Blick wanderte über das Publikum zum Podium. Als ich den Guru ansah, erkannte ich in ihm meinen Vater aus dem jetzigen Leben!

Die schockierende Erkenntnis, dass mein Dad ein großer Lehrer gewesen war und ich sein Schreiber, stieß mich sofort aus diesem vergangenen Leben hinaus, zurück auf meinen Stuhl in Henrys Klassenraum. Wie konnte das sein? Es war nicht gerade der John Crowley, den ich kannte. Die Erkenntnis aus diesem vergangenen Leben lag vergraben in meiner Erinnerung bis zu der Nacht, als mein Vater starb.

Ich kam zurück in die Gegenwart zu Lisa. Zu einer anderen Zeit hätte ich ihr vielleicht geantwortet: »Hmm, das ist interessant,« und mein Glas Wein ausgetrunken. Doch in dieser Nacht mit meinem erst vor drei Stunden verstorbenen Dad hörte ich, was Lisa sagte. Ich wusste, dass Dad ihr die Wahrheit gesagt hatte: Er war der Fünfte Buddha. Ich wusste es, weil ich mich an ihn aus dieser Lebenszeit erinnerte!

Schrittweises Lernen, Wissen, das sich lediglich auf dem ausdehnt, woran du schon immer geglaubt hast, ist nichts im Vergleich zu dem Wissen, dessen absolute Gegenwart alle vorherigen Meinungen bedeutungslos macht.

Das ist das, was mir in Bezug auf die Vorstellung von Erleuchtung passierte, sobald ich als wahr akzeptiert hatte, dass John Robert Crowley, mit all seinen menschlichen Schwächen, ein Buddha gewesen sein konnte. Dem vorangegangen war mein fröhliches New-Age Glaubenssystem, dass wir uns zu irgendeiner Ebene der persönlichen Erleuchtung hinarbeiteten und sobald diese erreicht ist, sind wir von den karmischen Fesseln befreit. Wir sind irgendwie vollendet; verbringen eine Ewigkeit mit der Anbetung dessen oder dienen auf irgendeine andere Weise der immer noch wetteifernden Masse. Ich hatte immer geglaubt, dass Erleuchtung ein Einbahnticket aus unserem menschlichen Leiden heraus war. Warum also kam Dad wieder zurück zur Erde und warum war er nicht perfekt? Vielleicht müssen wir alles loslassen, was wir über Erleuchtung dachten zu wissen. Was wäre, wenn wir Licht und Dunkelheit, großartig und fehlerhaft sein können und trotzdem ein Buddha sind? Das war erst der Anfang von meinem Verständnis dafür, dass wir alle so viel mehr sind, als wir es zu sein glauben.

11
Traum-Pfad

~~~~~~~~~~~~~~~~~~~~~~~~~~~~~~~~

Juni 2004. Wir waren nun seit einem Jahr zurück vom Everest und würden Mitte August für eine spirituelle Abenteuertour nach Peru aufbrechen. Ich war in Amsterdam und hatte einen Workshop mit dem Titel »Universelle Erleuchtung: Initiation in die Ermächtigung« unterrichtet. Der Name dafür wurde von meinem geistigen Führer Mark vorgeschlagen, der diesen Titel aus einem bestimmten Grund ausgesucht hatte, der bald offensichtlich für mich werden würde. Während des Workshops channelte ich einen Meditationsablauf, den Mark »Der Traum-Pfad« nannte. Dieser Begriff wird von den australischen Aborigines benutzt, um damit den heiligen Pfad zu beschreiben, den sie begehen als ihre Art und Weise zu beten und sich mit Mutter Erde zu verbinden. Jeder Clan folgt der Route seiner Ältesten; Männer und Frauen gehen immer verschiedene Pfade. Entlang ihrer besonderen, heiligen Pfade zu gehen, nimmt die Leute mit in einen tieferen Anteil von sich selbst hinein und in die unermesslichen Dimensionen der »Traum-Zeit«. Die australische Urbevölkerung, sowie die meisten eingeborenen Menschen, sieht sich selbst auf eine Art und Weise als ein Teil der Erde und des gesamten Universums an, was für die meisten von uns nur schwer zu begreifen ist.

Ich erinnere mich an eine Begegnung, die ich mit einigen Aborigine-Frauen im Jahr 1992 hatte. Ich führte eine Gruppe ins australische Outback, um von den einheimischen Leuten, die in der Nähe des Ayers Rock oder Uluru lebten, zu lernen. Wir saßen im pulverigen, roten Sand rund um das Feuer der Frauen und stellten Fragen über ihre Spiritualität. Diese schrille Gruppe von Aborigine-Frauen versuchte unsere Unterstützung zu gewinnen, um gegen den geplanten Bau eines Staudamms an einem ihrer heiligen Flüsse zu kämpfen. Der Abschnitt des Flusses, der eingedämmt werden sollte, lag auf ihrem altertümlichen Traum-Wanderweg. Sie erklärten, dass die australische Regierung dies einfach nicht verstand. »Der heilige Fluss ist unser Körper. Wenn das Fließen des Flusses gestoppt wird, werden wir sterben,« sagte eine Älteste bitter. Es herrschte ein echtes Gefühl des Schreckens, als sie ihre Situation beschrieben. Während wir zuhörten, fühlten wir eine Seelenverwandschaft mit diesen Leuten aus der Mitte der australischen Wüste; wir begannen, die Wichtigkeit ihres Traum-Pfades zu verstehen und unsere wahre Verbindung zur Erde.

Am Sonntagmorgen im Amsterdam-Workshop führte uns Mark auf einen Traum-Pfad des Bewusstseins. Ich channelte eine Serie von Zielorten, die wir in unseren meditativen Reisen besucht hatten. Einige der Orte waren physisch und bezogen sich auf die Erde – so wie zum Beispiel die Wurzeln des Ama Dablam im Himalaya oder unterhalb des Titicaca-Sees in den Anden. Einige waren multidimensional – imaginäre Stops wie das magnetische Zentrum der Milchstrasse. Zusammen schlängelten wir unser Bewusstsein durch eine kosmische Version des Gebetspfades der Aborigine.

Als Mark damit geendet hatte, uns durch das Universum zu führen, sollten wir mit unserem Bewusstsein in unsere Körper zurückkehren. Ich bin schon tausend Mal, ohne Umstände von weit entfernten meditativen Reisen zurückgekehrt, aber dieses Mal war es anders. Auf meinem Weg zurück in die Normalität erreichte ich eine scharfe Gabelung in der Straße. Der eine Weg war der Pfad zu meinem alten, gewohnten Ich. Der andere war ein Pfad zu einem vollkommen neuen Ich. Es schien so, als würde mir ein direkter Pfad zur Erleuchtung präsentiert werden, ein Ziel, das ich schon immer verfolgt hatte. Aber war ich bereit dazu? Ich war schon so lange eine spirituell Suchende, war ich bereit, um schlagartig eine Findende zu werden? War ich bereit, um selbstsicher zu wählen, was ich immer schon gewollt hatte?

Natürlich dachte ich, dass ich bereit war. Die Wahl an sich war nicht weiter schwierig zu treffen. Aber wie würde ich mich verändern? Wer würde ich sein? Musste ich meine Persönlichkeit loslassen? Wenn dem so ist, wie verhalte ich mich? Es war eine totale Sackgasse. Ich wollte mich zu der neuen, verbesserten, erleuchteteren Jonette hinbewegen, aber ich konnte mir den ersten Schritt einfach nicht vorstellen. Der Maßnahmen ergreifende Teil von mir war verschwunden. So saß ich da, leer und betäubt. Ich konnte mein Gesicht fühlen, wie es nichtssagend wurde. Dies beunruhigte die Klasse, die die Meditation beendet hatte und geduldig darauf wartete, bis ich aus dem Bereich des Channelings zurückkehrte und weiter unterrichtete.

Ohne meine Augen zu öffnen, entließ ich die Klasse für ein ausgedehntes Mittagessen. Sie gingen der Reihe nach hinaus und warfen wahrscheinlich einen Blick über ihre Schultern zu der Veränderung bei ihrer normalerweise lebhaften Lehrerin. Ich saß für eineinhalb Stunden unbeweglich da. Einige Freunde kamen früh vom Mittagessen zurück, um zu sehen, ob ich irgendetwas brauchte. Mit immer noch geschlossenen Augen und einem Gesicht, das jetzt mit einer tiefen Zufriedenheit leuchtete, hörte ich mich selbst antworten: »Ich bin perfekt.« Und in diesem Moment wußte ich, ich war perfekt! Meine Perfektion zu begreifen war das, was notwendig war, um die Passivität abreißen zu lassen! Ich konnte mich wieder bewegen.

In diesem Moment erkannte ich, dass Erleuchtung nicht verdient, gelernt oder gegeben wird. Sie wird gewählt! Als die Teilnehmer vom Mittagessen zurückkehrten, saß eine andere Person auf demselben Stuhl vorne im Zimmer. Ich hielt sie alle in einem Raum von unendlicher Liebe. Ich war sanfter und stärker. Es überraschte mich, wie viel von meiner Persönlichkeit nach dieser beeindruckenden Verlagerung übrig war. Ich erkannte, dass unsere Persönlichkeit ein Hilfsmittel für unseren Selbstausdruck ist. Sie kann entweder unsere Seele ausdrücken oder unser Ego. Wir wählen in jedem Moment, welche davon es sein soll.

Meine vorangegangenen spirituellen Einweihungen hatten immer privat stattgefunden, mit der Ermahnung, niemandem davon zu erzählen bis es an der Zeit für mich war, andere einzuweihen. Warum also fand dieser Durchbruch so öffentlich statt, während fünfzig Leute mich beobachteten? Weil ich davon erzählen sollte. Weil sie bereit waren, es ebenfalls zu wählen.

Bei jemanden mit einem Ego dachte ich üblicher Weise an eine Person, die vorgibt, großartiger zu sein als sie es tatsächlich ist. Nach dieser Erfahrung erkannte ich die gefährlichere Seite des Ego, die vorgibt, weniger zu sein als die Größe, die wir sind. Vielleicht sind unsere Zurückhaltung und unsere Menschlichkeit das letzte Standbein des Ego in dem Versuch, uns zu kontrollieren, während wir uns voran in Richtung unserer Größe bewegen. Welche Art von Führung sind wir in dieser neuen Welt, wenn wir auf unser Ego hören, das uns zum Kleinmachen ermahnt? Wir brauchen nicht belehrt und geheilt zu werden. Wir müssen einfach nur wählen, vorwärts in das Wunderbare hineinzugehen. Ich weiß, es war dieser wunderbare Durchbruch in Amsterdam, der den Weg frei gemacht hat für das, was mir nur zwei Monate später in den Anden passieren würde.

12
Das Geheimnis der Anden

〰〰〰〰〰〰〰〰〰〰〰

Während ich in Holland war, gab mir meine Freundin Berdine DeVisser, die mit uns im Himalaya gewesen war und die mit uns nach Südamerika gehen würde, ihre Kopie von einem Taschenbuch mit lauter Eselsohren mit dem Titel *Das Geheimnis der Anden.* [*]

George Hunt Williamson, der für sich in Anspruch nimmt, der Prior eines Klosters zu sein, das versteckt in einem abgelegenen Tal in Peru liegt, schrieb dieses Buch unter Benutzung des Pseudonyms Bruder Philip. Ich war fasziniert von den unglaublichen Legenden in diesem Buch und von den Theorien, die viele Spekulationen und zahllose Expeditionen gestartet haben, auf der Suche nach dem mysteriösen Mönchskloster.

Alles begann vor mehr als 3000 Jahren. Bevor die mittlerweile verloren gegangene Zivilisation von Atlantis ihren Höhepunkt im Atlantischen Ozean erreicht hatte, gab es einen Kontinent im Pazifik, bekannt unter dem Namen Mu, oftmals als Lemurien bezeichnet. Die massive, planetarische Unruhe um 28.000 v. Chr., von der angenommen wird, das Zeitalter der großen Überflutungen gewesen zu sein, führte zu der letztendlichen

---

[*] Bruder Philip, *Secret of the Andes*, 1961

Zerstörung und dem Untergang von Lemurien. Nach Aussage von Williamson gab es im Land Mu einen Tempel des Göttlichem Lichtes, welcher eine riesige Goldene Sonnenscheibe beherbergte. Sie besaß die geheimnisvolle Kraft der frühen Sternenvölker, die es hier auf der Erde gab und repräsentierte die Große Zentrale Sonne, welche den Schöpfer an sich symbolisiert. Die Scheibe war ein wissenschaftliches Instrument, die das Wissen des Universums enthielt, das in magnetischen Feldern oder Codes abgespeichert war. Williamson schrieb, dass infolge des bevorstehenden Untergangs von Mu die Haupt-Lehrmeister von Lemurien die wertvollen Dokumente, Scheiben und kristallinen Aufzeichnungen, die dort in den Büchereien aufbewahrt wurden, gesammelt haben. Die Haupt-Lehrmeister, die Teil der Großen Weißen Bruderschaft waren, nahmen die wertvollen Objekte und spirituellen Lehren mit zu den unterschiedlichsten Orten auf der Welt, wo sie Schulen für diese versteckte Weisheit gründeten. Diese Schulen sollten ein Mysterium bleiben, ihre Lehren und Treffen ein Geheimnis, solange bis die Bewohner der Welt spirituell darauf vorbereitet waren, um dieses Wissen zu verbreiten.[*]

Das Geheimnis der Anden sagt aus, dass Lord Aramu Muru (manchmal Amaru Muru oder Meru buchstabiert), einer der sieben Großen Meister von Lemurien, dazu auserwählt wurde, die geheimen Schriftrollen und die enorme Goldene Sonnenscheibe vom Tempel des Göttlichen Lichtes in die Anden zu bringen, damit die Objekte vor dem eventuellen Sinken Lemuriens gerettet wurden. Das Buch behauptet, dass die Sonnenscheibe eventuell in das Mönchskloster der Bruderschaft der Sieben Strahlen in einem versteckten Tal in der Nähe des Titicaca-Sees gebracht wurde. Dort blieb sie, bis die Führer der Inka und die Priester eine Ebene spiritueller Entwicklung erreicht hatten, so dass sie die Scheibe dazu nutzen konnten, um sie allen Leuten zugutekommen zu lassen. Williamson schrieb: »Der Kaiser der Inka war zu dieser Zeit ein Göttlicher Mystiker oder Heiliger und er machte eine Pilgerreise zu dem Mönchskloster am Titicaca-See, wo Aramu Muru dann die Scheibe dem Kaiser überreichte.«[**] Er nahm die Scheibe mit nach Cuzco, der Hauptstadt der Inka, und platzierte sie in die Coricancha, oder auch

---

[*] Bruder Philip, *Secret of the Andes*, S. 8,9

[**] Ebd. S.13

Tempel der Sonne, wo sie als heilig für die Inkas galt. Mit der Ankunft der Spanier 1533 wurde die Sonnenscheibe, um sie vor den Eindringlingen zu beschützen, aus dem Tempel in Cuzco entfernt und zurück in das Mönchskloster der Sieben Strahlen in der Nähe des Titicaca-Sees gebracht.

Es gibt unabhängige Beweise, die die Theorie von George Williamsons Geschichte von einer geheimen Abtei, die versteckt in Peru liegt, unterstützen. Schwester Thedra, eine amerikanische Frau wurde in den 1960ern von der physischen Erscheinung Jesu Christi zu dem versteckten Mönchskloster geleitet, der sich ihr mit seinem esoterischen Namen »Sananda Kumara« vorstellte. Schwester Thedra verbrachte fünf Jahre des Lernens im Kloster der Sieben Strahlen in den Anden. Nachdem sie in die Vereinigten Staaten zurückgekehrt war, gründete sie die Vereinigung von Sananda und Sanat Kumara in Mount Shasta, Kalifornien.*

Die Legenden in diesem Buch von 1961 von Williamson, bekannt als Bruder Philip, erschienen so fantastisch: der verlorene Kontinent von Lemurien; Lord Aramu Muru bringt eine goldene Sonnenscheibe an den Titicaca-See; die Sonnenscheibe enthält geheime Wahrheiten, die in magnetischen Codes gespeichert sind, und die später an die Inkas übergeben wird, um dann wiederum versteckt zu werden, um sie vor den Spaniern zu schützen. So unglaublich dies alles klingt, konnte es wahr sein? Es erinnerte mich natürlich an die mystische, innere Reise, die ich mit Sue Burch vor zwei Jahren an der Juni-Sonnenwende gemacht hatte. Sie war ein Hohepriester in einem vergangenen Leben gewesen, auf einem Felsberg in der Nähe des Titicaca-Sees stehend und Energie, Weisheit und Kraft in die Erde einfließen lassend.

In diesem vergangenen Leben hat Sue dies getan, um die alten Mysterien vor fremden Eindringlingen zu beschützen. Sue fühlte die Kraft, die durch die Erde ging, um sich ebenfalls mit den Bergen im Himalaya zu verbinden. War es die Kraft und die verschlüsselte Botschaft der Sonnenscheibe selbst, die Sue, in einem vergangenen Leben als Inka, in die Erde übertragen hat? Nach dem Lesen von Bruder Philips Buch hoffte die Abenteurerin in mir leise, dass unsere Reisegruppe zu dem geheimen Kloster in Peru geleitet werden würde, um einen flüchtigen Blick auf die Sonnenscheibe der Inkas erhaschen zu können.

---

* Schwester Thedra, Gründerin der Association of Sananda and Sanat Kumara, Mt. Shasta, Kalifornien

13
Großer Häuptling
Woableza

᭬᭬᭬᭬᭬᭬᭬᭬᭬᭬᭬᭬

Einen Monat, bevor wir nach Südamerika aufbrachen, besuchte mich Papas Freund, Häuptling Woableza, in Denver. Woableza, ein Lakota Sioux aus Süd-Dakota, ist ein einheimischer Heiler, Lehrer, Hüter von Prophezeiungen und Mitglied des Rates der Spirituellen Ältesten von Mutter Erde. Die Visionen des Rates begannen 1999, als Don Alejandro, ein Hohepriester der Quiche-Maya in der dreizehnten Generation, davon träumte, die spirituellen Ältesten aus Süd- und Zentralamerika mit denen aus Nordamerika zu vereinen. Er schickte den heiligen Stab, den seine Familie über Generationen gehalten hatte, um den nordamerikanischen Ältesten bei der Vereinigung zu helfen. Der Stab leitete die Ältesten an, sich mit dem Respekt, dem Wissen und dem Mut der Leute zu vereinigen.

In Zusammenhang mit dieser Vision fand sich das erste Treffen der Ältesten in den Canyon-Gebieten des Navajo-Volkes in New Mexiko statt. Bei dem zweiten Treffen wurde Woableza, dessen richtiger Name Robert LaBatte ist, damit geehrt, zum zweiten und jüngsten Großhäuptling des Rates der Spirituellen Ältesten von Mutter Erde ernannt zu werden. Das Ziel des Rates war es, die Prophezeiungen der einheimischen Menschen aufzuspüren und wozu diese führten. Sie glaubten, dass es nun an der Zeit sei, um das einheimische Wissen dazu zu benutzen, einen neuen 500-jährigen Kalender zu erschaffen, da viele der alten Berechnungen, inklusive des berühmten Maya-Kalenders, ihre Endzeit erreichten. Ein Artikel auf ihrer Webseite besagt: »Wir müssen uns jetzt vorbereiten und wieder den Besitz von der nächsten 500-Jahr-Reise übernehmen, so, wie es unsere Vorfahren, Hüter der Weisheit, Hüter der Zeit, Medizinleute und Ältesten in Übereinstimmung mit den Großen Gesetzen und Traditionen für uns getan haben.«[*]

Ich hatte Woableza zum ersten Mal Anfang 2002 in Arizona getroffen, zwei Jahre vor Dads Tod. Einige Monate nach diesem ersten Treffen hatte ich eine unglaubliche Vision während einer Meditation. Ich sah mich selbst in einem Kreis von hohen Geisteswesen, wo ich eine weiße Robe oder einen Umhang empfing, der mir über die Schultern gelegt wurde. In dieser Vision wurde mir gesagt: »Woableza ist dein Schüler.« Ich verstand nicht, was dies bedeutete, schloss aber daraus, dass er an einem der kommenden Workshops teilnehmen würde, den ich abhielt. Wie auch immer, ich fasste es so auf, dass ich Woableza nicht kontaktieren sollte, um ihn persönlich einzuladen, oder um ihm Details über das Seminar zu geben. Meine intuitive Stimme sagte: »Er wird es wissen und dem inneren Ruf folgen.« Ich dachte nicht, dass dies möglich sei, und um so erstaunter war ich, als Woableza mich anrief, um mir mitzuteilen, dass er und seine Schwester von Mississippi nach Colorado fuhren und beim Unterricht dabei sein würden. Er ist tatsächlich einem inneren Ruf gefolgt, um an meiner Tür zu stehen!

Während Woableza bei uns Zuhause war, erzählte er mir mehr über den Rat der Spirituellen Ältesten von Mutter Erde und dessen Ziel, einen neuen, multidimensionalen Kalender zu kreieren,

Großer Häuptling Woableza

* Rat der Spirituellen Ältesten von Mutter Erde,

www.spirituelelders.org

der den der Maya ersetzen sollte, sobald dieser wie vermutet im Jahr 2012 beendet sein würde. Ein paar Wochen später emailte ich an Woableza eine kühne Nachricht. Ich schrieb ihm, dass ich seiner Gruppe beim Erschaffen der Energien assistieren sollte, um dabei zu helfen, den spirituellen Kalender für die Zukunft der Menschheit zu erstellen. Meine Finger tippten dieses Angebot zweifelsohne ohne mein Zutun. Mein Verstand dachte: »Wie kannst du nur, Jonette, eine weiße Frau aus der Vorstadt, ohne einen einzigen Tropfen einheimisches Blut, die Frechheit besitzen und Unterstützung für etwas anbieten, wovon du nicht die geringste Ahnung hast, und das einer Gruppe von anerkannten Einheimischen Spirituellen Ältesten?« Ich drückte auf »Senden«, bevor mein rationales Selbst es verhindern konnte. Als Woablezas freundliche Antwort zurückkam, wusste ich, dass ich das Richtige getan hatte, und dass ich irgendwo in meinem übergeordneten Selbst gewusst haben muss, was ich tat.

Zeremonie in Yucatan

Von 2002 bis zum Sommer 2004 hörten wir nur wenig von Häuptling Woableza, weil er sich von einer schweren Kopfverletzung erholte. Eines Abends im Juli 2004, nur noch Wochen vor unserer Expedition nach Peru, erschien Häuptling Woableza unerwartet bei uns zu Hause. Woableza ist ein meisterhafter Geschichtenerzähler. Er reist durch das Land, führt heilige Zeremonien durch und teilt Geschichten von einheimischen Mythen und Legenden mit. Er ist ein sanfter Mann, von kleiner Statur, leise sprechend und immer lächelnd. Egal welcher Herausforderung er im Leben ins Gesicht schaut, und er hat viele davon gehabt, er begrüßt jede davon mit Mitgefühl und Liebe. Er kam Montagnacht an und gesellte sich somit zu unserem wöchentlichen Meditationsunterricht mit Mark. Viele Stücke fügten sich für mich zusammen, als er uns mit einer magischen Geschichte fesselte, wie er an einer alten Zeremonie teilgenommen hatte, die von einem Hohepriester nach einer Überlieferung der Inka geführt wurde:

Ich wurde nach Yucatan in Mexiko für die Frühjahrs-Tagundnachtgleiche im Jahr 2003 eingeladen, um ein Teil der Zusammenkunft der indianischen spirituellen

Ältesten zu sein. Am zweiten Tag erschien unter den Leuten ein Mann aus den Anden. Er war in den großartigsten zeremoniellen Gewändern gekleidet. Man konnte sagen, dass er eine sehr wichtige Person war, weil alles an ihm perfekt aussah. Ihn umgab eine wunderbare und kraftvolle Ausstrahlung. Er trug riesige, blaue Ara-Federn. Er war ungefähr 1,76 Meter groß, aber die Federn ließen ihn über 2 Meter groß erscheinen. Er sagte, er wäre ein Abgesandter von einem alten Pfad. In seinem Heimatland Peru gibt es vier Hohepriester, die vor der Außenwelt versteckt bleiben. Dieser Mann ist einer davon, den sie ausgesendet haben, um das Wissen der Welt zu teilen, wenn die Zeit dafür gekommen ist. Er sagte uns, dass es eine sehr wichtige Zeremonie in den nächsten paar Tagen geben wird und er lud jeden, der kommen mochte, dazu ein. Nur sieben von uns sind dorthin gegangen, weil wir nur einen Kleinbus hatten. Ich war einer von den Leuten, die dort hin mussten.

Dieser heilige Mann sagte, er brauche Leute, um ihm bei der Zeremonie zu helfen. Er hatte eine ganz komplizierte Ausführung an Tätigkeiten, die sie tun mussten. Uns wurde gesagt, dass sie tausende von Jahren darauf gewartet hatten, um diese alte Zeremonie zu tanzen. Wir gingen zu einer Stätte der Maya, Mayapan, nicht weit entfernt von den berühmten Pyramiden und dem archäologischen Gebiet von Chichen Itza.

Es war ein wunderschöner Platz, perfekt restauriert. Einige mussten einen Tanz aufführen, während vier von uns den Platz für jede der vier Himmelsrichtungen einnahmen. Ich hatte die Ehre, einer der vier zu sein. In der Mitte tanzten die anderen Leute in zwei konzentrischen Kreisen; eine Gruppe tanzte in die eine Richtung, während die andere entgegengesetzt tanzte. Für mich war es so, als würde jemand alle Kombinationen drehen, um einen Safe zu öffnen. Es war eine alte, alte Zeremonie und wir konnten fühlen, dass jede Bewegung, die wir machten, alles um uns herum veränderte; und alles in uns drinnen veränderte sich. Es war so kraftvoll!

Unser spiritueller Führer aus den Anden trug eine große, kreisrunde Scheibe aus Gold auf seiner Brust und einen Kopfschmuck aus leuchtenden Papageienfedern. Am Ende des Tanzes sagte er, dass wir ein geheimes Bündel mit hoch auf die Spitze dieser sehr heiligen Stätte nehmen mussten. Er erklärte, dass dies ein Quell des

Lebens sei, der seit 2000 Jahren oder mehr nicht mehr geöffnet worden war. Unsere Zeremonie entriegelte diese heiligen Plätze. Als dieser heilige Platz geöffnet wurde, sahen Leute mit einem spirituellen Blick einen riesigen Geysir aus der Pyramide hervorkommen–bis hoch in den blauen Himmel reichend! Als dieser Geysir auf den Himmel trifft, wurde der Himmel wie zu einem kuppelförmigen Glasschutz, die Erde bedeckend. Das Wasser floss in sämtliche unterschiedliche Richtungen, so als hätten wir gerade einen Schlauch auf Glas abgefeuert, das Wasser in alle Richtungen zerstreuend.

Wir verstanden, dass dies heiliges, sich wiederaussäendes Wasser war, um die Erde wieder mit dem wundervollen, kraftvollen Wasser zu übersäen, das sie seit Anbeginn enthalten hatte. Nun ist es an der Zeit für die Erde, um ihre Kraft zurückzufordern, um sich auszubalancieren. Jetzt ist die Zeit für die Menschen, gesünder zu sein, länger zu leben und sich zu entwickeln. Mit unseren spirituellen Augen sahen wir den Geysir, wie er sich über die ganze Welt verteilte. Es war eine sehr, sehr wichtige Zeremonie, die getan werden musste. Ich war wirklich voller Ehrfurcht darüber, dass ich dort war und teilgenommen hatte. Die Leute mögen dies nicht glauben, aber ich sage euch, dass dies eine wahre Sache ist, die stattgefunden hat. So viele großartige Dinge sind überall auf dem gesamten Planeten passiert.

Die Leute dort haben über die Prophezeiung von dem Condor, der zu dem Adler kommt, geredet. Nun, auf der einen Seite der Pyramide gibt es ein sehr altes, wunderschönes, in den Fels geritztes Bild von einem großen Adler ... und auf der anderen Seite ist ein großer, kräftiger Condor. Sie bewegen sich aufeinander zu. In der Mitte dieser beiden steht ein Mann. Wo der Kopf des Mannes sein sollte, ist ein riesengroßer Steinblock, als wenn jemand absichtlich den Kopf weggelassen hätte. Was dies für mich bedeutet, ist, dass die Menschen eine Zeit lang, während sie von sich abgespalten sind, vergessen werden, wer sie sind und ihre Aufgabe hier auf der Erde. Dies ist dargestellt von dem Mann, der ohne Kopf herumläuft. Er kann nicht erkennen, was im Leben wahrhaftig ist, oder die wahren Dinge, die die Menschen für die Erde tun sollten und für alle Wesenheiten innerhalb unseres Universums. Dies ist eine sehr kraftvolle Vorstellung, die es zu erkennen gilt.

Mein Gedanke dazu ist, dass der Kopf des Mannes wieder zurückgebracht werden muss. Das wird zeigen, dass wir jetzt Bescheid wissen. Es ist an der Zeit für *uns zu wissen, dass wir all das großartige Wissen von der Welt und von unserem Universum haben. Wir haben diese Dinge auf vielen verschiedenartigen Wegen gezeigt und übergeben bekommen. Somit ist dies ein Ort, wo die Ereignisse schon in Gang gebracht worden sind für das, was bald kommen wird ... Danke.*

Woablezas Worte, besonders über den Inka-Priester, der eine goldene Scheibe auf seiner Brust trug, faszinierten mich. Seine Geschichte brachte die Legende über die Sonnenscheibe der Inkas von Bruder Philips Buch wieder ins Gedächtnis. Irgendwie hatte auch ich eine spirituelle Verbindung zu der goldenen Sonnenscheibe.

Nur zwei Wochen, bevor Häuptling Woableza bei uns zu Hause auftauchte, um diese Geschichten zu erzählen, war ich als Gastreferentin bei der »New Energy Conference« in Santa Fe. Mit Hilfe meines Begleiters Mark war es mir möglich, für die 350 teilnehmenden Menschen einen der heiligsten, transzendentesten Räume von Bewusstsein zu erschaffen, den ich jemals erlebt habe. Während ich auf der Bühne stehend Marks Worte channelte und die Energien, die solch eine Kraft ermöglichten, fühlte ich, wie ich eine strahlende Scheibe aus goldenem Licht auf meiner Brust trug! Da das Inka-Symbol der Sonne nichts mit den Worten zu tun hatte, die ich sprach, tat ich das Ganze ab. Tatsächlich vergaß ich vollkommen meine persönliche Erfahrung mit der Sonnenscheibe, bis Woableza den Andenpriester beschrieb.

Die Weisheit der Großmütter

Die letzte Sache, die Woableza mit uns an diesem Abend teilte, hat mich seither verfolgt. Er entrollte eine 90 × 150 cm große Zeichnung auf Leinwand, die eine Kopie der mysteriösen Felszeichnung darstellte, die in einer Höhle auf dem Gebiet der Navajo in New Mexiko gefunden wurde. Das Original der Felszeichnung wird auf die Zeit vor der Geschichte der Navajo in dieser Region zurückdatiert. Obwohl Unsicherheit darüber herrscht, wer es gemalt hat und was es bedeutet, bewachen es die Ältesten der Navajo aufs Schärfste, wie eine geheiligte Stätte. Letztens haben sie sich versammelt, um zu beten, und um die Bedeutung der alten Höhlenmalerei zu studieren, wissend, dass es eine zeitlose Prophezeiung ist, die es aufzudecken gilt. Es ist ein Strich-

gemalte Kopie einer Felszeichnung aus der Vor-Navajo Zeit

männchen-Mensch ohne Mund, aber mit Augen, Nase und was so aussieht wie ein Fahrradlenker-Schnurrbart, der nach unten zeigt, und einem Körper, bestehend aus zwei Seite-an-Seite liegenden, langen, schmalen Rechtecken. Die Arme sind mit den Händen nach oben im 90 Grad-Winkel gehalten, die Handflächen nach aussen zeigend, die Finger streckt. Die Figur steht auf und ist verwurzelt in einer Halbkugel, die möglicherweise die Erde darstellt. Auf seinem Kopf sitzt ein zweizackiger Hut. Der sinnträchtigste Anteil von dieser Zeichnung ist eine wellenförmige Linie außerhalb und links von der Figur, die auf den rechteckigen Körper in Höhe der Brust trifft und eine identische wellenförmige Linie, die das rechte Rechteck ebenfalls in Brusthöhe kreuzt.

Woableza erklärte, das die indianischen Ältesten sagen, es sei eine Prophezeiung in Form einer Zeitlinie, die von oben nach unten gelesen wird. Sie glauben, dass der spitze Hut, der ein bisschen so aussieht wie der des Papstes, die Probleme der Katholischen Kirche anzeigt in Bezug auf die Pädophilen und den sexuellen Missbrauch innerhalb der Priesterschaft. Die nach oben gestreckten Arme symbolisieren das weltweite Ausmaß dieses Skandals. Die wellenförmigen Linien, die auf die zwei senkrechten, zusammengefügten Rechtecke treffen, repräsentieren die zwei Flugzeuge, die in die Türme des World Trade Center gestürzt sind. Die Wurzeln, wo die Füße der Figur in die Halbkugel reichen, sehen für die Ältesten aus wie Flammen, die aus einer Rakete kommen. Dieser Teil der Botschaft rief, laut Woableza, ernste Besorgnis hervor, weil es beträchtliches Unglück oder Zerstörung repräsentierte.

Doch jede Untergangsprophezeiung enthält auch, entsprechend der Indianer, eine Antwort der Hoffnung. Wenn man verkehrt herum auf die

Zeichnung schaut, dann werden die Wurzeln die nach oben gebogenen Äste des Lebensbaumes. Der zweizackige Hut symbolisiert den Busen der Frauen. Woablezas letzte Worte fassten die Bedeutung zusammen, die uns durch die Jahrhunderte hinweg heute mitgeteilt werden: »Die Frauen haben die Antworten. Um die Menschheit zu retten, müssen die Männer zur Seite treten und auf die Weisheit der Großmütter hören.«

Während der ganzen Zeit, in der Woableza sprach, die Aspekte der Zeichnung betonend und das Verständnis über dessen Botschaft, die ihm von den Ältesten der Navajo gegeben wurde, sagte mein Gehirn ständig: »Das ist nicht richtig! Ihre Interpretation ist nicht korrekt!« Ich fühlte ganz stark, dass diese Prophezeiung so viel weitreichender und viel universeller war, als Ereignisse in unserer modernen Zivilisation. Ich konnte mir nicht vorstellen, dass ein altes Orakel, eine in eine Höhle gemalte Botschaft für die Nachfahren, sich für unser World Trade Center interessieren würde oder für einen Skandal in unserer religiösen Institution. Vielleicht, weil Woableza gerade damit geendet hatte, uns die Geschichte von dem Adler und dem Condor zu erzählen, war ich sicher, dass die wellenförmigen Linien gar keine Flugzeuge waren, die die Türme trafen, sondern das Zusammenkommen von zwei Welten in Form zweier Vögel symbolisierte, die in das Herz der Figur hineinfliegen, die geteilten Rechtecke seines Körpers heilend – der Adler und der Condor.

Mein Verstand argumentierte vehement mit sich selbst. »Wer bin ich, um der Weisheit der Navajo-Ältesten zu widersprechen, die die Zeichnung entziffert haben, die auf ihrem heiligen Land gefunden wurde? Ich muss falsch liegen,« dachte ich. »Ich bin auf diese Lösung nur deshalb angesprungen, weil die Prophezeiung von dem Adler und dem Condor noch so frisch in meinem Kopf ist.« So sehr ich auch versuchte, meine Version der Zeichnung zu verdrängen, so konnte ich sie doch nie aus meinen Gedanken bekommen. Wir werden es niemals sicher wissen, was die alten Höhlenmaler versuchten, zu vermitteln, aber nun sehe ich diesen Vorfall als personlichen Test an. »Bin ich bereit, meinem Instinkt zu vertrauen, auch wenn dieser entgegen der Worte von Autoritäten steht?«

Wenn ich wirklich auf Woablezas Zusammenfassung höre, dann wird die Zeichnung selbst mich führen. »Die Frauen haben die Antworten … wir Männer müssen zur Seite treten und auf die Weisheit der Großmütter hören.«

14
Vorbereiten
auf unsere Mission

~~~~~~~~~~~~~~~~~~~~~~~~~

Als Woableza seine Rede zu unserer Klasse in dieser Nacht beendet hatte, rief ich White Eagle für eine gechannelte Beratung über die Wichtigkeit unserer Arbeit, die wir in Peru zu tun hatten, und um mehr über Häuptling Woablezas Verbindungen zu den Leuten in den Anden herauszubekommen. Es war einer der stärksten und kraftvollsten Bereiche, aus denen ich jemals gechannelt hatte. Ich musste mein Bewusstsein jenseits meiner gewöhnlichen Begrenzungen anheben, um die Energie halten zu können, und um die Worte zu formulieren. Ich erkannte nur sehr schwer meine eigene Stimme. Das passiert manchmal, wenn ich mit großer Wahrheit sprechen muss und nichts Persönlichem erlaube, sich in den Weg der Übersetzung zu stellen. Während White Eagle sprach, sah ich die Vision und fühlte die intensive Kraft von vier Wesenheiten – den Hütern der Vier Himmelsrichtungen der Inka. Es wahr wirklich so, als wenn alle vier von ihnen physisch das Wohnzimmer betreten hätten! Es erschien so real; sie waren bei uns. Später erfuhr ich, dass der Inka-Kaiser bekannt war als Tahuantinsuyo, oder Vier Länder der Sonne.

Hier ist White Eagle. Wir sprechen für die Bruderschaft der Weißen. Dies ist ein Ratstreffen, ihr seid alle eingeladen. Zweimal lebte der Mann, den ihr als Woableza kennt, in den Anden; einmal vor der großen Explosion, die die Welt auseinander riss, einmal danach. Vor der großen Explosion wusste er um die Magie und die Kraft von alchemistischem Gold. Dies war eine hoch entwickelte Gesellschaft, alle Überbleibsel hiervon sind im Meer verloren gegangen. Das zweite Mal gehörte er zu den Condor-Menschen. Er war der Hüter von zwei Portalen, die noch nicht wieder re-aktiviert wurden. Es ist jetzt die Zeit, dass sie erweckt und geöffnet werden. Eine der Absichten von eurer Gruppenreise nach Peru ist es, den Kern der Erde wieder auszubalancieren. Es gibt gerade ein magnetisches Flattern in unserer Mutter, das geheilt werden muss. Der Kalender, den ihr anstrebt, wird nicht möglich sein, bis die Erde stabilisiert ist. Ihr müsst außerdem die zwei Portale öffnen. Das wird dann beginnen, die Energien für den neuen Kalender hereinzubringen. Wenn die Schlange den Bau verlässt, muss die Heilung abgeschlossen sein. Das Timing ist von GRÖSSTER WICHTIGKEIT.

White Eagles Botschaft war unglaublich hintergründig, aber auf Grund der Kraft, mit der sie hereinkam, wusste ich, dass sie wahr war und ernst genommen werden musste.

Meine Zwillings-Seele

Ich hatte noch eine weitere bedeutende Überraschung bevor unser Ausflug begann. Während wir auswärts mit Brad Johnson, einem lieben Freund, der ebenfalls mit uns nach Peru ging, zum Abendessen waren, gestand ich ihm, dass ich unbegründete und unerklärliche Gefühle von Liebe für Mallku empfand, den Mann, den ich eingestellt hatte um unser Reiseleiter für Südamerika zu sein. Als ich versuchte meine Gefühle zu erklären, bemerkte Brad: »Er ist hier.«

»Was meinst du damit?« fragte ich.

»Er ist hier. Mallkus Energie ist gerade hereingekommen.« In diesem Moment fühlte ich vor mir den Geist von Mallkus kraftvoller Präsenz im Restaurant. Tränen rannen an meinen Wangen herunter, als ein plötzliches und vollständiges Wissen wie ein Blitz mein Bewusstsein durchstach. In einer einzigen blitzartigen Erleuchtung erinnerte ich mich an alles von Mallku und mir.

»Er ist von meiner Seele, er ist mein Zwilling!« waren die Worte, die aus mir herausplatzten. Überwältigt von Gefühlen von unbeschreiblicher Liebe und doch erschrocken darüber, was dies wohl bedeuten könnte, schüttelte ich meinen Kopf und schrie vehement: »Oh nein! Das will ich nicht!« Für fünf Minuten, in denen ich sowohl unsere Servietten als auch zwei des Nachbartisches verbrauchte, weinte ich, Brads Hand haltend um mir Trost zu spenden, und um mich zu stabilisieren.

Was konnte ich mit einer Wahrheit wie dieser anfangen? Wie konnte ich akzeptieren, etwas uneingeschränkt zu wissen, was ich nicht wissen wollte, etwas, das vielleicht alles zerstört, was ich so umsichtig aufgebaut habe? Ich wollte noch nicht einmal an die Existenz von Zwillingsseelen oder Zwillingsflammen glauben. Die einzige Information, in der ich von ihnen gehört hatte, war aus Shirley MacLaines letztem Buch *Der Jakobsweg*.[*] Während sie in einem Alleingang eine Pilgerreise über 500 Meilen auf Spaniens Jakobsweg Santiago de Compostela machte, empfing sie Visionen. MacLaine schrieb von einer Zeit aus Lemurien, in der leuchtende, geschlechtslose Wesenheiten sich in perfekte Ebenbilder aufgespalten haben, männliche und weibliche – Zwillingsseelen oder Zwillingsflammen.

Was tust du, wenn du der Wahrheit von Angesicht zu Angesicht gegenüber stehst, dass es ein Fußabdruck von einem Bären im Schlamm ist? Ignorier es. Nach alledem hast du schließlich nur den Abdruck gesehen, du hast nicht den Bären gesehen.

---

[*] Shirley MacLaine, *The Camino (Der Jakobsweg)*

Teil III

GEHEIMNISSE
IN DEN ANDEN

»Wir müssen nicht wissen, was wir tun – oder wie es getan wird –
damit etwas passiert.
Es war die Gewissheit, nicht das Wissen, die wichtig war.«

15
Zwillingsseelen
am Amazonas

〰〰〰〰〰〰〰〰〰〰

August 2004. Dreiundzwanzig von uns aus den Vereinigten Staaten und aus
Europa kamen für das Südamerika-Abenteuer zusammen, inklusive neun
derselben Personen, die auf der Reise nach Nepal dabei waren. Ich war erfreut darüber, meine mittlere Schwester, Erin Crowley, mit dabei zu haben.
Unsere Reise begann mit drei Tagen Aufenthalt im Regenwald des Amazonas, flussaufwärts des peruanischen Städtchens Puerto Maldonado.

Meinen ersten Blick erhaschte ich von Mallku, unserem Reiseleiter aus
den Anden, als er das Flugzeug in Cuzco für den letzten Abschnitt nach Puerto Maldonado bestieg. Er war klein, doch mit der kraftvollen Statur eines
Athleten. Er schaute in die andere Richtung, als er den Gang hinunter ging,
nach seinem Sitzplatz suchend. Sein langes, schwarzes Haar von dem Foto
auf der Webseite erkennend, rief ich seinen Namen. Als er sich umdrehte
und lächelte, die braune Haut kräuselte sich sanft um seine Augen, überflu-
tete mein Herz meinen Brustraum. Ich erinnerte mich... an irgendetwas...
an alles. In diesem Moment des tiefen seelischen Wiedererkennens wusste
ich dann, dass der Einblick, den ich im Juli von Mallku bekommen hatte,
wahr war: »Er ist meine Zwillingsflamme!«

Ich konnte den Bärenabdruck im Schlamm nicht länger ignorieren, so tun, als wäre es etwas anderes, denn vor mir stand der Bär! Tränen standen unaufgefordert in meinen Augen, liefen mein Gesicht herunter. Als ich den Platz neben ihm im Flugzeug einnahm, entschuldigte ich mich schnell für meine überraschenden Gefühle. »Es tut mir so leid, geweint zu haben… um… es ist schön, dich zu treffen, Mallku… so bin ich eigentlich gar nicht… ich bin gleich wieder in Ordnung und ganz ich selbst… gib mir nur einen Moment,« stammelte ich. Er schien zu verstehen; natürlich hatte er keinerlei Ahnung davon, was mit mir los war. Innerhalb weniger Minuten zwang ich die überwältigenden Gefühle dazu, vorüberzugehen.

Sobald wir in Puerto Maldonado angekommen waren, wartete ein alter Bus, um uns zu ein paar hölzernen Booten zu fahren für unsere Reise flussaufwärts zu unserer Lodge. Als Gruppenleiterin hatte ich viel zu organisieren – Gepäck, Zimmer, Essen und ein spätnachmittaglicher Naturspaziergang durch den Urwald. Die Eco Amazonia Lodge bestand aus sauberen, malerischen, strohbedeckten Hütten ohne Elektrizität. Mein Ehemann Ed

Hütten der Eco Amazonia Lodge

konnte nicht mit zum Amazonas kommen, aber er plante, uns später in Cuzco zu treffen. In der allerletzten Minute sagte die Frau, mit der ich ein Zimmer teilen sollte, ab. Ich hatte keine Zimmergenossin. Mallku brauchte ein Zimmer. Kein Problem. Wir konnten es uns teilen.

Sehr verheiratet

Prima. Meine Abwehr stand. Ich war vollkommen geschäftsmäßig, zeigte keinerlei der Gefühle, die vorhin im Flugzeug hatten ausbrechen können. Einzelbetten. Ich trug Shorts und ein T-Shirt zum Schlafen. Ich plauderte viel. Ich hatte so viele Fragen an Mallku über die Spiritualität in den Anden: »Glauben die traditionellen Völker hier an die Abstammung von den Sternen? Gibt es Beweise für Lemurien? Was ist die Verbindung zum Himalaya? Welche Zeremonien wirst du uns vorführen?«

Während ich ununterbrochen im Dunkeln redete, sprang Mallku spontan aus seinem Bett und kam in meins! Es passierte so schnell! Er fragte einfach, ob er mich festhalten dürfe. »Ist das okay?« fragte er nach, als er mein Kissen auf eine Seite schob.

Was konnte ich sagen? Es fühlte sich wunderbar an. Es fühlte sich grenzenlos an. Es fühlte sich vollkommen altgewohnt an, diesen Mann neben mir zu haben … aber dies war nicht die Jonette, die ich kannte. Sie meldete sich sofort zu Wort: »Ich bin sehr verheiratet.«

Es trat einige Stille ein, dann Mallkus Stimme: »Ich bin sehr geschieden.«

»Na, klasse,« dachte ich. »Was fange ich mit solch einem Kommentar an?«

Er versicherte mir, dass ich sicher war. Er respektierte mich. Ich wusste hundertprozentig, dass dies wahr war. Sicher in seine Arme eingehüllt, erinnerte ich mich gleichzeitig an jedes Leben, das ich jemals als braunhäutige Frau in der Umarmung eines dunkelhäutigen, schwarzhaarigen Mannes verbracht hatte. In diesem Augenblick akzeptierte ich, dass er zu einem viel höheren Zweck bei mir war, als dass es einer von uns verstehen konnte. Es war zu gut von oben dirigiert. Ich hielt Rücksprache mit meiner inneren Weisheit und meinem Herzen. *Das ist jenseits von Karma. Alles ist so, wie es sein soll. Dies ist der Moment der Wahl, der nur einmal in vielen Lebenszeiten angeboten wird.* Bevor der rechtfertigende Teil von mir es aufgreifen und ergänzen konnte, explodierte ein vollständig formulierter Gedanke aus meinem Unterbewusstsein, ein Gedanke, der mich mehr als alles andere, was ich in den vielen Jahren gedacht hatte, erschreckte. Es war eine innere Feststellung, frei von Emotion oder Rationalisierung. »Ich würde alles dafür aufgeben, um jede Nacht in diesen Armen zu schlafen.« Augenblicklich gewann mein gewöhnliches Selbst wieder die Kontrolle über die Situation und schubste den fehlgeleiteten Gedanken zurück in die unerforschten Nischen meiner Seele, die Tür mit dem nicht verhandelbaren Ego-Kommando zuschlagend: »Das gehört nicht zu meinen Plänen.« Basta.

Was auch immer es für metaphysische Auswirkungen haben mochte, es lief alles auf die eine Frage hinaus: »Erlaube ich ihm zu bleiben?« Meine innere Stimme schien unmissverständlich: *Das ist ein Fenster für spirituelles Wachstum, welches sich mindestens für die nächsten 500 Jahre nicht mehr öffnen wird.* Ich konnte den Weg meiner Seele wählen oder begrenzt sein von meiner Schuld und Angst. Hier waren wir, gegen jede Chance – ich, eine verheiratete Geschäftsfrau aus den Vereinigten Staaten und Mallku, ein Andenschamane – Zwillingsseelen, die nebeneinander in einer strohbedeckten Hütte im Regenwald des Amazonas lagen.

Eine Einweihung zur Führerschaft

Er blieb. Ich legte meinen Kopf auf seine Schulter, lächelte angesichts des Segens, der dies war und schloss meine Augen. Die Intimität bestand einfach darin, dass er mich hielt – das und nichts weiter; und doch war es alles. Dauerte dies nur einen Moment oder warten es ganze Lebenszeiten? Ohne eine Einleitung oder eine Erklärung hörte ich die Stimme in meinem Kopf sagen: *Du musst sein Drittes Auge aktivieren.*

»Okay,« dachte ich verträumt, »der Titicaca-See wird ein guter Ort sein, um dies zu tun.« Ich hatte keine Lust, mein verschlafenes Selbst aus Mallkus Armen zu erheben.

Jetzt! lautete ein innerer Befehl. Ich habe gelernt, dass es besser ist, solch eine eindringliche Anleitung nicht zu ignorieren. Also lehnte ich mich rüber und flüsterte Mallku zu, dass ich ihm eine Energie-Einweihung geben sollte. Im Halbschlaf willigte er mit einem Nicken ein. Ich berührte die Mitte seiner

Stirn; sendete Kraft und Licht durch meine Hände in sein Chakra am Dritten Auge, sein spirituelles Kraftzentrum. Er fiel in tiefe Bewusstlosigkeit... er rührte sich nicht mehr... über Stunden. Als er sich schließlich bewegte, flüsterte ich: »Was ist passiert?«

»Ich ging auf eine Reise,« murmelte er, nur teilweise anwesend. »Eine Art Konfrontation...« und er schlief wieder ein. Mallku schlief tief, sein Rücken mir zugewandt, meine Arme um ihn gelegt. Ihn haltend erlebte ich, wie sich elektrische Stromschläge durch meine Chakren hindurchfädelten, sich in seinen Energiezentren und anschließend wieder zurück in meinen hochwanden, sich kontinuierlich miteinander verbinden, als wären wir ein Wesen. Es erinnerte mich an Schnürsenkel, die sich durch das Rein und Raus durch die Ösen zusammenschnüren. Jede meiner Zellen schien auf neue Weise magnetisch polarisiert zu werden. Allein unsere Nähe brachte eine tief greifende und unerlässliche Veränderung für meinen Körper mit sich. Es war ebenso eine energetische als auch spirituelle Transformation. Es war eine Verschmelzung von Zwillingsseelen. Dies war mein Geschenk an ihn.

Ich initialisierte Mallku mit den Symbol des elf-zackigen Sterns und den Energien der spirituellen Führerschaft. Ich wünschte, ich könnte sagen, dass ich Galaxien von Sonnen oder Regenbogen von Farben fühlte, die sich von meinen Handflächen zu Mallkus Stirn bewegten, aber wie es sich so oft mit diesen kraftvollen, aber extrem subtilen, hohen Energien verhält, fühlte ich gar nichts, was sich aus meinen Händen bewegte. Ich wusste einfach, dass etwas Lebensveränderndes durch mich zu ihm übertragen wurde. Und ich wusste, wann es abgeschlossen war.

Solche Einweihungen wie die eine, die ich Mallku habe zukommen lassen, markieren häufig die nächste Ebene für spirituelles Wachstum. Die meisten meiner Einweihungen sind spontan während meiner Meditationen aufgetreten. Vor vierzehn Jahren wurde ich auf eine innere, mystische Reise mitgenommen, in welcher mir gesagt wurde, dass ich mich von dem Weg eines Lehrers auf einen Weg mit größerer Verantwortung hinbewege – den Weg eines Anführers. Zu dieser Zeit bemerkte ich zwischen meinen Brauen einen goldenen, elf-zackigen Stern, welcher das Symbol für Transzendenz ist.

Mark erklärte mir einmal, dass wir, um weiterhin spirituell wachsen zu können, über das Verständnis der Dinge hinausgehen müssen, die nur auf unseren Sinneswahrnehmungen beruhen – was wir fühlen, sehen, berühren, hören oder erfahren können. Er sagte, dass allein unser Verlass auf Gefühle und Erfahrungen uns in der dreidimensionalen Realität festhält. Die höheren Welten können nicht mittels unserer Sinne wahrgenommen werden. Laut Marks Lehren basiert die erste und allgemeine Ebene für Verständnis und Lernen auf unserer eigenen Erfahrung. Der zweite Entwicklungsschritt ist, unserer Intuition zu vertrauen. Das ist so, weil auf den höheren energetischen oder schwingenden Ebenen die sensorische Erfahrung nicht existieren könnte, und wir uns somit auf das Vertrauen verlassen müssen. Der dritte Schritt ist, jenseits von Vertrauen, zu wissen, dass etwas so ist, ohne jeden Beweis dafür. Ich wusste, dass ich Mallku das Geschenk einer höheren spirituellen Einweihung überbracht hatte. Ich wusste auch, ohne das Bedürfnis für einen Nachweis oder eine Bestätigung zu haben, nicht einmal von ihm, dass Mallku der Zwilling oder die andere Hälfte meiner Seele war, viel nahestehender als selbst ein Seelenverwandter.

Im kosmischen Sinne von männlich und weiblich spielten Mallku und ich unsere Rollen, als er zuerst seine schützenden Arme um mich legte. Er ließ mich wissen, dass ich sicher war. Es war dieses Wissen, das es mir ermöglichte, in die göttliche, weibliche Rolle des Initiators zu schlüpfen. Die Frau bringt spirituelles Wissen und Energie in die Welt und übergibt dies dann dem Mann, der dabei hilft, es in Aktion oder in eine Form zu bringen. Die kraftvollsten Initiationen auf der Erde sind die von einer Frau zu einem Mann; speziell wenn sie Zwillingsseelen sind. Einige spirituelle Durchbrüche sind so intensiv, dass sie Verschiebungen im physischen Körper verursachen. Die Menschen können infolge solch einer Initiation Schmerzen verspüren, sich krank fühlen oder über einige Tage nicht ganz auf der Höhe sein.

Für die nächsten eineinhalb Tage war Mallku krank. Später vertraute er mir an, dass er noch niemals zuvor eine Initiation erhalten hatte, die ihn krank gemacht hat. Ohne Zweifel überraschte ihn die Auswirkung, die meine Berührung seiner Stirn hatte. Auf einer bewussten Ebene kannte er mich nur als die Frau, die ihn angeheuert hatte, um eine Reisegruppe durch Peru zu begleiten. In dieser Nacht verzichtete er auf das Abendessen und war um 18 Uhr im Bett, in seiner Bekleidung, wo er unbeweglich für zwölf Stunden liegenblieb. Ich blieb einige Minuten, um ihm dabei zuzuschauen, wie er schlief. So viel zärtliche Liebe und Mitgefühl floss von meinem Herzen zu seinem. Ich war auf einmal gleichzeitig seine Mutter, seine Schwester, seine Tochter und seine Geliebte.

Wir sind der Adler und der Condor

Schon seit dem Treffen mit White Eagle Mitte der Achtziger, als ich in Sydney meditierte, trage ich die Energien des Adlers. Für die nordamerikanischen Indianer ist der Weiße Adler die höchste Kreatur in unserer Welt: Er ist der »Botschafter der Götter.« Ich fragte Mallku beiläufig, dessen Geburtsname James ist, was der spirituelle Name »Mallku« bedeutete. Er sagte, dass er ihm gegeben wurde, um einen höheren Schritt in seiner spirituellen Entwicklung zu markieren – er bedeutet »der Geist des Condors.«

»Oh mein Gott,« dachte ich, als die Legende von dem Adler und dem Condor, die Häuptling Woableza erzählt hatte, in meinen Verstand hineinplatzte. »Bäumte sich der Kopf des Schicksals in meinem gut organisierten Leben auf? Haben Mallku und ich etwas mit der Prophezeiung zu tun?«

Über eine Woche später hatten Mallku und ich einen seltenen Moment, um privat zu sprechen, als wir auf der langen Busreise zum Titicaca-See zusammensaßen. Ich fragte ihn: »Warum bist du so plötzlich in mein Bett gesprungen in dieser ersten Nacht am Amazonas?« Ich versuchte herauszufinden, ob er es getan hatte, weil er bewusst eine Seelenverbindung mit mir gefühlt hatte.

Seine sofortige Antwort darauf war: »Weil ich deine Kraft gespürt habe.« Dann führte er es näher aus. »In dieser Nacht hast du über viele Dinge gesprochen und viele Fragen gestellt. Ich erkannte deine Kraft und verstand, dass, auch wenn du viele Dinge weißt und sehr sensitiv bist, du nichts über die andere Art von Kraft weißt, die zu dir gehört. Dies ist eine Kraft, die die meisten Menschen nicht realisieren. Ich spreche von der bewussten sexuellen Kraft. Nachdem ich dir also die ganze Zeit über zugehört hatte, sagte ich zu mir: ›Das ist eine kraftvolle Frau, die nicht diese Kraft in ihrem Inneren erkennt, also bring es ihr bei.‹ Natürlich meinte ich damit nicht die sexuelle Annäherung oder sexuelle Aktivitäten. Ich beabsichtigte, das Erwachen dieser Kraft in dir allein dadurch zu provozieren, dass ich dir nahe war. Ich bin seit mehr als der Hälfte meines Lebens auf einem tantrischen Weg gewesen und weiß, worum es geht. Ich konnte sehen, wohin du gehen würdest, sobald du erkennst, wie sich diese Kraft in deinem Inneren bewegt.«

Mallkus Geschichte

In einer traditionell katholischen Familie in der Nähe der Küste von Nordperu geboren, war James Arévalo das vierte von sieben Kindern. Seine Mutter ist eine Ureinwohnerin von der Mochica Gesellschaft, einem Volk der Prä-Inka. Sein Weg hat sich schon immer von dem seiner Verwandten unterschieden. Im Alter von neuen Jahren nahm er Gruppen von seinen Freunden über ganze Tage mit in die Berge. »Die Freunde meiner Eltern hassten mich,« kicherte er, während er mir von seiner Vergangenheit erzählte. »Du siehst, ich war schon immer ein Anführer. Es ist einfach ein Teil von meiner Natur.« Mit zwölf wurde er zum strengen Vegetarier, eine radikale Haltung in seiner Familie. Mit vierzehn ging er allein in die Wüste um zu fasten. »Ich war sechzehn, als ich zu meinen Eltern gesagt habe, dass ich gehen werde. Sie dachten, es wäre über das Wochenende. Ich bin niemals zurückgekehrt.«

James reiste rund um Peru, blieb manchmal in den Ashrams, fing mit Yoga an, worin er schwierige Asanas oder Stellungen meisterte. Er fertigte seine eigenen Kleider von Hand an, trug Sandalen und ließ sein Haar wachsen. Der Teenager, der dachte, dass er so erwachsen war, ging in die Berge und in die Regenwälder, um dort als Eremit zu leben, sammelte Früchte und ernährte sich von der Natur. Mit siebzehn wurden seine Intensität und sein Intellekt von östlicher Philosophie und Ideen von Gleichheit inspiriert. Er und seine Begleiter reisten zu Stadtzentren, um gegen die Habgier und die Strukturen der organisierten Religionen zu predigen, speziell gegen die Katholische Kirche in Peru. Die Leute versammelten sich, um zuzuhören. Damit er sich selbst versorgen konnte, verkaufte er Bücher auf der Straße. »Ich war unumschränkt auf meinem Weg. Dies war die Basis von dem, was ich jetzt bin,« erzählte er mir.

Das war in den 80er-Jahren, als der Leuchtende Pfad – die skrupellose, von Maoisten inspirierte Guerilla-Bewegung – Peru terrorisierte. Die Regierung war korrupt; Polizei und Militär verhielten sich ebenfalls ziemlich ähnlich wie Terroristen. James, damals siebzehn, und ein neun Jahre alter Freund, reisten mit dem Bus in die Amazonas-Region. Die Polizei stoppte den Bus. Argwöhnische Beamte durchsuchten die Jungs und ihr Gepäck. »Wir wurden als Terroristen festgenommen und ins Gefängnis geschmissen. Acht Tage lang bekamen wir weder Essen noch Wasser. Ich habe das Wasser aus der Toilette getrunken. An drei von diesen Tagen wurden wir in eine winzige, feuchte, stockfinstere Zelle geworfen, mit zehn anderen Gefangenen. Wir konnten keine Hilfe bekommen, denn niemand wusste, wo wir waren. Nach acht Tagen ließen sie uns frei. Ich hasste die Polizei. Ich wurde mehr zu einem Revolutionär.«

James entdeckte die Traditionen der Anden, fühlte ein besonders verwandtschaftliches Verhältnis zu den alten spirituellen Wegen und Ehrfurcht vor der Natur. Er ging zur Schule, um Reiseleiter zu werden, damit er teilen konnte, was er über die Inkas und die frühen Andengesellschaften gelernt hatte. Er fuhr damit fort, auf seinem spirituellen Pfad zu lernen und zu wachsen, um irgendwann einmal den Namen Chaski anzunehmen, was Botschafter bedeutete. An der März-Tagundnachtgleiche im Jahr 2000, als er auf einer heiligen Insel am Titicaca-See am Meditieren war, wurde ihm »Mallku« als sein neuer spiritueller Name gegeben. Es bedeutet Geist des Condors. »Es ist eine Aufgabe zur Führung,« sagte er mir.

Mallku ist ein Anführer, ein versierter Geschäftsmann, im Besitz einer Reiseagentur, eines vegetarischen Restaurants und einer Partnerschaft in einem exquisiten Touristenhotel im Heiligen Tal. Obwohl ich mich auf ihn als Schamanen bezogen habe, würde Mallku lediglich sagen, dass er »auf einem spirituellen Pfad ist.« Er glaubt daran, dass die Schwelle, um wahrhaftig ein Schamane zu sein, im Alter von neunundvierzig Jahren liegt; zu der Zeit war er achtunddreißig.

16
Einige schlüpfrige Sachen
und eine, die anlastet

~~~~~~~~~~~~~~~~~~~~~~~~

In dieser ersten Nacht im Amazonas, während Mallku bewegungslos geschlafen hat, lag ich wach und hörte einem herrlichen Regenwaldgewitter zu. Blitz und Donner zerrissen den Himmel. Der Regen trommelte unablässig auf das strohbedeckte Dach. Ich nahm an, dass das Wasser bis zur obersten Stelle der Pfähle steigen würde, auf denen unsere Hütte, die Escaribe oder die Ramme, saß. Die entfesselte Kraft der Natur war ebenso erfreulich wie auch schrecklich. Es war alles viel zu schön, um zu schlafen. Ich war unter demselben Dach geborgen wie mein sehr alter Geliebter, ein Mann, der mir in diesem Leben immer noch unbekannt war.

Ich hoffte, dass dieser immense Gewittersturm unseren frühmorgendlichen Dschungelspaziergang ausfallen lassen würde, und auch den damit verbundenen 6 Uhr Morgen-Weckruf. »Nach alledem, wie könnten wir dieses Anklopfen von den vielen, donnernden Schlägen unterscheiden?« fragte ich mich.

Mallku murmelte etwas über das Benutzen seiner schamanischen Kräfte, um jedem telepathisch mitzuteilen, im Bett liegen zu bleiben. Er gähnte und schlief wieder ein. Das funktionierte nicht für mich. Einige aus der Gruppe würden in ihren Hütten bleiben, aber andere – gute Reisegruppenangehörige – würden mit ihren Regenmänteln und Kameras bereit stehen für unseren geplanten Dschungelspaziergang in der Morgendämmerung. Ich stand auf und zog mich an, dann weckte ich unseren furchtlosen Anführer.

Der Garten Eden hätte nicht mystischer aussehen können als das Amazonas-Talbecken an einem regnerischen Morgen. Wolken krochen durch senkrechte Vertiefungen in der dichten Vegetation, das Firmament frei auf einer schimmernden Grundlage aus Schaum schweben lassend. Die hohen Blätter brachen das meiste des herunterfallenden Regens. Nur wenige vereinzelte Wassertropfen hielten es bis unten zu unseren mit Goretex bedeckten Köpfen durch. Der Regenwald, reich an Blättern jeder Größe und Form, strömte ein greifbares Gefühl aus, das urzeitlich war, sogar sinnlich. Der Dschungelboden war die meiste Zeit über lediglich schlammig, aber in den für Überflutungen anfälligen Bereichen gingen wir auf hölzernen Wegen, die auf Pfählen über dem Wasser errichtet waren. »Das ist die Trockensaison,« erinnerte mich meine Schwester Erin. Die gleißende Schönheit der Wassertropfen, die die frühe Morgensonne diffus erscheinen ließen, war etwas Besonderes. Mallku, der gewöhnlich einen Rucksack mit mindestens 20 Pfund Kameraausrüstung trug, jammerte, dass dies ein Tag war, wie er nur einmal unter tausend vorkam – und er hatte seine Kameraausrüstung nicht dabei.

Mit schweren Schritten weitergehend, vorsichtig auf den Weg achtend wegen der allgegenwärtigen Wurzeln und Kletterpflanzen, die sich um unsere Fußgelenke wickeln konnten wie Stolperfallen, hielt die Gruppe plötzlich an. In der Mitte des schlammigen Weges war ein seltsamer Anblick – ein kleiner Berg von vielleicht achtzig bis hundert einzelner, schwarzer, haariger Raupen. Sie waren aufeinander getürmt, sich in der Masse recht langsam ihren Weg zentimeterweise über den Weg bahnend. Kameras blitzten auf. Die Wichtigkeit von solch einer Teamarbeit war offensichtlich. Allein waren sie nahezu unsichtbar, aber zusammen waren sie eine einzige, kriechende, vielbeinige Kreatur. Es musste ein Stammesbewusstsein vorherrschen, das bestimmte, welche Raupen obendrauf ritten und welche die Beine sein sollten. Es schien, als würde einiger Rollentausch vor sich gehen, während wir damit fortfuhren, die Anomalie zu betrachten. Ich musste an die Teamarbeit denken, die wir ein paar Tage später brauchen würden, wenn wir die Inka-Trasse entlang wanderten.

Ich erkannte dann, dass der Dschungel als Ganzes ein perfektes ökologisches System war, mit einer elegant ausbalancierten Natur. Und doch schaute kein bisschen davon für meine Augen perfekt aus. Der schönste Baum war der Wirt für einschnürende Kletterpflanzen und Trassen von kriechenden Termiten. Der Boden war vermüllt mit toten, verfaulenden Dingen; chaotisch. Ein traumhaft schönes Blatt, seine Ränder empfindlich filigran, war durchlöchert von zu Mittag essenden Käfern oder Wanzen. »Vielleicht ist unsere Welt trotz allem perfekt,« dachte ich, »und Tod und Sterben sind alles ein Teil von dem größeren Schöpfungszyklus.« Der Gedanke erlaubte es mir, mich in meiner endlosen Bemühung, mein Leben perfekt, gesund und organisierter zu machen, zu entspannen.

Der Regenwald gab den Weg frei für kleine Seen, Marschland und von der Vegetation verstopfte Wasserwege. Wir brauchten ein Boot. Nach einer halben Stunde unermüdlichen Ausschöpfens mit einem Plastikgefäß, machte Apollo, der Leiter der Naturforscher von der Lodge, die hölzernen Einbäume fertig, die dort verstaut waren. Unsere Gruppe war bereit für unseren Aufenthalt in den Sümpfen. Es war idyllisch, durch die grünen, bestechenden Lichtungen zu paddeln. Vögel klapperten, zwitscherten Lieder, die ihren Freunden zuriefen: »Sie kommen.« Ein Ara-Pärchen flog mit dem durchdringenden Gekrächze von Papageien hoch über den emporragenden Baumwipfeln und uns.

Die Paddel und eine Stange benutzend, steuerte Apollo das Boot der Nase nach tief in den überwucherten Sumpf hinein. Plötzlich hielt er an und zeigte eineinhalb Meter vor uns. Die aufgeregte Botschaft, die im Boot geflüstert wurde, erreichte letztendlich auch die Ohren derjenigen von uns, die im hinteren Teil saßen: Anakonda! Einer nach dem anderen bewegten wir uns behutsam zum Bug, die Kameras bereit, mit vor Ehrfurcht aufgerissenen Augen. Nur 1,8 Meter dieses inspirierenden Reptils waren oberhalb des Wassers zu sehen. Der Kopf, der Schwanz und der gigantische Rest der Schlange lag untergetaucht. Es ist keine Übertreibung zu berichten, dass der Umfang dieses besonderen Exemplars mindestens 1,5 Meter betrug. »Schlange« war ein viel zu abwertendes Wort für solch eine Kreatur. »Riesenschlange« bezeichnete diese Assoziation schon näher. [im Engl. wird hier unterschieden zwischen den Worten »snake« und »serpent«. Anm.d.Übers.]

Als mein Bruder John davon hörte, dass ich in den Amazonas ging, tat er sein bestes, um mich darauf vorzubereiten. Stets so aufmerksam, wie es nur Brüder sein können, schickte er mir per E-Mail ein Foto mit dem Titel »Mittagessen im Amazonas.« Ich habe über vierzig Jahre unter Johns Humor gelitten, somit hätte ich einfach nur auf »Nein« in der Box meiner E-Mail klicken müssen, auf der »Ist der Absender dieses Anhangs bekannt?« steht und wäre damit fertig gewesen. Doch wie auch immer, meine Neugier zu unterdrücken, war noch nie meine Stärke gewesen, also öffnete ich die Sequenz der aufgenommenen Fotografien. Der Bericht besagte, dass ein eingeborener Arbeiter im Dschungel nicht gefunden werden konnte. Seine suchenden Freunde lokalisierten eine gigantische Anakonda mit einem verdächtig pummeligen Mittelbereich. Das erste Foto zeigte die Schlange. Das Zweite zeigte zehn Männer, die die Schlange, vermutlich tot, auf die Ablage von

Jonette und Mallku im Amazonas

einem Pickup-Laster hoben. So sehr ich auch versuchte, sie zu vergessen, diese Bilder waren in mein Gehirn eingebrannt und tauchten wieder an der Oberfläche auf, als ich die Anakonda im Sumpf vor mir anstarrte.

Wir alle waren sehr, sehr vorsichtig damit, in unserem wackeligen Boot aufzustehen um die Anakonda zu fotografieren. Es gab einfach keine Möglichkeit zu erkennen, ob sie schon zu Mittag gegessen hatte.

Bei einem späteren Dschungelspaziergang nahm unsere Gruppe ein Boot über die weite Ausdehnung des Flusses Madre de Dios hinüber zur Affeninsel. Mallku erklärte uns, dass unser lokaler Reiseleiter Apollo die Affen tatsächlich vom Baum herunter rufen konnte. Die Kameras waren bereitgehalten, als wir darauf warteten zu hören, welch altertümlicher Tierlockruf auch immer dazu fähig war, wilde Affen aus dem Baldachin herbeizurufen. Mit seiner strengen Stimme und seinem lautesten Spanisch rief Apollo: »Plátanos, plátanos.« Bananen. Er erzählte den Affen, dass er in seinem Rucksack Bananen hatte! Es klappte. Sie kamen. Wir lachten und machten Fotos.

Zurück auf unserem Gelände, genossen wir spätnachmittäglichen Pisco Sour, ein typisch peruanisches Getränk bestehend aus vergorenen Trauben, Limonen und Eiweiß. Die Gruppe hatte zu einem früheren Zeitpunkt an diesem Morgen einstimmig eine neue Regel geschaffen. Wer auch immer spät dran war und den Rest von uns warten ließ, musste Getränke spendieren. Erstaunlicherweise, mit nur zwei Ausnahmen, wurde die Gruppe sehr pünktlich. Bill und Ann Hines waren an diesem Abend die Gastgeber für die Cocktailstunde.

Als wir uns in dem großen, abgeschirmten Bereich mit unseren Drinks niederließen, kam Larry Cooper angerannt und schrie, dass ein seltsames, schweineähnliches Biest um die Hütten herumtobte. Mit den Kameras zur Hand verschwanden wir aus der Bar, um einen Tapir zu sehen, der im Gelände umherstürmte. Offensichtlich gab ihm das Untergehen der Sonne den Aufruf, mitten in die Zivilisation zu rasen. Dennoch war er ein freundlicher Kumpan, der für Fotos posierte und uns gnädig erlaubte, ihn zu streicheln.

17
Der Geist des Wassers

~~~~~~~~~~~~~~~~~~~~~~~~~~~~

Unsere erste Gruppenmeditation in Peru fand in einer geräumigen Hütte statt, die romantisch mit Kerzen beleuchtet war und im Regenwald am Rande des Hüttenanwesens lag. Gruppen, die mit Ayawaska und anderen heiligen, psychotropen Pflanzen des Dschungels experimentierten, nutzten meistens diese Hütte. Wir führten unsere Meditationen ohne Pflanzen durch, allerdings haben wir meine geistigen Begleiter White Eagle und Mark, die uns dabei unterstützen. In der ersten geführten Meditation haben wir unsere Gedanken mit den Inkahütern der vier Himmelsrichtungen verbunden, die viele von uns in meinem Haus in der Nacht erfahren hatten, als Häuptling Woableza sprach. Zwanzig Menschen versammelten sich, aber unzählige Jahrtausende von Begleitern, Lehrern und Weisheiten waren mit uns anwesend.

White Eagle hatte uns gesagt, dass es eine wichtige Mission für unseren Aufenthalt am Amazonas war, die Kraft dieses eindrucksvollen Flussgebietes zu benutzen, um die Wasser unseres Planeten zu heilen und alle hierin enthaltenen lebenden Dinge. Diese Massnahme ergab für mich einen Sinn, basierend auf dem Buch des japanischen Forschers Masaru Emoto.[*] Er war dazu fähig, einzelne Wasserkristalle zu fotografieren und den Unterschied in der kristallinen Struktur zwischen dem Wasser aus reinen, klaren Strömen und dem Wasser aus verschmutzten Seen zu demonstrieren. Die ersteren zeigten die spitzenförmigen, schneeflockenartigen Muster, die man erwarten würde. Verschmutzte Wasser waren als missgebildete, hässliche, unsymmetrische Kristalle fotografiert. Emoto fotografierte ähnliche Unterschiede in einzelnen Wasserkristallen aus Phiolen, die mit Liebe überhäuft wurden, im Vergleich zu Wasser, das negative Energien und Absichten erhielt. Seine Arbeit demonstrierte, dass Gedanken und Absicht die Struktur von Wasserkristallen verändern können.

Heilung der Wasser

Daraus folgte, wenn wir das Wasser des größten Flusssystems auf diesem Planeten segnen konnten und uns Heiligkeit vorstellten, die sich auf alle Flüsse, Seen, Eisflächen und Meere ausbreitet, dann würden wir der Erde einen großen Dienst erweisen.

Hier demonstrierte Mallku seine unheimliche Verbindung zu unserer Arbeit. Ohne zu wissen, dass wir eine Meditations-Zeremonie zur »Heilung der Wasser« planten, informierte er mich darüber, dass er ein motorisiertes Kanu organisiert hatte, das uns aufwärts einen der schmalen Nebenarme des Rio de Madre de Dios (Der Mutter des Gottes Flusses) zu Sonnenuntergang an diesem Abend mitnahm.

Als wir den engen Wasserlauf weit aufwärts getuckert waren, machte der Bootsmann den Motor aus. Ich channelte eine Meditation, während wir flussabwärts in Richtung Hauptfluss trieben. Es war amüsant, den Versuch zu unternehmen zu meditieren, während wir unsere Köpfe duckten, um tiefhängende Äste zu vermeiden. Einige Male streiften wir Schlamm mit dem Boden des Bootes, während der Bootsmann, in dem Versuch still zu sein, uns zurück in den Strom manövrierte. Niemand platzte wirklich vor Lachen laut los, obwohl einige Möchte-Gern-Meditierende nahe dran waren. Bill

---

[*] Masaru Emoto, *Botschaften des Wassers*

Austin bemerkte, dass jeder »sich förmlich wie ein Heiler verhalten hat, um nicht zu lachen, und es uns noch nicht einmal angerechnet wird, dass wir so gut sind!«

Die Heilungsenergien waren erhaben, als wir zum Gesang der Vögel und Insekten und Marks gechannelten Worten dahintrieben. Wir fassten in die Lebenskräfte des Wassers hinein. Als ich meine Hände im Fluss baumeln ließ, konnte ich sie mit der Vitalität des Lebens kribbeln fühlen. Die Andenbewohner glauben, dass die gesamte Welt aus lebendiger Energie besteht. Wir waren auf dem Fluss, um uns damit zu verbinden.

Während wir, zurück von seinem seichten Nebenfluss kommend, wieder auf dem Hauptfluss zurück waren, hatte bereits Dunkelheit die Abenddämmerung des Himmels abgelöst. Mallku und die zwei anderen lokalen Bootsmänner waren nervös. Einen unbeleuchteten Einbaum bei Nacht flussaufwärts zu navigieren, entsprach nicht ihrer Vorstellung von Spaß. Als ich zurück am Ufer angelangt war, schlich sich etwas Zweifel ein: »Hatten wir mit unserer Meditation wirklich etwas erreicht?« Meine innere Stimme sagte, alles wäre in Ordnung. »Du musst nur auftauchen und deinen Teil dazu beitragen.«

In dieser Nacht im peruanischen Dschungel war ich es, die erschöpft war. Ich war seit dem Meditationsprozess auf dem Wasser nicht zentriert und fühlte mich, als ob ich ein Glas Champagner zuviel getrunken hätte. Ich schaute offensichtlich benebelt aus, denn Henriette Reineke und andere machten freiwillig ein wenig Energieheilung, um mir dabei zu helfen, mich wieder zu erden. Ich wurde auch unterstützt von unserer Expeditionsärztin, Yolanda Groeneveld, die zu unserer Hütte kam, um mich zu akupunktieren. Ich war diejenige, die vollständig angezogen um 6 Uhr abends im Bett verschwand.

Als ich dort lag, fühlte ich mich, als ob ich durch eine neue Ebene von Bewusstseinswahrnehmung hindurch aufgetaucht war. In dieser Nacht zeigten meine Visionen, dass ich eine Welt betreten hatte, in der ich die Ebbe und Flut der göttlichen Energien sehen konnte, bevor sie Gestalt annahmen. In den nächsten paar Tagen konnte ich kaum etwas Lebendiges anfassen, ohne dass ich meine Hand wegziehen musste, da die Energie, die von diesem Objekt ausging, zu intensiv war. Ich erlebte die Energie der Lebenskraft, sogar in leblosen Dingen.

Fließen

Der Fluss behielt uns für einen weiteren Tag bei sich. Eine konstante Wolkendecke umhüllte den Flughafen und sorgte dafür, dass alle Flüge reinkommend und rausgehend aus Puerto Maldonado annulliert wurden. Die Gruppe blieb gut gelaunt. Wir saßen den ganzen Tag auf dem Boden des überfüllten Terminals, darauf hoffend, dass das Wetter sich ändern würde, damit wir wie geplant nach Cuzco fliegen konnten. Dies trat nicht ein. Kein Flugzeug landete oder startete an diesem Tag.

Mallku machte ein bescheidenes Hotel für unseren unerwarteten Aufenthalt ausfindig. Zwischen dem Einchecken und dem Ausgehen, um Pizza und Lasagne zu essen, channelte ich eine bemerkenswert hilfreiche Meditation zum Thema »Strömung«.

Willkommen zurück Reisende, dies ist Mark. Findet innerhalb eurer Adern den Geist des Wassers. Bewegt euch selbst hinein in das Einssein mit dem Fließen. Erfahrt das zeitlose Fließen eurer Atmung, eures Blutes, des Wassers auf der Welt, der Wolken im Himmel. Lasst los von der Beständigkeit, um eins mit dem Fließen zu werden.

Je mehr das Fließen in eurem Leben präsent wird, umso kraftvoller werdet ihr die Vorstellungen erschaffen, die ihr ersehnt. Ihr denkt vielleicht, dass Fließen lediglich der Raum zwischen beständigen Markierungen ist, ein unwichtiger Aspekt, der euch von einem Ereignis zum nächsten bringt. Bitte betrachtet euch selbst als Fluss, als Bewegung; euer Atem ist flüssig, eure Gedanken sind flüssig, euer Sein ist Bewegung an sich. So etwas wie statisches Sein gibt es nicht.

In den nächsten paar Wochen werdet ihr Durchgänge zwischen dem Physischen und dem Spirituellen erfahren. Ihr werdet dazu fähig sein, den Geist in der Materie und die Materie im Geist zu verstehen und zu erfahren. Fließen ist die Linie zwischen Geist und Materie. Wenn ihr Fließen in eurem Leben meistert, dann werdet ihr beginnen, eure auf Materie basierende Welt zu dem Verständnis dessen, was spirituell ist, zu übertragen. Dann wird Fließen, welches die Grenze von jedem ist, sich auflösen und ihr habt Geist und Materie als Eins.

Bringt eure Aufmerksamkeit zum Solarplexus, dem Bereich unter euren Rippen, indem ihr ihn berührt. Aus dem Solarplexus Chakra heraus nehmt ihr die Welt als schwarz und weiß wahr; als einzelne Ereignisse; als fest. Euer Herz jedoch kennt die Welt des Einsseins; kennt die Welt jenseits der Form. Fühlt das Fließen, während ihr euch vorstellt, durch euren Solarplexus ein- und auszuatmen. Lasst dies dann los, und unterscheidet nicht mehr zwischen dem ein und aus. Dies öffnet eure größte Blockade zum Fließen lassen, welche die schwarzweiß-Methode ist, mit der ihr euer Leben führt.

Atmet also zuerst ein und aus ... dann atmet gleichzeitig ... ein und aus zur selben Zeit; auf eine Weise, die logisch nicht verfolgt werden kann. Atmet in alle Richtungen von eurem Solarplexus aus – nicht nur einfach nach vorne. Der Geist des Wassers, mit dem ihr euch letzte Nacht auf dem Fluss verbunden habt, ist ebenso der Geist des Fließens; bittet ihn um seine Hilfe. Ihr könnt euch vielleicht die Wellen an einem Strand vorstellen, die hereinkommen während andere sich zurückziehen. Alles ist perfekt; alles ist fließend.

Lasst nun das Gefühl sich durch den Rest eures Körpers ausbreiten, nach oben und unten, bis ein ungezwungener Rhythmus sich selbst zwischen euch und der äußeren Welt zu etablieren anfängt. Eure Gestalt fängt an, weicher zu werden, euer Wesen, eure Erwartungen, eure Gedanken werden alle weicher. Während sie dies tun, bemerkt, dass ihr stärker werdet. Es gibt keine harten Eigenschaften um euch herum; nur ein Strömen in alle Richtungen. Es gibt jetzt keine Regeln. Verbindet euch mit dem großen Amazonasfluss zu dem Fluss des Lebens. Wenn ihr dies meistert, reist ihr tatsächlich am Rand zwischen Materie und Geist. Erlaubt euch selbst, Spirit in jedem kleinsten Detail zu kennen, genauso gut, wie ihr auch die physische Materie kennt. So viel von dem, was ihr in den heiligen Anden erfahren werdet, verlangt dieses neue Wahrnehmungsvermögen. Stellt euch vor, dass die Blindmacher abgenommen werden, damit ihr die Dinge anders erkennen könnt. Erkennt die Welt als ein zeitloses Fließen, so dass ihr auf einem Felsen am Machu Picchu sitzen könnt und die Vergangenheit fühlt und die Zukunft kennt. Erlaubt eurem Bewusstsein, sich selbst zu reorganisieren, indem es auf leichte Art nach dem Ganzen greift und nicht nur nach einem Teil, eher das Fließen als das Ereignis. Es bedarf eines anderen Aufbaus in eurem Verstand.

Beginnt euch wohl mit dem Unendlichen zu fühlen … dem Wasser, dem Wetter, den Wolken, der Luft … mit allem was fließt. Achtet auf den Geist, der in euch hinein tritt. Wie fühlt sich euer Herzzentrum jetzt an? Wie hat es sich verändert? Ruft weiterhin nach diesem Fließen – dieser gleichzeitigen ein-und-aus-Bewegung. Es ist nicht geben oder nehmen; es ist geben und nehmen. Es ist ein und aus, alles zur gleichen Zeit. Fühlt euer Leben lockerer werden.

Für die letzten paar Minuten hört auf eure Präsenz, euren inneren Gott. Die Kräfte auf dieser Welt sind Wind und Wasser. Der Grund, warum sie kraftvoll sind, liegt daran, weil sie sich bewegen. Stellt euch vor, dass ihr zuhört, dass die Erfahrungen der nächsten paar Wochen leicht zu euch kommen werden. Sich dies vorzustellen, während das dabei getan wird, wird euch selbst für so viel mehr öffnen. So viel mehr …

Dies ist Mark. Danke.

Der heilende Schamane

An unserem letzten Morgen am Amazonas wachte ich auf und fühlte mich krank und leicht fiebrig. Mit goldiger Besorgnis öffnete Mallku seine schamanische Medizintasche und instruierte mich, mich mit geschlossenen Augen hinzustellen. Seine Amazonas-Rasseln schüttelnd und eine spezielle Anrufung singend, führte er eine Heilungszeremonie durch. Ich hatte über Anden-Heiltraditionen gelesen, somit war ich zumindest vorgewarnt. Ich erinnerte mich an zwei ungewöhnliche Praktiken aus meinem Gelesenen. Zuerst, dass ein Schamane ein Meerschweinchen zur Diagnose und Differenzierung benutzen könnte. Er würde den Patienten wiederholt mit einem Meerschweinchen schlagen, bis das Tier verbraucht wäre. Der Schamane würde dann eine Autopsie an dem Tier durchführen, um den Grund der Krankheit des Patienten herauszufinden. Die zweite Heil-Praktik, über die ich gelesen hatte, trat auf, wenn ein Schamane einen Schluck stark parfümiertes, heiliges Wasser nahm und ihn auf den Patienten spuckte. Gott sei Dank fühlte ich mich nur ein wenig unwohl und Mallku hatte kein Meerschweinchen zur Hand. Ich bekam nur das übermäßig duftende Sprühwasser ab, das er auf mich spuckte.

Jeder von uns liebte es am Amazonas zu sein. Es war eine sanfte Einführung zu der Stärke der Anden. Am nächsten Tag war das Wetter immer noch zu ekelhaft, als dass Flugzeuge landen konnten. Unsere Gruppe verbrachte lange Stunden damit, im Terminal zu warten, sich Flitterkram an den Kiosken zu kaufen und eine Menge Tee zu trinken. Schließlich brachen die Wolken gerade lange genug auf für den Start eines Flugzeugs. Glücklicherweise, dank Mallkus außergewöhnlichen Bemühungen, waren wir mit an Bord! Obwohl kurz, war es ein rauer und unruhiger Flug. Ein momentanes Loch tauchte in den Wolken auf; unser Flugzeug zog durch die Bergspitzen hindurch und fiel schroff auf die Landebahn des Flughafens von Cuzco. Ein Blick auf Mallkus aschgraues Gesicht sagte mir, wie glücklich wir uns schätzen konnten, wieder sicher am Boden zu sein.

Mein Mann Ed und noch zwei andere, die nicht mit uns zum Amazonas gekommen waren, trafen uns am Flughafen in Cuzco, um sich der Gruppe für den Rest der Reise anzuschließen. Ich war wirklich erfreut, Eds Lächeln zu sehen, als ich durch die Mengen rannte, um ihn mit einer dicken Begrüßungsumarmung zu empfangen. Und doch fühlte mein Herz, dass ich, im Begrüßen von Ed, zu Mallku und der Liebe, die ich für ihn in meiner Seele hatte, auf Wiedersehen sagte.

18
Der Inka-Pfad

〜〜〜〜〜〜〜〜〜〜〜〜

Ein Bus wartete am Flughafen, um uns die gewundenen Straßen herunter von Cuzcos 3322 Meter-Höhenlage in ein tiefer gelegenes Gebiet mit dem Namen »Heiliges Tal« zu bringen. Nun war es Zeit, die Reise anzutreten, auf die wir gewartet hatten: eine viertägige Wanderung auf dem Inka Pfad zum Machu Picchu. Unsere Gruppe verbrachte eine Nacht in einem wunderbaren Hotel, wo wir unsere Ausrüstung in Kleidersäcke für die Träger zum

Unsere Gruppe in Peru

Tragen unterbrachten und die Tagesausrüstung, die wir trugen. Uns versammelnd, riefen wir White Eagle für seine Worte herbei, bevor wir uns auf unsere Wanderung begaben.

White Eagles Segnung

Dies ist White Eagle. Wir wurden gerufen, um Segenswünsche für den Weg auszusprechen. Der Weiße Adler ist das nördliche Abbild des Condor. Zusammen, Adler und Condor, treffen wir uns, um die Botschaften von den Göttern zu überbringen. Nun bitten wir euch, eure Köpfe zu neigen, damit die Energien eurer Kronenchakren verschmelzen können. Ihr Christen habt angenommen, dass ein geneigter Kopf die Unterwerfung zu eurem Gott bedeutet. Die Wahrheit über den geneigten Kopf ist, dass es die Kronenchakren der Gruppe verbindet. Also verneigt eure Köpfe und fühlt eure Kraft sich berühren, von Kopf zu Kopf. Empfangt die Energie. Ihr bindet das Bewusstsein des Einsseins mit ein. Bringt es durch eure Wirbelsäule hinunter zu euren Füßen und in die Erde hinein. Lasst es aus eurem Ganzen fließen. Die Segnung geht durch eure Füße und hinein in den Weg. Es ist eure Energie, die den Weg segnet.

In unserer gemeinsamen Zeit werdet ihr eine Reise für die Zukunft der Menschheit träumen. Der Weg wurde über tausenden von Jahren von tausenden Füßen abgenutzt. Der Weg, den ihr geht, besteht nicht aus Inkasteinen; es ist ein Weg der Sterne. Seid in jedem Moment bewusst, um von den Sternen zu empfangen, mit all den anderen Sternen-Wesen in Verbindung zu treten und mit den Herzen der Menschheit. Seid euch bewusst über die Verbindung zu den Herzen der Tiere und Pflanzen, den Herzen des Wasses und der Steine. Wir bitten euch, in die Welt der Schamanen einzutreten. Wenn ihr Kraft wünscht, wenn ihr Einblicke wünscht ... verbindet euch mit dem Weißen Adler aus dem Norden und dem großen Anden-Condor. Ruft die Ahnen herein um vor euch zu gehen, Schulter an Schulter und hinter euch.

Wir bitten um Segenswünsche auf eurer Reise von Mutter Erde – Pachamama. Fühlt sie, wie sie ihre Segenswünsche in eure Seele hinein erhebt. Wir bitten um Segenswünsche von unserer Schwester Mond und allem, was sie kontrolliert. Wir

bitten um die Segenswünsche von unserem großen Vater Sonne und der Kosmischen Sonne jenseits davon und von dem Großen Geist, dem Alles-Was-Ist. In eurer
bescheidenen Aktion segnet eure Vorfahren und beschenkt eure Nachkommen in
diesem Kreis des Lebens. Möge jeder Schritt, den ihr macht, euch zu euch selbst
zurückführen. Dies ist White Eagle mit unserem Bruder, dem Condor. Wir geben
euch große Segenswünsche.

Die Wanderung beginnt

Nach einer kurzen Busfahrt stieg unsere Zwanziger-Truppe eifrig am Ausgangspunkt für unsere Wanderung durch die Berge zum Machu Picchu aus.
Es war bezeichnend, dass neun von uns zusammen im Himalaya waren. Auf
irgendeine Weise war diese Reise in die Anden die andere Hälfte unserer
spirituellen Mission in Nepal.

Wandern auf dem Inka-Pfad

Die Inkas glauben, dass das Heilige Tal vom Urubamba Fluss eine Spiegelung der gesamten Milchstrasse ist. Dies deckte sich mit White Eagles Segenswünschen, dass wir einen Weg der Sterne gehen würden. Während also unsere Schuhe auf die stark abgenutzten Steine traten, reisten unsere Seelen auf der Milchstrasse.

Die altertümlichen Bewohner der Anden waren unglaubliche Ingenieure. Das Inka-Königreich, welches so weit ausgebreitet war, dass es einen Großteil der Länge von Südamerika einnahm, war über ein enormes System von über 14.000 Meilen an Straßen miteinander verknüpft. Diese waren nur Fußwege, da die Inkas das Rad nicht benutzten. Die Erhabenheit der schneebedeckten Anden-Berge und das sanfte Braun der Hügel in der Trockensaison transportierte unser Bewusstsein zu vielen Dimensionen gleichzeitig.

Der erste Tag war trocken und kühl, das Klettern war einfach. Trotz allem trugen die Träger die Ausrüstung. Wir trugen nur unsere Tagesrucksäcke. Wüstensaftpflanzen und scharfes Gras säumten den Pfad, während weit entfernt die Aussichten auf die Berge der Vilcanota Gebirgskette spektakulär in den Blick sprangen. Wir liebten speziell den schneebedeckten Gipfel Veronica (den Einheimischen bekannt als *Wakay Willka*), welcher den Anfang des Tals überblickte aus einer Höhe von über 6000 Meter.

Weiße Büffelkalbfrau

Am ersten Tag auf unserem Inka-Pfad lief ich teilweise neben Josh Roach, dem strahlenden, philosophischen Mann in seinen Dreißigern, mit dem ich eine spezielle spirituelle Verbindung vom ersten Augenblick an hatte, seit wir uns begegnet sind. Als ich Josh gegenüber bei unserem ersten Treffen das kraftvolle Portal am Ama Dablam im Himalaya erwähnte, fühlte er spontan diese Energien aktiv in seinem eigenen Herzen. Er nahm mein Energiefeld auf eine ihm eigene, einzigartige, dramatische Weise wahr und ich nahm seins wahr.

Die Anden-Landschaft, durch die wir an diesem Nachmittag wanderten, war teilweise bedeckt mit Eukalyptusbäumen, die gut in dieser hohen, trockenen Luft gediehen. Ihre tröpfelnden Blätter und ihr unverkennbarer Duft erinnerte mich an meine magische Wanderung im australischen Blauen

Gummibaumwald vor zwei Jahrzehnten, wo ich der silberhaarigen Geistigen Frau begegnet bin. Ich erzählte Josh, die Frau beschreibend, von dieser vorangegangenen, mystischen Erfahrung. »Sie trug nur weiß und hatte das schönste, weiseste Gesicht. Ihre Augen waren durch langes, volles, silbernes Haar akzentuiert, welches über ihre Schultern bis zur Mitte ihres Rückens fiel.« Ich teilte ihm mit, dass sie mir gesagt hatte, ich müsste ohne meine Ausrüstung weitergehen und ohne einen definierten Weg, dem ich folgen konnte. Ihre Worte, »Dein Weg entsteht durch das Gehen«, sind heute immer noch eine klare Führung für mich.

Josh von meiner Vision in dem Blauen Gummibaumwald erzählend, brachte mich noch einmal in diesen veränderten Zustand. Ich fühlte mich, als ob ich wieder bei der ätherischen Frau, die auf einem Felsen saß, auf der australischen Lichtung stand. Plötzlich wurde ich von einer Energiewelle der Gewissheit getroffen, geschüttelt von einer kosmischen Explosion der Wahrheit. Ich griff nach Joshs Arm, damit ich nicht hinfallen würde, da meine Knie unter mir nachgaben. Ein Wiedererkennen strömte in einem blitzartigen Moment durch mich hindurch. Ich wusste augenblicklich, wer diese silberhaarige Frau war! »Sie ist die Weiße Büffelkalbfrau!« schrie ich aufgeregt zu Josh. Ich kannte sie als eine legendäre Figur, geliebt von so vielen nordamerikanischen Indianern.

Mehr als das wusste ich, in einem elektrischen Schauer des Wiedererkennens, dass ich sie war! Ungläubig platzte ich zu Josh heraus: »Oh mein Gott! Ich bin sie und sie ist ich!« Das Wissen begann durch ein plötzliches Verstehen, das viel größer war als Worte, Form anzunehmen. In einem blitzartigen Moment war meine ehemalige Identität veraltet.

Auf höchst überraschende Weise teilte Josh buchstäblich meine Erfahrung. Er beschrieb es so: »Unmittelbar nach der Erkenntnis … trat ein sehr warmer und kraftvoller Energieaustausch der Herzchakren zwischen uns ein … die Energie strahlte durch meine Körpermeridiane, während wir in dieser Erfahrung zeitlos waren. Ich war gefangen in der wohl unglaublichsten Sichtweise … keine meditative Vision oder ein vorgestellter Gedanke, aber vor meinen Augen überlagerte die Weiße Büffelkalbfrau Jonette … als ob beide Figuren tatsächlich eine wären. Gleichzeitig, während ich dies miterlebte, wurde Jonette Zeuge von ihrer eigenen Verwirklichung, dass sie die Weiße Büffelkalbfrau war.« In Tränen umarmten Josh und ich uns. Die

Wahrheit stand fest. Gegen all meine Logik wurde mir bewusst, dass die Erscheinung, die ich in Australien gesehen hatte, Weiße Büffelkalbfrau war, und noch bedeutsamer – dass sie ich ist.*

Während ich weiterhin auf dem Inka Pfad neben Josh herging, beobachtete ich noch einmal die Geistige Frau in meiner inneren Vision, so wie ich sie zwanzig Jahre zuvor gesehen hatte. Dieses Mal drehte sie mir ihr ganzes Gesicht zu und lächelte. Auch Josh fühlte diese Anerkennung von ihr. Sie war darüber erfreut, dass ich, nach zwei Jahrzehnten, endlich die Wahrheit über mich selbst und über sie erkannte. Die Wahrheit wäre zu groß für mich gewesen um sie in Erwägung zu ziehen, viel weniger annehmbar, wenn sie auf weniger dramatische, weniger physische Weise zu mir gekommen wäre. Oftmals weiß ich, dass etwas wahr ist, weil ich Gänsehaut bekomme oder Wachrüttler. Dies war Gänsehaut hoch einer Millionen. Mein ganzer logischer Widerstand zu dem, was Spirit dargestellt hat, wurde durch diese Offenbarung mit einem Schlag beseitigt.

Mein Freund, der Lakota Sioux Häuptling Woableza, der der erste war, der mir von der alten Prophezeiung des Adlers und des Condors erzählt hatte, erzählte mir auch eine Geschichte über die Weiße Büffelkalbfrau. Gemäß der Legende war sie eine große Medizinfrau, die die spirituellen Lehren und die Heilige Pfeife vor über 500 Jahren zu dem Volk der Sioux brachte. Sie wurde verehrt und benannt nach dem Namen des Weißen Büffelkalbes, das seltenste und heiligste Tier für die Völker der Great Plains. Als Lakota Sioux sind Woableza und sein Volk die Studenten von Weiße Büffelkalbfrau.

Woablezas Geist reiste mit mir an diesem Nachmittag. Als ich seinem Geist meine Offenbarung mitteilte, dass ich heute die Weiße Büffelkalbfrau bin, hörte ich in meinem Geist seine sachliche Antwort: »Ich weiss.« Vielleicht ist es das, was damit gemeint war, als eine innere Stimme mir vor zwei Jahren gesagt hatte: »Woableza ist dein Student.«

In der Zwischenzeit, auf dem Inka Pfad, hielten wir alle an einer winzigen Ansammlung von Häusern für Wasser und um zu rasten. Einheimische Frauen hockten auf dem Boden neben dem Weg. Wasserflaschen und warme Cola-Dosen waren auf Decken zum Verkauf vor ihnen ausgebreitet.

---

* Die Idee von vergangenen Leben ist eher mehr energetisch als linear. Jonette muss nicht unbedingt die einzige Reinkarnation von Weißer Büffelkalbfrau sein, aber sie teilt sich mit Sicherheit dasselbe schwingende Energiefeld.

Mallku kaufte eine Tasse Chicha, das schaumige, nationale Gebräu in den Anden. » Für dich ist es nicht gefahrlos zu trinken,« warnte er all jene, die es probieren wollten. Schweine, Hunde und Kleinkinder ohne Höschen krabbelten im Wege. Die »Toiletten« waren im Feld – wo auch immer.

Immer noch erstaunt und transformiert durch die Offenbarung von der Weißen Büffelkalbfrau, teilte ich meine Erfahrung mit der Gruppe. Sie konnten fühlen, wie bedeutsam diese Einsicht für mich war. Meine Schwester Erin warf leichtfertig ein: »Jonette … White Eagle … Mark … und jetzt die Weiße Büffelkalbfrau. Ich kann gar nicht abwarten, unseren Brüdern dies wieder zu berichten!«

Diese Nacht meditierte ich, eingehüllt in meinen Schlafsack. Ich stellte mir immer noch die Frau mit dem langen, weißen Haar getrennt von mir vor, obwohl ich intellektuell die Wahrheit akzeptierte, dass wir ein und dieselbe waren. ›Ich bin sie und sie ist ich.‹ Als ich damit fortfuhr, meinen Fokus auf sie zu richten, begann ich zu erfahren, wie wir beide aufeinander zugehen. Von Angesicht zu Angesicht stehend und die Hände haltend, drehten und drehten und drehten sie und ich uns, eine Spirale aus Sternen werdend, die uns in die höheren Welten hinein anhob. Jetzt sind wir eins.

Ich versuchte, die Energie und die Kraft von der Weißen Büffelkalbfrau zu umarmen, dennoch wollte ich verzweifelt Antworten auf die Fragen: »Was bedeutet dies für mich? Was soll ich mit diesem Wissen anfangen?« Die Einsicht kam mit keiner praktischen Anleitung.

Drei Schritte des Wachstums

Ich habe bemerkt, dass es drei Schritte gibt, durch die ich mich hindurch bewege, wann immer ich einen spirituellen Quantensprung mache: Der Erste ist das Erkennen; der Zweite ist die Akzeptanz; und der Dritte ist das Zusammenkommen meiner neuen Kraft mit einer neuen oder größeren Mission. In diesem Fall geschah das Erkennen auf dem Inka Pfad mit der schockierenden Erkenntnis, dass ich die Weiße Büffelkalbfrau bin. Der zweite Schritt, Akzeptanz, passierte, als alles in mich hinein sank. Es war wichtig für mich, im Akzeptieren meiner Verbindung zu der Weißen Büffelkalbfrau neutral zu sein. Es war genauso falsch für mich zu denken: »Ist das nicht toll?«, wie zu fühlen: »Oh nein, das kann unmöglich ich sein.« Ich würde meine mystischen Erfahrungen nicht verdienen, wenn ich sie anzweifelte. Die Gewissheit an sich war unzweifelhaft; die Übersetzung in das, was es für mein Leben bedeutete, war unmöglich zu wissen. Mich an meinen Vater als den Fünften Buddha zu erinnern, ermöglichte es mir zu erwägen, dass ich wirklich die Weiße Büffelkalbfrau sein könnte, da seltsame, spirituelle Abstammungen offensichtlich in meiner Familie verlaufen.

Der dritte Schritt in die Integration von Wachstum, welcher es war, neue Fähigkeiten und Kraft zu benutzen, um ein Bedürfnis oder eine Mission anzugehen, stand noch bevor. Für mich machen sich neue spirituelle Fähigkeiten solange nicht bemerkbar, bis kurz vor dem Moment, wo sie gebraucht werden. Wenn ich mich vorwärts bewege und vertraue, sind die Gaben und Fähigkeiten in dem Moment da, wo eine Mission ausgeführt wird. Alles was ich wusste war, dass die Akzeptanz dessen, die Weiße Büffelkalbfrau zu sein, kam, weil ich schon bald einer spirituellen Mission gegenüberstehen würde, die ihre Fähigkeiten erfordern würde.

Ich glaube, dass die Antworten zu unserer Spiritualität in der Gegenwart und in der Zukunft liegen, nicht unbedingt in den Gepflogenheiten aus der Vergangenheit. Es ist nicht an mir, die Weiße Büffelkalbfrau zu channeln oder in die traditionellen Wege der nordamerikanischen Indianer einzutauchen. Obwohl die indianischen Mythen sie fast zu einer Göttin gemacht haben, war sie in Wahrheit eine menschliche Frau mit der Gabe des Wissens. Sie trug für ihr Volk relevante Botschaften. All jene von uns, die in dieser Epoche erwachen, vollbringen die gleiche Sache jetzt für unsere Bevölkerung.

Nur zwei Sachen haben sich mir in meinem Leben mit solch einer physischen Explosion von Gewissheit gezeigt. Erstens, noch bevor ich ein Auge auf ihn geworfen hatte, die Erkenntnis, dass Mallku der männliche Gegenpart meiner Seele ist – meine Zwillingsflamme. Zweitens, dass ich der momentane Aspekt von der Weißen Büffelkalbfrau bin. Diese Offenbarungen krachten wie Meteore in meine Welt hinein. Sie prallten gegen, und erschütterten so vieles von dem, was ich über mich als wahr erachtet hatte. Die Vorstellungen hätten nicht sanft kommen können; ansonsten hätte ich sie niemals als wahr akzeptiert. Zwei lebensverändernde Erkenntnisse kamen zueinander, als wir auf dem Inka Pfad wanderten. Sie mussten sich mir aus einem Grund heraus offenbart haben.

19
Der Pass,
an dem Frauen sterben

〰〰〰〰〰〰〰〰

Der zweite Tag auf dem Inka Pfad war schwierig, der dritte Tag war es sogar noch mehr. Es war eine kalte, durchnässende Nacht gewesen. Niemand
schlief gut, da die Zelte auf einer mit Erdklumpen übersäten, abgeschrägten
Stufe aufgebaut waren. Der Anfang des Weges war ein Stiefel-festsaugender
Sumpf aus schleimigem Schlamm. Nebel dämpfte die Szenerie mit einer
dunstartigen Sanftheit, unsere Sinne vor der rauen Heftigkeit der Landschaft beschützend. Leichter Schnee bepuderte die Berge. Der erste der drei
Pässe auf unserer heutigen Wanderung, bekannt als der »Pass, an dem Frau-
en sterben«, befand sich an der Spitze einer Steigung, die von unserem Zeltplatz geradewegs nach oben auf eine Höhe von fast 4260 Meter ging. Sobald
wir zu wandern anfingen, zerteilte sich unsere Gruppe; die schnellen Wanderer preschten nach vorne los, ließen die anderen mit ihrem langsameren
Tempo zurück.

Ed fühlte sich ganz besonders energetisiert und fit an diesem Morgen.
Ohne jede Anstrengung befand er sich vor den anderen. Er war oben am
Pass vor allen anderen angekommen, dennoch war er nicht müde. Später er-
zählte er mir, dass er, während er auf der Kuppe wartete, die Augen schloss

und Mutter Natur leise um ein Zeichen bat, dass er tatsächlich mit der Erde verbunden war. Ed war oftmals darüber frustriert gewesen, dass er nicht irgendetwas Spirituelles sieht oder fühlt. Somit war er hochgradig bewegt, als er eine sofortige gedankliche Antwort in seinem Kopf hörte: *Wer, glaubst du, hat dir all diese Energie gegeben?*

In der Zwischenzeit war Gloria Barschdorf, eine der körperlich Stabilsten aus dem Team, geschwächt durch Darmprobleme, Übelkeit und saurem Aufstoßen. Vier von uns, inklusive unserer Doktorin Yolanda, blieben bei ihr. Wenn Gloria laufen konnte, so war dies langsam. Sie musste oft anhalten, um sich dann letztendlich mit der Kraft eines Vulkans zu übergeben. Die Mehrheit der Gruppe stand auf der Spitze des Passes, liebevolle Energien zu ihr schickend, um ihr beim Aufstieg zu helfen. Ed fühlte eine kraftvolle Verbindung zu Gloria, als er sie dabei beobachtete, wie sie sich den Weg hoch kämpfte. Er beschloss, sie zum Zug zu begleiten, wenn dies nötig sein sollte. Dies war ein Durchbruch für ihn im Erfahren von tiefstem Mitgefühl. Die spirituelle Magie, die für alle von uns ein Teil von diesem Abenteuer war, öffnete Eds Herz und erzeugte dabei eine permanente Veränderung. Ich habe bemerkt, und er würde darin übereinstimmen, dass er seitdem ein sehr viel mitfühlenderer und liebevollerer Mann geworden ist.

Als Gloria und all jene von uns, die bei ihr geblieben waren, endlich auf der Höhe des Passes ankamen, dafür dreimal so lange gebraucht haben, als wir es sollten, standen wir vor einer schwierigen Entscheidung. Sollten wir sie zurückschicken, um den Zug nach Machu Picchu zu nehmen oder in einem langsameren Tempo weitergehen? Keiner von uns wollte, dass Gloria ihr Ziel verfehlte, indem sie die Wanderung nicht abschloss. Sie hatte zu hart und zu lange dafür trainiert. Dennoch konnte Mallku das Risiko nicht eingehen, dass eine fortdauernde Verspätung uns davon abhalten würde, unser Camp bei Nacht zu erreichen. Vor uns lagen immer noch zwei Pässe, die wir erklettern mussten. Zwanzig auf dem Wanderweg gestrandete Personen war nicht unsere Vorstellung von einer sicheren Reise.

Yolanda gab Gloria eine schnelle Berggipfel-Akupunktur-Behandlung und verabreichte ihr eine Antibiotika Tablette. Drei Personen gaben Reiki-Heilbehandlungen, während wir EmergenC-Vitamine und Rescue-Tropfen aus den verschiedenen Rucksäcken zusammensammelten. Gloria nahm all ihren Mut und ihre Kraft zusammen und innerhalb von fünfzehn Minuten erfuhr sie einen dramatischen Gesundheits- und Energiewandel. Mallku testete sie, indem er sie 60 Meter den Berg mit hinunter nahm, um zu sehen, wie gut sie es wieder bergauf schaffen konnte. Er entschied, dass sie mit der Gruppe weitergehen konnte. Hurra!

Gloria sann später darüber nach. »Ich wusste, ich war am Klären und am Transformieren in ein vollkommen neues Selbst. Mein Geist ist seither nicht mehr derselbe gewesen. Ich weiß, dass mein Lebenszweck einfach nur zu sein ist und jeden bedingungslos zu lieben, da wir alle miteinander verbunden sind.« Glorias Geschenk an uns an diesem Tag war eine bildliche Darstellung von Mut und Hingabe. Als die Gruppe sie unterstützte, schweißte uns das alle wahrhaft als Team zusammen.

Der zweite Pass an diesem Tag ragte immer noch vor uns auf dem Inka Pfad auf. Die Landschaft war kahl und derb geworden. Die Vegetation war spärlich in Höhenlagen über der Baumgrenze. Der Berghimmel wurde dunkel und bedrohlich, als Blitze die dünne Luft zerschlitzten. Heftiger Hagel peitschte in unsere ungeschützten Gesichter, als wir uns der Spitze des Passes näherten. Zum Glück waren die Hagelkörner klein, aber sie stachen in unsere Gesichter, während wir kletterten. Jedoch, selbst im Würgegriff eines plötzlichen Sturms, war es unbeschreiblich schön, auf dem Gipfel eines hohen Passes zu sein, eingehüllt in Wolken aus weißen Eiskörnchen, die um uns herum schleuderten. Die Begeisterung eilte dahin. Wir hatten noch einen langen, langen Weg zu gehen, um zu unserer Lunch-Pause zu kommen, und es ging bereits in den Nachmittag hinein.

Nach einer kurzen Pause forderte der anstrengende, hochgelegene Wanderweg seinen Zoll von uns erschöpften Wanderern. Es kostete einige die gesamte Kraft, die sie aufbringen konnten, um bergauf und bergab zu klettern. Andere halfen, indem sie die Rucksäcke trugen oder neben den Abgekämpften gingen um ihnen Ermutigung anzubieten. Die Dunkelheit kam rasch. Ich wanderte alleine irgendwo nahe der Mitte von der Truppe. Der Inka-Pfad hatte sich für den Überblick über ein wunderschönes, grünes Tal geöffnet. Weiter oben kreierten die schneebedeckten Andengipfel den entfernten Umfang in ein spektakuläres Panorama. Als die Sonne unterging, konnte ich das Profil von Personen auf unserem vorgesehenen Zeltplatz auf der Spitze des Berges sehen, noch immer eine fünfundvierzig Minuten Wanderung gerade hoch von dort aus entfernt, wo ich mich befand. Es würde noch genug sanftes Dämmerungslicht da sein, um es zu schaffen. Ich war nicht besorgt, zumindest nicht um mich selbst.

Ich pausierte, wartete auf einige der anderen, damit sie aufholen konnten. Drei Frauen aus unserer Gruppe berichteten, dass noch sechs andere weiter hinten waren, aber einer der Englisch sprechenden Begleiter war bei ihnen. »Ich bin die Gruppenleiterin,« dachte ich. »Soll ich zurückgehen? Aber welche Hilfe kann ich schon sein?«, überlegte ich. »Ich habe noch nicht einmal eine Taschenlampe.« Ich entschied, dass ich beten sollte.

Wir haben darauf gewartet, angewiesen zu werden

Ich saß auf einem steinernen Rand auf dem Inka Pfad, das Grün des Tales weiter unten ausgebreitet. Ich wollte nicht auf traditionelle Weise beten, eher würde ich kraftvoll das Ergebnis, das ich wollte, anweisen. Ich erinnerte mich an eine Geschichte von einer alten Aborigine-Frau, die ich in den 80er-Jahren in Australien getroffen hatte. Molly Craig und ihre Cousine Daisy saßen an unserem Abendbrottisch in Sydney, erzählten bis weit in die Nacht hinein Geschichten über eine Zeit, bevor die weißen Männer zu ihrem Volk in das Outback von Westaustralien kamen und alles veränderten. Molly schilderte:

> Als ich noch ein kleines Mädchen war, ging ich mit meinem Onkel und meinem Bruder raus auf unser Floß, um zu fischen. Es kam ein gefährlicher Wind und Sturm auf, der unser Floß aus Stämmen im Wasser umherwarf. Plötzlich sprang mein Onkel in die größte Welle hinein und drohte dem Himmel mit seiner Faust, zum Geist des Sturmes schreiend: »Gott, erkennst du mich nicht? Ich bin hier mit meiner Familie. Du musst den Sturm beenden, sofort!« Das Meer wurde ruhiger und mein nasser Onkel kletterte wieder zurück auf das Floß. Wir waren in Sicherheit.*

Als die Sonne auf dem Inka Pfad in Peru unterging, dachte ich an Mollys Geschichte. Ich streckte meine Arme aus, um dieses unberührte Tal, die

---

* Molly & Daisy Craig, wurden als junge Aborigine-Mädchen in der wunderbaren Geschichte über Tapferkeit in dem Film, *The Rabbit-Proof Fence (Der Hasensichere Zaun)*, porträtiert.

Berge und den Mond, der bald aufgehen würde, zu umfassen. Ich verkündete laut zum Universum: »Ich befehle Sicherheit und Licht für unsere Mitwanderer.«

Nur ein paar Sekunden vergingen, bis ich eine Antwort hörte! Es kam von dem höchsten, großartigsten, schneebedeckten Berg, der das Tal bewachte. Ich hörte es in meinem Geist so klar wie jede Stimme: *Wir haben darauf gewartet, angewiesen zu werden.*

Für die Andenbevölkerung sind alle Berge heilig. Die beschützende Gottheit der Berge ist bekannt als Apu. Dieser große und schöne Geist der Berge, bzw. der Apu, hatte zu mir gesprochen! Er schien damit zu sagen, dass er trotz all seiner Kraft darauf wartete, dass wir Menschen erwachen, um in der Befehlsfunktion für das allgemein Gute zu sein. Ich war unbeschreiblich bewegt, als ich da auf diesem Steinsitz saß, den Sonnenuntergang zu meiner Rechten beobachtete und die ersten Strahlen des Mondes, der fast voll war, die zu meiner Linken unter den Wolken auftauchten. Ich hatte von einem Ort des Einsseins mit den Bergen und der gesamten Natur heraus befehligt, nicht von einem Ort der Machtausübung. Liebe befehligt die Form. Ich lief in Stille in der Dunkelheit den letzten Anstieg zum Camp hoch, wissend, dass die anderen hinter mir sicher waren. Der Grund, warum ich mich kraftvoll genug gefühlt habe, um zu erwägen, Sicherheit und Licht vom Universum zu befehligen, war, weil ich die Essenz von der Weißen Büffelkalbfrau in meine gegenwärtige Identität integriert hatte. Zwei Tage zuvor hatte ich erkannt und akzeptiert, dass sie ich ist. Dies war der dritte Schritt meiner spirituellen Transformation. Meine neuen Fähigkeiten tauchten auf, sobald ich eine Mission zum Schutz meiner Mitwanderer in der dunkler werdenden Nacht ausführte.

Später teilte Berdine de Visser, eine von unseren holländischen Mitreisenden, die Schwierigkeiten mit der Höhe hatte und mit der Gruppe zusammen war, die weiter hinten ging, ihre Erfahrungen aus der letzten Stunde ihrer Wanderung. »Der letzte Bergaufstieg, als wir alle schon so müde waren, hätte mörderisch sein sollen, aber es war die leichteste Wanderung des Tages. Es war, als wenn selbst die Steine auf dem Weg für uns beleuchtet wurden.«

Meine Leute haben gelitten

Die Erfahrung mit dem schneeummantelten Berg in den Anden trieb mich in einen ausgedehnten Bewusstseinszustand hinein. Ed und meine Schwester Erin hatten schon unser Zelt organisiert. Bis zum Abendessen waren es noch ein paar Stunden. Ich erklomm den höchsten Fels, der über dem Camp aufragte, um den Mondaufgang zu sehen. Unter mir waren die Geräusche und Gerüche der vielen Kochzelte. Es gab mindestens sechs verschiedene Gruppen, die hier lagerten, mit aufgeschlagenen Zelten auf jedem flachen Bereich auf dem Bergausguck. Morgen würden wir durch das Sonnentor hinabsteigen zum Gipfel der heiligen Stadt Machu Picchu.

Die Konstellation des Kreuzes des Südens lugte gerade noch über den Horizont hinaus. Mir war, als würde ich in eine andere Inkarnation hineinschlüpfen, eine andere Realität, während ich auf diesem hohen Felsen saß, hinunter auf die Lichter schauend, die durch die Nylonwände vieler Zelte schienen. Vielleicht war es eine Stadt aus Tipis, auf die ich starrte, in einer fernen Zeit und an einem fernen Ort. Oder war ich eine Inka, herunterblickend auf das Leiden ihrer Leute? Ich ertappte mich dabei, wie ich laut zum Wind sagte: »Meine Leute haben zu oft gelitten und sind zu oft gestorben.« Ich fühlte das Aufwallen von so viel Mitgefühl. Als ich jedoch sprach wusste ich, dass es mehr als nur eine Erinnerung an ein vergangenes Leben war. Es fühlte sich an, als ob ein größerer Teil von mir eine feierliche Erklärung der Entschlossenheit abgab, eine ernste und klare Verpflichtung, etwas gegen das Leiden zu tun. Dieser einfache Satz hallte durch mein Sein, wurde zu einem Punkt, an dem mein Leben leise und unwiderruflich umschwenkte. Zur selben Zeit nahm eine ungeheure Traurigkeit Besitz von meinem Herzen. Der Schmerz war real; die Pein erschien unendlich.

Marks Worte am Amazonas erwiesen sich als prophetisch: *Erkenne die Welt als ein zeitloses Fließen, so dass du auf einem Fels am Machu Picchu sitzen kannst und die Vergangenheit fühlst und die Zukunft kennst.* Ich blickte sicherlich in die Vergangenheit, als ich auf dieser Felsspitze saß. So viele Dinge, die ich nicht verstehen konnte, als ich in dieser letzten Nacht auf dem Wanderweg versuchte zu schlafen.

Der, der nicht gezähmt werden kann

Um 5:30 Uhr morgens war ich gezwungen aufzustehen um der aufgehenden Sonne in Lob und Dankbarkeit zu begegnen. Im Inneren des Zeltes trat ich ein halbes Dutzend Mal auf Ed und Erin, während ich versuchte, meine ganzen Kleiderschichten aus Fleece, meinen Hut und meine Handschuhe zu lokalisieren. Ich vervollständigte meine Kleidung mit dem großen Medaillon, das Häuptling Woableza angefertigt hatte, um Dad bei seinem Übergang aus diesem Leben zu helfen. Und wieder fügten sich rückblickend die Stücke zusammen. Erst jetzt dämmerte es mir, dass die Kette eine große, goldene, runde Muschel war – eine Sonnenscheibe. Woableza hatte sie meinem Vater gegeben, um Dad als einen Häuptling anzuerkennen.

Zum höchsten Vorsprung dieses Gebietes hochkrabbelnd, hatte ich genügend Zeit für mich in der schwächer werdenden Dunkelheit. Ich betete zu den vier Himmelsrichtungen, bedankte mich für unsere Reise. Die ersten Strahlen der Morgensonne trafen die höchsten Gipfel, setzten den Schnee auf dem Salkantay, dem Berg, der am Abend zuvor mit mir kommuniziert hat, in Brand. Nach einer halben Stunde gesellte sich ein Reiseleiter von einer anderen Gruppe zu mir auf die Bergspitze. Er bot mir eine Tasse mit dampfendem Tee an, der aus Koka-Blättern gemacht war, die in den Anden legal und reichlich zu bekommen

Jonette mit der Sonnenscheibe

146

sind, weil sie dem Körper dabei helfen, mit der großen Höhe zurechtzukommen. Als ich dankbar daran nippte, deutete ich auf den südlich gelegenen, majestätischen Gipfel und fragte: »Was bedeutet sein Name *Salkantay*?«

»Ah,« sagte er, »Es bedeutet *Der Wilde* oder Der, der Nicht gezähmt werden kann.« Ich war sprachlos, dass Salkantay, mit über 6000 Metern der unbezähmbarste Berg in den Anden, am Abend zuvor mit mir kommuniziert hatte. *Wir haben darauf gewartet, angewiesen zu werden.*

Der Berg Salkantay, ›Der Wilde‹

20
Machu Picchu:
Die heilige Stadt

Nach dem Frühstück führten wir eine Zeremonie durch, um dem Personal, bestehend aus 28 Trägern, Köchen und Führern zu danken, die jetzt, wo wir in Sichtweite von Machu Picchu waren, umkehren würden. Sie alle haben letzte Nacht ganz besonders hart gearbeitet, um eine peruanische Tradition vorzubereiten – geröstetes Meerschweinchen. (Viele von uns sind an diesem Abend zum Vegetarier geworden.) Mit Mallku als Übersetzer sagten wir den Köchen und Trägern, wie sehr wir sie geschätzt haben. Als Gegenleistung sangen sie für uns. Wilfredo, einer der englisch sprechenden Führer kommentierte: »Diese Gruppe unterscheidet sich von den meisten, mit denen ich arbeite. Ich kann euch sagen, dass alle wirklich die Erde und die Natur wichtig nehmen.«

An diesem Tag einigten wir uns darauf, schweigend weiterzugehen. Es war ein atemberaubender Spaziergang, nach unten absteigend in die smaragdfarbenen Wolkenwälder. Die Vegetation wurde dicht mit mannigfaltigen Schattierungen von lebhaften Grüntönen. Als wir näher an die heilige Stadt herankamen, war der Weg aus schönen, gemeißelten Steinen gestaltet. Wir pausierten an einer halbkreisförmigen, landwirtschaftlichen Terrasse mit dem Namen Wiñay Wayna, was »Für immer jung« bedeutet. Perfekt gearbeitete Steinwände trennten die schmalen Grundstücke. Inka-Bauern hatten sorgfältig Mutterboden aus dem Tal hoch in die steilen Berge gebracht, um damit ihre Maiskolben, Kartoffeln, Korn und Avocados anzubauen. Heute nehmen grünes Gras, Zweige harter Wildblumen und einheimische Orchideen die runden Himmelsgärten der Inkas in Anspruch.

In der Stille durch die welligen, moosbedeckten Hänge wandernd, was wie eine Ewigkeit erschien, wurden wir von Gefühlen der Heiligkeit und der Verbindung zur großen Mutter Erde umarmt, hier in den Anden bekannt als Pachamama. Anne Hines fühlte die »Engel der Freude« neben sich, während sie wanderte. Larry und Tryna Cooper nahmen die Präsenz von Mutter Maria bei ihnen wahr. Ed war immer noch verzückt, dass Mutter Natur ihn inspirierte.

Nach fünf Stunden des stark Knie belastenden Abstiegs erreichte unsere ausgelaugte Gruppe die langen, steilen Treppen hinauf zu dem berühmten Sonnentor – dem steinernen Torbogen, der in altertümlichen Zeiten der offizielle Eingang zu der heilen Stadt war. Unter uns auf 2400 Metern, auf den schimmernden, grünen Terrassen grasend, befanden sich Lamas. Die runden Gipfel der Berge von Machu Picchu (der ältere Berg) und Wayna Picchu (der jüngere Berg) schienen sich dem Himmel zu widersetzen. Ein dünner Nebelschleier brach auf, um die dramatische Sicht auf die berühmten Ruinen weiter unten zu enthüllen. Die Gipfel dümpelten in den Wolken dahin und ließen es so aussehen, als wären wir hoch oben im Himmel, obwohl wir ganze 900 Meter tiefer waren als die Erhebung von Cuzco.

Eine aus unserer Gruppe, Elizabeth Boersma-Wentzel, hatte Tränen in den Augen, als sie Machu Picchu das erste Mal sich unterhalb von uns ausbreiten sah. Sie rannte die Stufen vom Sonnentor hinunter und rief dabei aus: »Ich komme, ich komme.« Später erzählte sie mir: »Als ich auf der Plattform mit Blick über die Stadt ankam, weinte ich und breitete automatisch meine Arme aus, die Energie zwischen dem Universum und Machu Picchu fühlend. Nach hunderten von Jahren war ich zurück, um bei der Wiederherstellung dieser Verbindung mitzuhelfen.«

Judi Slaughter, die sich diese Reise zu ihrem sechzigsten Geburtstag geschenkt hat, machte eine erstaunliche Transformation durch während der vier Tage auf dem Inka-Weg. Sie war ängstlich und besorgt, bevor wir aufbrachen. Sie hatte vorher noch nicht einmal gezeltet. Jetzt sprang sie mit der Ausgelassenheit eines freilaufenden Fohlens an einem herrlichen Morgen die Inka-Stufen herunter. Sie strahlte förmlich Freude und Vertrauen aus. »Nachdem ich es den Pass der Toten Frauen hoch geschafft hatte und dann runter nach Machu Picchu, wusste ich, dass ich alles im Leben schaffen kann!« sagte sie uns.

Sobald wir das unglaubliche, archäologische Gebiet betreten hatten, beschrieb Mallku, wie es hätte sein können, wenn wir während der Inkazeit hier angekommen wären. Er zeigte uns den Zeremonie- und Darbringungstisch, für welchen die altertümlichen Pilger Steine mitbrachten, um sie als Danksagung anzubieten. Wir machten eine Pause, das ikonische Panorama vor uns absorbierend. In seinem Buch, Machu Picchu Forever, schrieb Mallku: »Alles hier lebt in Harmonie, nicht nur durch die Gestaltung von Strukturen, sondern auch, weil die Erde als ein intelligentes, lebendiges Wesen erscheint. Die Natur ist brillant hervorgehoben, wie ein göttlicher Tanz, mit der Schönheit als seine Hauptrolle.«[*] Von allen Plätzen, die ich in der Welt gesehen habe, ist der Machu Picchu bei weitem der spektakulärste. Er ist das erstaunliche Resultat von der Herrlichkeit der Natur, vervollständigt durch die menschlichen, architektonischen Errungenschaften.

Die Inkas

Das Inka-Königreich war, obwohl es groß war, nicht von langer Dauer. Als Königreich existierte es gerade mal ein Jahrhundert. Von 1100 n.Chr. bis 1430 n.Chr. war der Herrschaftsbereich der Inka auf das unmittelbare Gebiet um Cuzco herum begrenzt. Um 1430 n.Chr. gewannen sie eine bedeutende militärische Schlacht, welche den rapiden Aufstieg ihrer Vorherrschaft begründete. Von den vorangegangenen Inka-Gesellschaften erbten sie eine reichhaltige religiöse, landwirtschaftliche, architektonische und technische Kultur, und fügten dieser dann, mit ihrer einzigartigen Fähigkeit zu vereinen und zu verwalten, ein weit verstreutes Königreich hinzu.

---

* Mallku, *Machu Picchu forever*, S. 50

Der Name »Inka« galt für die regierende Elite von weniger als 40.000 Personen, die ein Königreich mit hunderten von verschiedenen Stämmen eroberten und verwalteten. Die meisten der zehn Millionen Menschen, die sie regierten, waren überwiegend Aymara und Quechua Indianer. Zwar spricht man heute davon als Inka-Königreich, der größte Teil der Leute waren jedoch keine Inkas. Die Inkas waren die Herrscher. Das Königreich war wohlhabend und die Inka-Herrschaft war im Allgemeinen gerecht. Innerhalb von hundert Jahren überstanden die Inkas alle Armeen, die ihnen gegenüberstanden, um die am schnellsten wachsende Bevölkerung der Welt zu erschaffen.

Ohne die Benutzung von Rädern zu Transportzwecken oder Eisenwerkzeugen erbauten die besten Handwerker und Ingenieure der Anden Machu Picchu, eine mystische Zitadelle in den Wolken. Es hat 600 Terrassen, jede nur ungefähr 3 Meter breit, die eine gerade Fläche zum Anbau von Essen bereitstellen. Die Terrassen halten den Berg stabil genug, um 170 Gebäude tragen zu können, solide angefertigt aus weißem Granit. Frisches Quellwasser fließt immer noch durch die Stadt in den steingesäumten Kanälen und in Springbrunnen, gestaltet und erbaut von Meisterhandwerkern. Die Stadt hat Stufen als Straßen und Gott als einen Nachbar. Es wird in Erwägung gezogen, dass Machu Picchu in seiner Blütezeit das Zuhause von schätzungsweise 300 bis 750 Einwohnern war.

Der ursprüngliche Name und Zweck dieser Stadt ist verloren gegangen. Dennoch haben die Qualität und die Schönheit der Anordnungen viele Archäologen dazu verleitet zu glauben, dass es als königlicher, spiritueller Rückzugsort für den letzten großen Inka Kaiser, Pachakuti, gebaut wurde. Er kam 1438 n.Chr. an die Macht, das Zeitalter der Ausdehnung der Inka in der Religion, Architektur, Kunst und Regierung beginnend. Einige Anden-Leute, inklusive Mallku, glauben, dass Pachakuti ein erleuchteter Meister war, ein Sonnenwesen.

Nicht alle Schulen stimmen darin überein, dass Machu Picchu von den Inkas im fünfzehnten Jahrhundert gegründet wurde. Einige Nachforschungen, basierend auf astronomischen Ereignissen, schlussfolgerten, dass die ursprüngliche Anlage des Gebietes zwischen 4000 und 2000 v.Chr. fertiggestellt gewesen sein musste.[*] Eine Theorie hält daran fest, dass die Benutzung

---

[*] Mark Amaru Pinkham, *The Return of the Serpents of Wisdom*, S. 60

riesiger, manchmal ungleichmäßig geformter Steinblöcke, von denen einige zwischen 80 und 150 Tonnen wogen, ein Indiz dafür war, dass es ursprünglich von Völkern vor der Zeit der Inka erbaut wurde und später von den Inkas erweitert und modernisiert wurde. Der Inka-Baustil setzte meistens kleinere, rechteckig zugeschnittene Steine ein. Überall im ganzen Gebiet erlaubten die präzisen Steinarbeiten, viele davon wurden ohne Mörtel ausgeführt, den Gebäuden und Tempeln, Jahrhunderte zu überdauern, sogar im Angesicht von Erdbeben. Mysterien umgeben Machu Picchu und die Inkas.

Wir wissen mit Sicherheit, dass Machu Picchu weniger als hundert Jahre, nachdem es zum ersten Mal von den Inkas bewohnt wurde, verlassen wurde. Weil es eine heilige Stadt war, benutzt von den hohen, königlichen Inkas, den Offiziellen und Priestern, wusste das normale Volk nichts von seiner Existenz. In seiner abgeschlossenen Lage war es vom Flusstal unterhalb nicht einsehbar. Auf diese Weise verblieb es unberührt durch die erobernden Spanier und unbekannt für einen Großteil der Welt, bis es im Juli 1911 durch einen amerikanischen Forscher und Geographen aus Yale, Hiram Bingham, wiederentdeckt wurde.

Bingham hatte keine Ahnung, dass er über einen solchen Schatz gestolpert war. Er und seine Truppe waren auf der Suche nach der verlorenen Stadt Vilcabamba, der letzten Festung des Inka-Kämpfers Tupac Amaru. Ein einheimischer Indianer zeigte ihm die dschungelbewachsenen Ruinen. Während diesem Anfangsbesuch verbrachte Bingham nur ein paar Tage mit dem Erforschen und Fotografieren der Ruinen, bevor er weiterzog. Er kam 1912 zurück und noch einmal 1915, um damit fortzufahren, das Gebiet freizulegen und auszugraben. Er beschrieb Machu Picchu, »als ob die Große Pyramide und der Grand Canyon sich zu einem aufgewickelt hätten.«[*]

Heutzutage reisen über 300.000 Besucher pro Jahr nach Machu Picchu und machen es zu einem der populärsten Touristenziele in Südamerika. Sie kommen entweder mit dem Zug von Cuzco an oder durch das Erwandern des Inka-Pfades. Es gibt keine Autostraßen zu der Heiligen Stadt.

---

[*] David Hatcher Childress, Lost Cities & Ancient Mysteries of South America, S. 103

21
Die Erde wieder ausrichten

~~~~~~~~~~~~~~~~~~~~~~~~~~~~~~

Den nächsten Tag konnten wir damit verbringen, die archäologischen Wunder zu erforschen, doch jetzt, nach vier Tagen auf dem Inka-Pfad, klang nichts besser als eine heiße Dusche und saubere Kleidung. Wir fuhren im Bus steil den Berg hinunter, auf einer schmalen, dreckigen Straße mit dutzenden gefährlicher Haarnadelkurven. Aguas Calientes (Heißes Wasser auf Spanisch), das kleine Dorf am Urubamba River, war unsere Basis für die zwei Tage am Machu Picchu.

Der August Vollmond war natürlich nicht sichtbar, als wir in einem Regenguss durch den Ort platschten. Sauber, aber hungrig versammelten wir uns in einem angenehm einladenden Zimmer im oberen Stock des Indy Feliz Restaurants. Im Juli hatte White Eagle die abendliche spirituelle Aufgabe erklärt. Wir sollten ein magnetisches Taumeln im Kern der Erde heilen zu dem Zeitpunkt, wenn die Schlange den Bau verlässt. Freunde rund um die ganze Welt meditieren an diesem Abend mit uns.

Ich channelte Mark, der uns in einen erweiterten Bewusstseinsprozess hineinleitete, in welchem wir ein Aktivierungs-Portal bei Machu Picchu visualisierten, das die Pole der Erde mit den magnetischen Polen des Kosmos verband. Mark sagte uns, dass diese Wiederausrichtung von nur ein paar Graden eine Instabilität heilen würde, die zu einer Polverschiebung geführt hätte. Es gibt nun genug Licht und Bewusstsein, so dass eine Polverschiebung nicht eintreten muss.

Ich nahm ein stärkeres Gefühl von Fließen und Vitalität wahr, als wir den Teil der Meditation erreichten, an dem Mark uns anwies, die Ley-Linien und Meridiane der Erde zu fühlen, wie sie sich zum magnetischen Norden und Süden des Kosmos ausrichteten. Ann Hines sagte, dass sie tatsächlich ein »pop« fühlte, als wir an der Ausrichtung der Erde arbeiteten. Anns Ehemann Bill vermeldete: »Ich wurde gebeten, in die innere Kugel des Muttersterns hineinzugehen und an einen großen, sphärischen Kristall heranzutreten. Nach Berühren dieses Kristalls fand ich mich an einem Durchgang stehend wieder, meine Arme weit ausgebreitet, um zu empfangen, und um die Energien der Freude, der Liebe und der enormen Unterstützung von den höheren Wesenheiten hierher zu dirigieren.«

Wie es oftmals auf diesen spirituellen Reisen passiert, sah und fühlte ich nicht wirklich viel. Ich vertraute dem lediglich, indem ich mit klaren Absichten auftauchte, dass wir unseren Teil dazu beitrugen. Wir mussten nicht wissen, was wir getan haben, oder wie wir es taten, oder sogar daran glauben, dass irgendetwas passiert. Es war die Gewissheit, nicht das Wissen, das wichtig war.

Pol-Verschiebungen

Glaubte ich daran, was Mark über das magnetische Flattern im Erdkern, das in einer Polverschiebung enden könnte, erzählte? Das spielte keine Rolle. Ich machte weiter, als würde ich es tun. Ich dachte üblicherweise, dass mein Glauben an etwas in Zusammenhang mit dessen Wahrhaftigkeit stand. Die einzigen neuen Überzeugungen, auf die ich willens war einzugehen, waren jene, die zu meinen existierenden Denkmustern passten. Wenn es angenehm war etwas zu glauben, dann tat ich es und verteidigte es als die Wahrheit. Wenn es meine alten Vorstellungen zu sehr durcheinander brachte, dann würde ich es nicht glauben und ich würde es als unwahr erklären. Ich kam zu der Überzeugung, dass was ich zu glauben wähle, wenig mit dessen Wahrheit zu tun hat. Letzten Endes ist mein Gehirn ein zu limitiertes Instrument, um ein Urteil darüber zu fällen, wie die Dinge sich im Universum verhalten. Im Laufe der Jahre, hunderte von Büchern lesend, etlichen Sprechern zuhörend und tausende von E-Mails lesend, habe ich mein Denken vereinfacht und glaube jetzt daran, dass alles möglich ist! Es ist meinen grauen Zellen nicht wert, zu versuchen herauszufinden, ob etwas wahr ist oder nicht. Entweder glaube ich daran oder ich behalte es in dem ›ich-glaube-noch-nicht-ganz-daran‹-Behälter.

Nimm zum Beispiel die Idee von den Polverschiebungen, die Mark erwähnt hat. Ich habe von diesem Phänomen schon vorher gehört, aber offen gesagt hatte ich mehr unmittelbare Dinge, um die ich mich sorgte. Dies lag in der ›ich-glaube-noch-nicht-ganz-daran‹-Kategorie. Ich habe noch einen weiteren, sehr hilfreichen Korb: ›Wen interessiert's?‹

Offensichtlich achten jedoch viele Menschen auf planetarisches Flattern und Polverschiebungen. Ich traf einen jungen deutschen Geologen am Titicaca-See, der gerade von Sibirien zurückgekehrt war, wo er die kristallinen Muster in einigen der ältesten Steine der Erdoberfläche studierte. Diese gaben die magnetische Orientierung des Planeten an zu einer Zeit, als die Steine kristallisiert waren. Er erklärte mir, dass das Ungleichgewicht der polaren Eislappen eine Instabilität in der Erdrotation erzeugt, so ungefähr wie bei einer unbalancierten Wäscheladung in einer Waschmaschine. Die Erdachse bewegt sich zwischen 21 bis 24 Grad. Heute liegt ihre Neigung bei 23,5 Grad. Die magnetischen Pole wandern solange bis zu dem Punkt, an dem die Neigung so schräg wird, dass die Magnetfelder des Planeten verrückt spielen, so wie eine sich drehende Spitze, die anfängt zu taumeln sobald sie langsamer wird. Der Geologe erklärte mir, dass es eine Zeit gab, in der die Erde viele Paare von magnetischen Nord- und Südpolen hatte. Irgendwann einmal pendelte es sich dann in ein neues Paar Pole ein, in vollkommen unterschiedlichen Positionen als die vorhergehenden. Mallku glaubt, dass der Titicaca-See der weibliche Pol des Planeten ist und ein Ort in der Nähe des Mount Everest ist der männliche Pol. Es ist interessant darüber zu spekulieren, dass diese zwei Plätze vielleicht tatsächlich einmal zu einer bestimmten Zeit der Nord- und Südpol der Erde gewesen waren.

Konnten solch katastrophale Erdveränderungen wie die Polverschiebungen den Untergang der legendären Meereszivilisationen von Atlantis und

Lemurien während der Großen Flut 28.000 Jahre v.Chr. verursacht haben? Sendete dies hoch entwickelte Auswanderer nach Zentral- und Südamerika, um so gewaltige Zivilisationen wie die Inkas, die Mayas und die Azteken zu gründen? Die mannigfaltigen Teile von dieser interessanten Theorie fingen an, sich in meine Kategorie des ›alles ist möglich‹ hineinzubewegen.

22
Am äußeren Rand:
Eds Geschichte

〰〰〰〰〰〰〰〰〰

Am nächsten Tag hatten wir den gesamten Nachmittag, um Machu Picchu, die Mallku die »Kristallstadt« nannte, zu erforschen. Jede Ecke, jeder Steinwall präsentierte geometrische Perspektiven von beispielloser Anmut. Allein die physische Schönheit der natürlichen, hohen Bergkulisse vermochte das Feinste aus der Feder eines Poeten hervorzulocken. Jedoch wurde all dies gekrönt von der ausgereiften und mit eleganter Präzision umgesetzten menschlichen Baukunst. Machu Picchu war eine Welt der Ko-Kreation zwischen Mensch und Natur. Anstatt die Landschaft zu vernarben und zu dominieren, hatten die Menschen es geschafft, sie zu verschönern.

Neben dem Führen unserer Besichtigung und unserer Unterrichtung über die Inka-Kultur, hatte Mallku einige spirituelle Übungen für unseren Tag geplant. Eine davon war ein Test in Tapferkeit, Balance und Vertrauen, das das Stehen auf einem Splitter von Fels beinhaltete, der äußerst hoch über dem Urubamba Tal hervorragte.

Als organisatorischer Unternehmensberater denkt mein Mann Ed stets darüber nach, wie er Führungsverhalten besser verstehen kann. In Machu Picchu stand er einigen seiner eigenen Ängste gegenüber und kam so zu einem tieferen Verständnis über Führungsverhalten. Später schrieb Ed über seine Erfahrung an diesem Tag:

Auf einer Klippe stehend, die über Machu Picchu, Peru, emporragt, schauten dreiundzwanzig Wanderer unserem Reiseleiter Mallku zu, wie er auf einen sehr schmalen Fels hinaustrat. Diese Felsenklippe ragte hinein in die offene Weite, gerade breit genug für Mallkus Füße. Wenn Mallku fiel, dann würde er schlicht und einfach sterben. Einige beobachteten dies ehrfürchtig, während andere von uns wie versteinert waren! Meine eigene Höhenangst richtete ihren abscheulichen Kopf auf.

Sicher von dem Felsen wieder unten, lud Mallku Freiwillige dazu ein, das zu wiederholen, was er gerade getan hatte. Ich hatte panische Angst, dass er mich fragen würde, ob ich mich freiwillig melde, also versteckte ich mich leise hinter der Gruppe. Nachdem Ann und Elizabeth auf den Felsen hinaus gegangen waren mit der beschützenden Unterstützung von Mallku, war ich schockiert zu hören wie Jonette sagte, dass sie es auch tun wollte. Ich schaute entsetzt zu, wie Jonette auf die schmale Felsplatte hinaustrat. Ihr könnt euch das rasende Verstandesgeplapper vorstellen und die Emotionen, die Intensität meiner Ängste wurde in mir aufgewühlt. Ich war ein Wrack.

Natürlich war Jonette sicher. Dennoch, als sie von dem Felsen herunterstieg, wusste ich irgendwie, dass diese üble Sache noch nicht vorbei war. Ich lag richtig. Jonette kam direkt zu mir herüber und legte meine Hände in die ihren. Sie schaute mir mit solch einem liebevollen Blick in die Augen. Als sie schliesslich sprach, war das, was sie sagte, unglaublich. »Du musst das nicht tun.« Die Liebe in ihren Augen machte für mich offensichtlich, dass es nicht wichtig war, ob ich nun auf den Felsen hinaus ging oder nicht... weil sie jegliche Wahl ehrte, die ich traf. Es zerreißt mich sogar jetzt noch, wenn ich mich an diese unglaublich ermächtigenden Momente erinnere. Sie fuhr fort: »Und... du hast die Möglichkeit, dich deiner größten Angst zu stellen.« Sie teilte weiterhin ihre persönliche Kraft mit mir, während wir sanft unseren Blicken standhielten. Allmählich fühlte ich Stärke in mir aufwallen, die von ihr kam. Es vergingen vielleicht zwanzig oder dreißig Sekunden, bevor ich eine ihrer Hände losließ. Während ich die andere fest umschlossen hielt, bewegte ich mich langsam auf das Objekt meiner Angst zu. Dann stand ich auf dem Felsvorsprung, vielleicht nicht so weit draußen wie die anderen, aber ich war auf der

Klippe und das ganz allein! Sie hat nur hinter mir gestanden. Diese Begebenheit wurde für mich zu einem riesengroßen Moment des persönlichen Wachstums und der Ermächtigung.

Der Schlüssel zu meinem Durchbruch war Jonettes Führungsverhalten. Sie demonstrierte den Grundsatz: »Du wirst einem Anführer an einen Ort folgen, an den du von allein nicht gehen würdest.« Sie stieß mich nicht an oder drängte mich nicht dazu, etwas zu tun, was ich nicht tun wollte. Sie lud mich einfach ein, es zu tun, während ihre Aktionen ihren absoluten Glauben an mich demonstrierten, dass ich es tun könnte. Sie zeigte mir, dass sie mich vollkommen akzeptierte und respektierte, unabhängig von meiner Entscheidung, während sie mich liebevoll dazu einlud, auf eine andere Ebene von persönlichem Wachstum emporzusteigen.

Mallku, der Condor, auf der Klippe   Ed auf der Klippe

Ed, der letzte Inka?

Die Geschichte von Eds Befürchtungen fing im späten August kurz vor unserer Abreise nach Südamerika an. Wir gingen zusammen zu einer gemeinsamen Sitzung mit James Pinkel, unserem Freund und einem talentierten

Heiler aus Denver. James macht Körperarbeit, hilft dabei, die Energieblockaden der Menschen zu beseitigen und noch vieles mehr.[*] Während der Sitzung merkte Ed an, dass er nicht mit in den Amazonas gehen würde. James fragte sofort: »Warum nicht?«

»Aus zweierlei Gründen,« antwortete Ed. »Der eine davon ist, dass ich eine Geschäftskonferenz habe, die ich nicht verpassen möchte. Das ist der Grund, den ich den Leuten erzähle. Der zweite ist, dass ich Angst habe.«

Ich schaute zu Ed, mehr als ein wenig überrascht. Ich konnte mir nichts denken, was ihm Angst machen würde, in den Amazonas zu gehen. Er hat niemals zuvor eine Angst dahingehend geäußert.

»Ahh,« antwortete James, »lass mal nachschauen, worum es da geht.« Wir beide, James und ich, sind hellsichtig, und somit begann zwischen uns ein vollständiges Bild aufzutauchen. James fing an: »Etwas schreckliches passierte dir in einem vergangenen Leben im Dschungel.«

Aus meiner inneren Sicht ergänzte ich: »Du warst ein Anführer, ein guter Mann, und du hast militärisch alles richtig gemacht…«

James vervollständigte das Szenario: »Aber du wurdest von deinem Bruder betrogen, was deine Niederlage verursachte. Du wurdest gefangen genommen und starbst durch die Hände deiner Feinde einen grausamen Tod.«

»Es war so schrecklich, dass du geschworen hast, nie wieder ein Anführer zu sein,« sagte ich, den Preis für diese längst vergangene Entscheidung sehend.

»Wer ist dieser Bruder in diesem Leben, kenne ich ihn?« befragte Ed James. Ed listete dann einige Namen enger Geschäftskollegen auf.

James antwortete mit »Nein« bei jedem von ihnen.

»War es mein Vater, Garland?« fragte Ed.

Und wieder antwortete James, »Nein.«

»War es Beulah, meine Mutter?«

Nach einem Moment des Nachsinnens antwortete James: »Ja. Der Bruder, der dich verkauft hat und deinen Tod verursachte, war in diesem Leben deine Mutter.«

Tränen füllten Eds Augen, als die Bedeutung davon klar wurde. Seine Mutter starb, als er ein zwei Jahre altes Kleinkind war. In gewisser Weise war er

---

[*] James Pinkel, www.ThePathLighter.com

schon wieder betrogen worden. Für den Rest der Sitzung arbeitete Ed an der Vergebung für seine Mutter und der Klärung sämtlicher schmerzhafter Überbleibsel aus diesem Leben als besiegter Anführer.

Ironischerweise nahm Eds Geschichte eine seltsame Wendung an, welche dabei helfen könnte, seine irrationale Angst vor dem peruanischen Dschungel zu erklären und welche ihn mit der Geschichte der Inkas verknüpft. Im Jahr 1572 n.Chr. erklärte der spanische Vizekönig in Lima dem letzten verbliebenen rebellischen Inka Anführer Tupac Amaru in seiner Dschungelfestung, genannt Vilcabamba, den Krieg. Tupac brannte die Stadt nieder und verließ sie, bevor die spanische Armee ankam, dann floh er mit seinen Männern tief in den Regenwald des Amazonasbeckens. Er wurde von seinem Halbbruder betrogen und daraufhin von den Spaniern gefangen genommen. Tupac, bekannt als » Der letzte Inka« wurde nach Cuzco gebracht, wo er geköpft wurde. Könnte Ed Tupac Amaru gewesen sein? Wer weiß? Aber ich bin nun die erste, die zugeben muss, dass wir alle so viel mehr sein können, als wir es glauben zu sein.

23
Einweihung
im Tempel

~~~~~~~~~~~~~~~~~~~~~~~~~~~~~

Vor unserer Reise hatte Marlene Tuttle, eine aus unserer Gruppe, ebenfalls eine Sitzung bei James Pinkel, dem Heiler aus Denver, der Ed geholfen hat. James sagte ihr: »Du wirst von Jonette in deine feminine Kraft eingeweiht werden. Dies wird stattfinden, wo die vier Himmelsrichtungen zusammenkommen.« Marlene war auch Teil unseres Teams, das zum Everest Basiscamp gewandert ist. Auf vielerlei Weise war die Expedition nach Nepal für sie eine Vervollständigung, eine Möglichkeit, ihren Bergsteiger-Ehemann zu ehren, der eine Dekade zuvor während der Gipfelbesteigung am Mount Rainier gestorben war. Nach Peru zu kommen bedeutete einen weiteren Hauptschritt für ihr Wachstum.

Wir verbrachten die meiste Zeit des Tages mit dem Erforschen von Machu Picchu. Am späten Nachmittag traten wir ein in die, wie Mallku sie bezeichnete, »magische Zeit,« wenn die Tagestouristen gegangen sind, um den Zug zu besteigen, der sich entlang des Urubamba Flusses schlängelt, um sie zurück nach Cuzco zu bringen. Bergschatten dehnten sich aus, um gleichermaßen die Terrassen wie auch die Tempel in Anspruch zu nehmen,

die warme nachmittägliche Luft zu verschlingen und es kühler werden zu lassen. Mallku teilte mit uns in seiner feinen Art die Geschichte und das spirituelle Wissen über Machu Picchus glorreichste Stelle, Intiwatana, auch bekannt als der Anbindepfosten der Sonne. Dies ist ein in Stein gehauener, solarer, astronomischer Kompass, der auf der Spitze der Sonnenpyramide sitzt, die Stadt und den grünen, bewölkten Wald beherrschend.

Als die Gruppe die letzten der sieben grauen Granitstufen zum Tempel hochstieg, meldete sich Larry Cooper, der wusste, dass Marlene irgendwann während der Reise auf eine höhere Ebene der Kraft eingeweiht werden sollte. »Was denkst du, Jonette? Dies fühlt sich an wie der passende Ort.«

»Nein, das glaube ich nicht. Ich wette, er ist am Titicaca-See,« antwortete ich. Ich genoss es, einfach nur ein Tourist zu sein.

Mallku wies die Gruppe in Theorien und Geschichte über den Intiwatana ein, der aus einem massiven Stück lebendigen Steines erschaffen wurde. Er hat mehrere Bücher über die Spiritualität der Inka geschrieben, inklusive eines wunderschönen Bandes mit seinen Fotografien vom Machu Picchu.

Er glaubte, dass dies der Platz war, wo am 21. Juni Schüler zu Eingeweihten der Sonne oder zu den neuen »Botschaftern der Sonne« wurden. Mallku informierte uns: »Dies ist der Ort, an dem die vier Himmelsrichtungen zusammenkommen.«

Ich habe Mallkus Lehrvortrag nicht gehört, da ich mich dazu hingezogen fühlte, durch einen steinernen Torbogen auf ein anderes großes Deck oder auch Plattform des Tempels zu gehen. Allein genoss ich den Frieden und den atemberaubenden Blick über das, was vor 500 Jahren eine betriebsame, königliche Rückzugsstätte und ein religiöses Zentrum für die Auserwählten des Imperiums war. Ich war einfach nur ein Tourist, der die Plattform umrundete, und ich wünschte, ich hätte unsere Kamera dabei, die sich in Eds Rucksack befand.

Ganz plötzlich fühlte ich eine Verschiebung. Ich bemerkte es zuerst in meinem Körper und wie ich lief. Mein Kopf war aufrecht, meine Schultern zurückgedrückt. Mein lässiger Touristengang veränderte sich in starke, absichtsvolle Schritte. Ich fühlte mich majestätisch, eine Person, die Verantwortung trägt. Ich kannte dieses Gefühl ... Ich erinnerte mich an diesen Ort! Plötzlich wusste ich, dass ich eine Priesterin der Macht war in einer anderen Welt. Es war Zeit, Marlene einzuweihen. Ich schritt zurück durch den Torbogen, um sie mitten aus unseren Freunden herauszuholen. Ich konnte mit Gewissheit sagen, dass auch sie wusste, dass jetzt die Zeit gekommen war, da Tränen über ihr Gesicht liefen. Ich forderte sie auf, mir durch den steinernen Torbogen zum Rand der Plattform zu folgen, die den Heiligen Platz überblickte.

Wie konnte ich etwas tun, was ich nie getan, nie gesehen hatte und worüber ich rein gar nichts wusste? Ich dachte nicht darüber nach. Ich folgte meinen Instinkten. Befreit von allen Gedanken, war ich ein betriebsbereites Gefäß für die Erinnerungen. Ich rief mir wieder ins Gedächtnis, wie man raus auf den Bug der Tempelplattform ging, die Hände mit den Handflächen nach außen in den Himmel haltend. Ich kannte nicht die aktuellen Worte der Inka-Beschwörungen, jedoch waren die Gefühle da. In einen tiefen Brunnen von altem, wortlosen Wissen tretend, berührte ich Marlenes Schulter und den Scheitel ihres Kopfes, während sie vor mir niederkniete. Larry schien zu wissen, dass er Wache stehen sollte an dem bogenförmigen Eingang. Seine

Frau Tryna hielt ein kleines Fläschchen Aromaöl, von dem sie wusste, dass es mitzubringen war, als sie ihre Position hinter Marlene einnahm. Keiner sagte ein Wort. Keiner brauchte es.

Irgendetwas jenseits aller Beschreibung wurde durch mich in Marlene transferiert – eine heilige Ernennung, eine Eröffnung der Macht in die Eingeweihte. Aufstehend, ließ Marlene ihren Blick über die altertümliche Stadt gleiten, ihre Arme gen Himmel ausgesteckt. »Ich fühlte eine enorme Energie durch mich hindurchfließen,« erzählte sie uns später.

Die Schleier zwischen den Dimensionen werden dünner, schreiben viele Channeler. Zeit/Raum kann nicht auf einer linearen, logischen Sequenz berechnet werden, darin sind sich alle Quantenphysiker einig. Dämmerung am Machu Picchu, die Welt hält ihren Atem an zwischen Tag und Nacht. Marlene und ich, weiße Frauen aus Colorado im Jahr 2004, waren irgendwie die neueste Eingeweihte und die Priesterinnenälteste. Zweifellos waren wir, als wir an dem Altar zur Sonne standen, Inkas.

Schamanische Zeremonie: Anrufen des Mondes

Die Sonne verschwand hinter dem Horizont, als wir alle auf dem Gipfel der Sonnenpyramide warteten. Mallku hatte zwei Freunde dabei, die ihm dabei assistierten, einen heiligen Platz für unsere Zeremonie vorzubereiten, um den Vollmond zu ehren. Er befand sich in dem Heiligen Quadrat, einem kleinen Innenhof unterhalb der Pyramide und neben dem Tempel der Drei Fenster. Aus seiner gewebten Alpakawolltasche holte Mallku die Instrumente eines Schamanen heraus: Flöten, Trommeln, Glocken, Salbei, Condorfedern und ein Muschelhorn. Der Himmel wechselte von rosa zu marmorgrau. Magie flüsterte sich um die gut bearbeiteten Inkasteine, als die dünne Bergluft kälter wurde. Mallku forderte uns auf, in einem Kreis auf den Steinen im Innenhof zu sitzen. Durch Musik und Gebete rief er Mamakilla, Mutter Mond, an.

Es war eine bewölkte Nacht. Mutter Mond blieb gut versteckt, ihr silbernes Licht entschlüpfte nur hier und da einmal, um uns einen Hinweis auf ihre Position zu geben. Die Anrufungen abgeschlossen, jubelten wir, als das volle Gesicht der Mondscheibe vorübergehend hinter den Wolken hervorgekrochen kam. White Eagle fügte ein Gebet hinzu, das ich channelte, als wir uns unter den Sternen am Gipfel des Machu Picchu versammelten:

Willkommen Brüder und Schwestern. Hier ist White Eagle. Zu dieser Zeit ist der Durchgang geöffnet – der Zugang zur Milchstraße.

Wenn der Mond über dem Horizont auftaucht:

Stellt euch vor, dass die Milchstraße zu Stufen wird und die Menschheit auf diesen Lichtern zu den Dimensionen und den unbekannten Welten schreitet.

Stellt euch vor, dass ihr euch daran erinnern werdet, wann ihr damit anfangt und wie ihr diese Stufen beschreitet.

Stellt euch vor, dass alles, was ihr jemals braucht, ihr in dem Moment eurer Bitte wissen werdet.

Stellt euch vor, dass es nichts gibt, was ihr nicht schon habt.

Stellt euch vor, dass kein Herz so weit weg ist, dass ihr es nicht lieben könnt.

Stellt euch vor, dass kein Stern weit genug weg ist, dass er euch nicht erhellen könnte.

Stellt euch vor, dass der Webstoff, den ihr lebt, geschlossener wird, Eins wird.

Stellt euch vor, wie man sich an das gesamte altertümliche Wissen erinnert.

Stellt euch vor, wie man sich an das gesamte zukünftige Wissen erinnert.

Stellt euch vor, eure Leben sind eine klare Spiegelung der Schönheit.

Stellt euch vor, euer Ego dient eurem Geist.

Stellt euch vor, euer Geist dient dem Einen.

Stellt euch vor, dass ihr wisst, wie ihr all dies zusammenbringt.

Spielt euren Anteil, seid bewusst und schreitet diesen Weg der Milchstraße in die Unendlichkeit. Ihr alle seid die Großartigen. In der Größe, die ihr anerkennt, mögen andere an ihre Größe erinnert werden.

Mögt ihr alle, in einem vereinten menschlichen Geist, die Herrlichkeit finden, die damit gemeint ist.

Ich schickte ein persönliches Gebet in den Himmel zu Sue Burch, die bis auf den Tag genau vor einem Jahr gestorben war, bevor wir am Machu Picchu unter dem Vollmond standen. Ich wusste, dass ihr Geist mit uns war. Hatten wir unsere spirituelle Aufgabe gemeistert, die uns im Juli von White Eagle erklärt wurde? Wir konnten nicht wissen, was wir erreicht hatten, aber wir taten, was wir konnten mit der Hilfe von Mark und White Eagle. Eingehüllt in Anoraks und stillschweigend verließen wir in dieser Nacht Machu Picchu.

24
Rückkehr
nach Cuzco

~~~~~~~~~~~~~~~~~~~~~~~~~~~~~~

Meine Gefühle waren normalerweise leichter zu verstehen. Ich würde ein Gefühl wahrnehmen, dann warf ich einen Blick darauf, um zu sehen, welches persönliche, in letzter Zeit aufgetretene Ereignis dies ausgelöst hatte. Dieses Rezept funktionierte in Peru für mich nicht so automatisch. Unsere Zeit am Machu Picchu war vorbei. Meine Schwester Erin und ich und so ziemlich jeder aus unserer Gruppe zogen durch den Touristenbazar von Aguas Calientes, um Silberschmuck und Alpakapullover zu erstehen, bevor wir den Zug zum Heiligen Tal und nach Cuzco bestiegen.

Unser Gepäck schaffte es an Bord. Wir saßen alle zusammen im Erste Klasse-Wagen. Es gab absolut rein gar nichts, was sich als erschütternd an diesem Tag herausstellte. Warum fühlte ich mich dann so aufgewühlt? Anhänglich brauchte ich, dass Ed seinen Arm um mich legte. Traurig ließ ich etwas Wertgeschätztes zurück. »Worum geht es hier?« dachte ich.

Als unsere Gruppe im Zug nach Cuzco fuhr, fielen die Jahrhunderte weg und ich nahm mich in eine andere Zeit zurückversetzt wahr. Die modernen

Schienen und der Zug verwandelten sich in meiner Vision in einen ziemlich zertrampelten Dreckweg. Ich erinnerte mich daran, eine Priesterin von der Sonnenpyramide in Machu Picchu zu sein, als wir die Worte unserer Anführer empfingen, dass der Feind zu dem Herz unseres Königreichs marschierte. Wir wurden zurück in die Hauptstadt Cuzco gerufen.

In diesem vergangenen Leben in Peru lief ich in einfachen Gewändern, mit schwerem Herzen, die Augen gesenkt. Ich war eine Hohepriesterin, die die Menschen des Tempels – die Priester und Priesterinnen, die neuesten Eingeweihten – von der einzigen Welt, die sie jemals gekannt hatten, wegführte. Wir verließen die großen Tempel, in denen wir Lobpreis geben konnten und die Weisheit des Universums bewahrten. Hinter uns war alles, was wir wussten, alles, für was wir trainiert hatten. Unsere Herrscher fürchteten sich nicht davor, alles Gold und Silber zu verlieren; sie fürchteten sich davor, das größte Geheimnis des Königreiches zu verlieren, welches das mystische Wissen der Leute in den Tempeln war.

Ich sah durch die Schleier der Vergangenheit, dass für unsere Sicherheit als die Heiligen der Inkas und für den Schutz des heiligen Wissens unsere spirituelle Gemeinschaft aufgelöst werden musste. Wir wurden dauerhaft dazu verbannt, als gewöhnliche Menschen in weit verstreuten Dörfern zu leben. Ein unermesslicher Feind marschierte von unseren Küsten in die Berge. In diesem Leben wurde alles in mir vernichtet. Unsere Götter, unseren Glauben, unseren Wohlstand und unsere Weisheit mussten wir im Stich lassen, um uns in Sicherheit zu bringen. Jetzt würde ich mich mit unserem Herrscher treffen, um seinen Anweisungen für die Auflösung des Tempels zu folgen. In meinem momentanen Leben, als ich im Zug saß und mich an Ed festhielt, weinte ich sanfte Tränen des Erinnerungsschmerzes. Mein Kummer war nicht weniger schmerzlich, dafür, dass er über die Jahrhunderte gealtert war.

Im Jahr 1532 n.Chr. marschierte Francisco Pizarro, der spanische Konquistador, in das heutige Peru mit 180 Männern, Pferden, Gewehren und Kanonen ein. Er hatte Geschichten von den Reichtümern in den Anden gehört, von Königen, die von Goldtellern aßen. Als er und seine Männer in Richtung Cuzco marschierten, der Hauptstadt der Inka, traf er auf den Inka-Kaiser Atahualpa. Der Kaiser befahl seinen 30.000 Kriegern, die Spanier nicht anzugreifen, weil er glaubte, dass die Spanier mit ihrer weißen

Haut und ihren Bärten die Erfüllung der Prophezeiung von der Rückkehr des Gottes Wiracocha seien. Atahualpa nahm an, dass die Spanier Götter waren, genau wie die Inkas – die Kinder der Sonne.

Pizarros Männer hielten Atahualpa als Gefangenen und übermannten die widerstandslosen Armeen der Inka mit Leichtigkeit. Der Kaiser versprach den Spaniern Lösegeld im Gegenzug für sein Leben. Seine Staatsangehörigen füllten für ihn einen Raum einmal mit Gold und zweimal mit Silber. Die habgierigen Spanier nahmen die Reichtümer und töteten ihn trotzdem, was den Anfang vom Untergang des großen Kaiserreichs der Inka markierte. Spanische Priester und Missionare folgten den Eroberern und begannen, die Leute von ihren altertümlichen, religiösen Praktiken zur katholischen Kirche zu bekehren. Innerhalb von fünfzig Jahren waren hunderte der tausenden von Einheimischen, die Teil des Inka-Imperiums gewesen waren, eine der größten Zivilisationen in der Neuen Welt, an den Folgen des Krieges, der Pocken und der Masern gestorben.

25
Die Höhle der Schlange

~~~~~~~~~~~~~~~~~~~~~~~~~~~

Wir stiegen aus dem Touristenzug in der Stadt Ollantaytambo im Heiligen Tal aus, wo Mallku eine Überraschung für uns hatte. Er plante eine Zeremonie und eine Meditation in der Höhle der Schlange, Amaru Machay. Ich bekam eine Gänsehaut, als er mir dies erzählte. White Eagle hatte im Juli über unseren Auftrag, der Erde heilen zu helfen, gechannelt: *Wenn die Schlange ihren Bau verlässt, muss die Heilung vollendet sein.* Das Timing ist von größter Wichtigkeit. Wie hatte Mallku davon wissen können, dass wir zum Bau der Schlange müssen? Ich hatte ihm niemals irgendeinen Teil von unserer spirituellen Aufgabe mitgeteilt. Dirigierte Spirit leise Mallkus Reiseplanung, um ihn der höheren Bestimmung unserer Gruppe anzugleichen? War es das, warum wir nach Peru kommen mussten?

Unsere Gruppe trat hintereinander, einer nach dem anderen, durch den Höhleneingang im Fels ein, Mäntel und neue Alpakapullover zu Kissen zusammenfaltend und längs des beengenden Korridors der Höhle Position einnehmend. Ich konnte nicht hinein gehen. Es war nicht an der Zeit. In der Nähe des Höhleneingangs war ein kleiner Absatz, nur eine schmale Nische im Fels. Ein paar kleinere Klimmzüge brachten mich dort hinauf. Anstatt auf der Felsbank zu sitzen und nach draußen zu den einheimischen Frauen zu schauen, die ihre kleinen Schmucksachen zum Verkauf arrangierten, stand ich mit dem Oberkörper gegen die Felswand gerichtet da. Meine Arme und Hände umarmten die kühle, glatte Oberfläche des Steines und ich fing an zu weinen. Die Tränen waren so viel umfangreicher, als nur bloße Traurigkeit. In ihnen lag das Einverständnis für den Auftrag, eine schwierige, jedoch wissentlich unbekannte Aufgabe zu unternehmen.

Nur Mallku blieb außerhalb der Höhle. »Warst du hier schon einmal?« sagte er, gleichzeitig eine Feststellung und eine Frage.

»Ja.« Dann folgte ich ihm in die Höhle, wo meine Freunde warteten.

Mallku, der Schamane, zündete Salbei an, um den Raum mit seinem reinigenden Rauch zu klären. Die stille Schönheit des Lebens in diesem Augenblick wurde für immer in meine Erinnerung gezeichnet. Horizontal einfallende Sonnenstrahlen vom Eingang der Höhle trafen auf Rauchpartikel von Mallkus brennendem Salbei, was in einem direkten und reflektierenden Licht resultierte, das golden auf die friedlichen Gesichter der Meditierenden schien. Der Rhythmus von Mallkus Trommel, seiner Flöte und seiner Rasseln hob uns an, wie in einer Trance, die zu unserem vereinten Bewusstsein gehörte. Er betete laut zu den Geistern der Höhle und zu Pachamama, Mutter Erde, und zu Wiracocha, dem Erschaffergott der Anden. Er rief unsere Dankbarkeit aus, unser Einssein mit der Natur, unserer Bereitschaft, Spirit zu dienen. Mallkus Zeremonie choreographierte perfekt die Zeit und den Raum für die Worte, die ich sprechen würde. Die Heiligkeit des Ortes, die Perfektion des Augenblicks war spürbar, als Mallku seine Darbietung beendete und ich dabei war, anzufangen.

In der Höhle der Schlange sitzend war ich bereit, das vertraute »Willkommen Reisende, hier ist Mark« zu hören, das über meine Lippen kam. Allerdings war es nicht Mark, der sprach. Mit einer starken, klaren Stimme sagte ich: »Ich bin Kumaru von den Inkas. Ich bin die Frau des Büffelvolkes.« Das war ich! Ich sprach als eine größere Version von Jonette, nicht nur einen geistigen Begleiter channelnd. Es war Zeit, an meinen geliebten Begleitern vorbei zu treten und für mich selbst zu sprechen.

Ich bin Kumaru von den Inkas. Ich bin die Frau des Büffelvolkes. Ich trage das Gesicht der Mutter und die Kraft des Zentrums des Universums. Im Bau der Schlange, im Schoß der Mutter, lade ich dich ein, deinem Tod gegenüberzustehen. Wenn du über diese Schwelle gehst, so wird dort das Zusammentreffen des Männlichen und des Weiblichen und die Einheit, die dahinter steht, sein, welches es ist, was wir suchen. Gebe dich selbst tief hinein in dein Herz, tief hinein in das Herz der Mutter.

Bewege dich in der Zeit rückwärts zu deinem Tod, bevor du geboren wurdest. Ich lade dich ein, dich in diese Leere hineinzubewegen – diese Dunkelheit; alle Form und das Bedürfnis nach Form verschwinden zu lassen; alles Selbst und das Bedürfnis nach Selbst verschwinden zu lassen; zum Tod des Selbst zu gehen ... und dann noch weiter zu gehen; jenseits deiner Ängste, jenseits deiner dunkelsten Verstecke ... laufe weiter. Laufe in den Bau der Schlange hinein ... hinein ... hinein! Laufe zu den kältesten, dunkelsten Orten ohne Form, ohne Selbst, bis du die Stille in den Augen der Schlange angetroffen hast und mit dem Tod versöhnt bist. Während du dies tust, bist du jenseits des Schmerzes der Angst, des Todes und der Dunkelheit.

Finde das Nichts hier und erkenne das Nichts als deinen Freund. Die Augen der Schlange sind der Eingang des Todes. Von da aus wirst du ein kleines Feuer erkennen, eine einzelne Flamme. Lege deine Seele hierher. Von der Flamme geht eine dünne, blaue Rauchfahne aus. Dies ist das männliche Prinzip. Folge dieser dünnen, blauen Linie aus Rauch nach oben ... wie sie sich in die Welt auf der Erde hineinbewegt, die männliche Polarität erschaffend. Verkörpere alles, was dies bedeutet – die Kraft und die Weisheit. Dieses feine Rauchfähnchen wird zu der Kodierung der einen Seite deiner DNA. Verkörpere es sauber und vollkommen. Nimm alles von dir selbst in das göttliche, Männliche Prinzip mit hinein, und alles von dem Männlichen Prinzip in dich; in seiner reinsten Kraft, in seiner reinsten Absicht.

Jonette in der Höhle der Schlange

Fühle die männliche Energie in der Mitte deines Geistes, in der Mitte deiner Wirbelsäule, im

Zentrum von allem. Akzeptiere, umarme, halte und gebäre das Männliche – das Licht des Feuers. Von unserem Bewusstsein senden wir dieses reine Licht des Feuers, das reine Göttliche Männliche, in den Planeten hinein, in unsere Brüder und Schwestern hinein, in die Natur hinein. Ich erbitte nun für das Männliche in allem, frei und klar vorgelegt zu werden, so wie es die Götter beabsichtigten. Von deiner Seele breitet sich das Feuer des Männlichen in jeder lebenden Sache aus; breitet sich in der DNA des Lebens aus.

Flute die Welt mit diesem Wissen aus deiner Seele – von der Seele vereinigt, vom Feuer in allem. Fühle das Feuer des Männlichen in Pachamama, in der Mutter Erde, in Gaia. Beanspruche auch das Männliche in unseren großen, weiblichen Symbolen. Fühle die männliche Kraft im Mond. Wenn das Männliche sich ausgebreitet hat, wirst du es wissen; dort wirst du die Stille finden. Wenn alles gesättigt ist, wenn alles mit der Balance des Göttlichen Männlichen gefüllt ist, wirst du Ruhe finden.

Jedoch fehlt dem so satten und so vollkommenen Klang seine Ergänzung – die Ergänzung, die den Klang des Männlichen zu etwas speziellem, etwas kraftvollem macht. Das ist der Klang des Göttlichen Weiblichen. Schau nun hinauf in die Sterne, bis du einen Stern findest, der einen dünnen, silbrigen Faden durch den Kosmos zur Erde sendet, hinein in die Form. Bringe das Göttliche Prinzip des Weiblichen, die andere Seite deiner DNA, in dich hinein, deine Wirbelsäule hinunter. Fühle die gesamte, die reine und die kraftvolle Göttliche Weiblichkeit jetzt in dich eintretend, vollständig, unmittelbar. Sie kommt und breitet die Kraft durch dich aus, durch alles Bewusstsein. Durch das Mitbringen der Anwesenheit des Weiblichen gibt sie dem Männlichen Bedeutung. Fühle die Vollkommenheit, die Verbindung, die Übereinstimmung, während sie sanft ihr silbernes Sternenlicht in alle Dinge und alle Anteile von Dingen, in alles Leben und in alle Gedanken hinein bewegt.

Während sich das Weibliche ausbreitet, fühlst du Sanftheit, Stille, Vollendung. Was war das: Feuer und Rauch, Stern und Silberlicht – als Gesamtheit, miteinander herumwirbelnd als Spirale und Helix, perfekt balanciert. Beide sind kraftvoll. Beide definieren den anderen. Durch die Erde jetzt, durch alles Leben, durch das Mineralienkönigreich, durch alles … bringt die Göttliche Weiblichkeit ihre Kraft.

Während das Licht, die Essenz der Göttlichen Weiblichkeit und der Göttlichen Männlichkeit sich zusammen hochwinden, so ist dort wieder die Schlange. Dies ist nicht die Schlange des Todes, sondern die Schlange des Neuen Lebens, der Einheit. Die Regenbogenschlange der Mythen wird innerhalb von dir geboren und balanciert, innerhalb von Bewusstsein. Fühle die Kraft der Geburt, wieder ausgerichtet und balanciert – die Regenbogenschlange, das Neue Leben. Erkenne dich selbst jenseits von männlich und weiblich, jenseits der Gegensätze gleich welcher Art. Erkenne dich selbst als das vereinte Selbst.

Fühlt gemeinsam das Bewusstsein von der Geburt der Regenbogenschlange. Die Regenbogenschlange ist die gesamte Vielfalt in Einem. Versammelt diese Energie hier in dem Bau der Schlange, bevor wir sie für die Welt gebären. Fühlt das Ansteigen der Energie im Schoß von Mutter Erde, dem Geburtsort der Regenbogenschlange.

Fühlt, wie sich die Kraft in dieser Höhle, in diesem Bau aufbaut. Unsere Absicht ist so heilig und so alt. Die Kraft dreht und windet sich um uns herum, in uns drinnen, zwischen uns, und wenn wir bereit sind, werden sich die Himmel öffnen und die Regenbogenschlange aus dem Bau herausziehen, hoch in das Universum hinein, um offenkundig gemacht zu werden, um die Balance für die gesamte Menschheit zu bringen, wenn sie bereit dafür ist. Fühlt den Himmel sich öffnen und die Schlange hervortreten.

Kommt jenseits von männlich und weiblich ins Gleichgewicht, die göttliche Einheit ist in unserer Welt in der Gestalt sichtbar. Wir bitten mit unserer stärksten Absicht, mit unseren größten Gebeten, dass die Kraft der Schlange dabei helfen wird, jene Dinge des Ungleichgewichts hinwegzufegen, die ein Teil unserer Welt geworden sind. Wir beten, das große Gleichgewicht der Erde und der Sterne zusammen in das Herz und die Seele von Mann und Frau zu bringen, hinein in unsere Kinder und ihre Kindeskinder. So wie wir den Tod für uns selbst akzeptiert haben, mit unserer Absicht im Namen der menschlichen Gemeinschaft, akzeptieren wir den Tod von dem, was nicht länger dem Ganzen dient. Wir Menschen, im Namen derer, die noch am Erwachen sind, akzeptieren den Tod der Illusion. Wir verstehen worum wir bitten und wir werden uns nicht davon abhalten lassen.

Diese Botschaft ist für das Büffelvolk, das Volk der Puma und für alle Kinder von den Sternen. Erlaube deinem Herzen, in eine Billion Regenbogenstücke aufzubrechen, so dass du wissen wirst, dass es vollbracht ist und dass es gut ist. Ich bin Kumaru vom Sonnentempel. Ich bin die Frau des Medizinrades. Ich danke euch!

Meine Worte, nicht von außerhalb von mir gechannelt, sondern von dem Teil von mir gesprochen, der Kumaru und die Weiße Büffelkalbfrau ist, waren ebenso kraftvoll, wie sie schön waren. Für mich zu dieser Zeit unbekannt, wurde die Botschaft von dem Gleichgewicht zwischen dem männlichen und dem weiblichen Prinzip zu dem Grund, warum Mallku und ich uns begegneten – die Vereinigung von dem Condor und dem Adler.

26
Die Pyramide der Sonnenscheibe

~~~~~~~~~~~~~~~~~~~~~

Im Bus zurück nach Cuzco, wirbelte mein Geist immer noch von der Kraft der Zeremonie in der Höhle. Ich war verblüfft. Wer war Kumaru? Warum habe ich nicht White Eagle oder Mark gechannelt, so wie ich es über Jahre getan habe? Was hat sich verändert und warum?

Wir kamen in der Hektik von Cuzco an. Die Pläne am Abend verlangten nach einer Shoppingtour in den Geschäften des Einkaufszentrums. Danach lud Mallku uns alle für eine Zeremonie in sein Appartement genau neben dem Cityzentrum ein.

Drei Treppenaufgänge hochsteigend traten wir in Mallkus Zuhause ein. Es war nicht so wie irgendeine Wohnung, die ich je gesehen hatte. Der Hauptraum glich einer Schamanenhöhle: Riesige Kristalle, Tibetanische Klangschalen, Flöten, Trommeln, Glocken, Rasseln, Muschelhörner, Condor- und andere Federn und noch so vieles mehr. Eher unpassend stand dort ein Bücherregal mit Plüschtieren und ein paar Barbie Puppen. Ein Zwei-Personen-Zelt stand vollständig aufgebaut im Wohnzimmer. Mallku ist ein alleinerziehender Vater mit drei Töchtern im Alter von achtzehn, acht und sechs Jahren. Das Zelt war das Schlafzimmer für die zwei Jüngsten. Ich fragte ihn, »Warum bekommst du die Mädchen ganztags in deiner Scheidung? Ist ihre Mutter keine sehr gute Mutter?« Seine Antwort war politisch korrekt. »Es ist lediglich so, dass ich ein besserer Vater bin.«

Möge mein Weg erleuchtet sein

Irgendwie gab es genug Kissen und kleine Hocker für uns alle zum hineinzwängen. Für mich war es eine Erleichterung, zu entspannen und zu meditieren, ohne die Verantwortung tragen zu müssen oder zu channeln. Ich würde dies unglaublich genießen. Mallku, seine langen, schwarzen Haare zu einem Zopf gebunden, ein gewebtes Stirnband angelegt, wurde wieder einmal zu dem Schamanen. Mit seiner tiefen Stimme und dem mit Akzent gesprochenen Englisch, rief er die Geister im Gebet an. Die einzige Sache, an die ich mich wirklich erinnere, waren die Worte: »Möge dein Weg immer erleuchtet sein.« Ich entspannte mich, ließ die Klänge, die Schwingungen, den heiligen Rahmen mich auf eine innere, mystische Reise mitnehmen.

Die Musik floss hinein in meinen Körper, die Noten vibrierten in meinen Knochen. Ich fing an, ohne dass mein Verstand dies kontrollierte, mich in einem perfekten Rhythmus zu den Trommelschlägen zu bewegen. Meine Hände und Arme tanzten zu einer Stimmung, die sie zu kennen schienen. Die ganze Zeit über wiederholte ich: »Möge mein Weg immer erleuchtet sein.« Die gewöhnliche Seite meines Bewusstseins war beeindruckt, dass mein Körper, der normalerweise so angespannt und kontrolliert war, der keinen Rhythmus kannte, der noch nicht einmal mit einem Tanzlehrer tanzen konnte, sich so natürlich zu den Klängen bewegte. Der Rahmen war sicher genug, also ließ ich meine eher apoplektischen Bewegungen mit dem Fluss mitgehen, um zu sehen, wohin dies alles führen würde. Ich hoffte, dass meine Bewegungen Vicki Staudte, die links neben mir auf einem kleinen Hocker saß, nicht störten. In meinem Bewusstsein reiste ich auf einer inneren Reise zu der Vorderseite einer ätherischen, andersdimensionalen Pyramide. Ihre steil abgestuften Seiten und der flache rechteckige Tempel

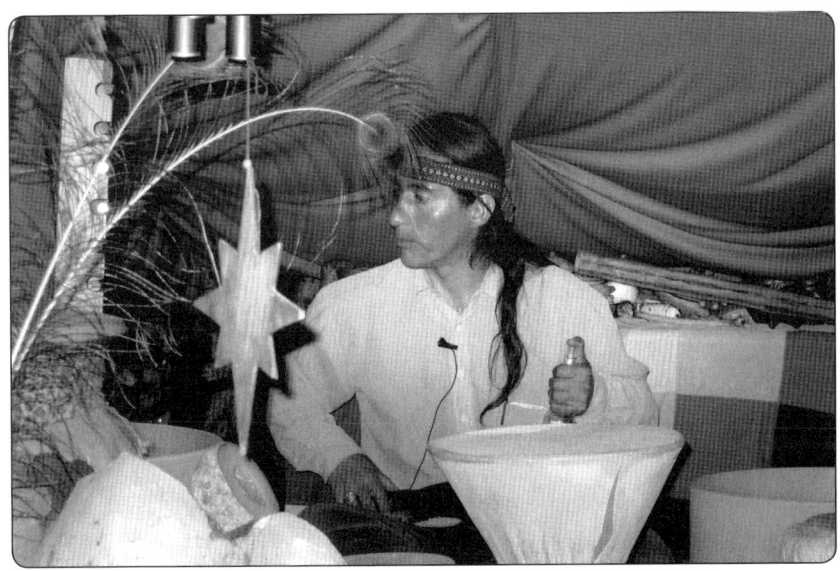

auf der Spitze erinnerte mich an die Maya-Architektur.[*] In meiner Vision stand ich vor der Pyramide und fragte: »Wer bewacht diesen Ort?« Niemand erschien. Ich fragte dreimal sehr ernst: »Wer bewacht diesen Ort?«

Ich kam zu dem Verständnis, dass die mystische Welt ihre eigenen Verhandlungsprotokolle hat, und dass es nicht immer eine gute Idee ist, durch einen Durchgang oder ein Portal zu gehen, auch wenn es sich direkt vor dir zeigt. Nur, weil ich in einige höhere Seinsbereiche hineinstolpern kann, heißt das nicht unbedingt, dass ich dort hingehöre oder dass ich weiß, was ich tue. Aber in diesem Fall wusste ich, dass ich das Wächter-Wesen finden musste, damit ich um Erlaubnis bitten konnte, die Pyramide betreten zu dürfen. Nachdem ich das dritte Mal gefragt hatte: »Wer bewacht diesen Ort?« erschienen daraufhin langsam, die Basis der Pyramide umrundend, viele kleine, flüchtige Wesen. Mein Instinkt sagte mir, dass dies Wesen aus dem Erdinneren waren. Sie schienen nicht die Verantwortung zu haben, also forderte ich: »Wer führt diese Wächter an?« Keine Antwort. Wieder fragte

---

[*] Altertümliche Pyramiden mit flachen Gipfeln wurden in Peru, Mexiko, Zentralamerika, Tahiti, China, Ägypten und sogar Illinois gefunden. David Hatcher Childress, *Lost Cities of Ancient Lemuria & the Pacific*, S. 197

ich: »Wer führt diese Wächter an?« Der gewöhnliche Teil von mir lächelte zu dieser Version des Klischees: »Bringt mich zu eurem Anführer.« Die ganze Zeit über schaukelte und wackelte mein Körper zu Mallkus zeremonieller Musik und seinen Gesängen.

Die kleinen Wesen verschwanden und wurden ersetzt durch einen einzigen, riesigen, königlichen Wächter – ob Inka, Azteke oder Maya, ich wusste nicht, welcher. Er trug einen Umhang aus Federn und weiterer Verzierungen aus Gold. Ich erinnerte mich flüchtig daran, dass die Maori-Könige Umhänge aus ineinander geflochtenen Federn trugen; vielleicht war dies der Stil der lemurischen Anführer. Seine Haut war dunkel, seine Nase markant. Seine Präsenz besaß eine enorme Menge an Kraft.

Codes der Sonnenscheibe

Er stand vor dem Haupteingang der Pyramide. Offensichtlich schien der höhere Anteil von mir zu wissen, was er tat, denn ich war nicht eingeschüchtert. In dieser mystischen, parallelen Realität forderte ich: »Ich bin Kumaru und ich bitte um Einlass.« Ich dachte: »Und wieder nenne ich mich hier bei diesem Namen, Kumaru. Auf einer bestimmten Ebene bin ich sie.« Ich wiederholte noch einmal mit der Zuversicht von Kumaru: »Ich muss eintreten. Es ist an der Zeit.« Der Wächter ging beiseite.

Ich befand mich als Kumaru allein im Zentrum der Pyramide stehend, auf sieben erleuchtete Stufen schauend. Der Gesang: »Möge dein Weg immer erleuchtet sein« brachte mich an diesen Ort jenseits von Zeit und Raum. In meiner inneren Reise als Kumaru stieg ich diese sieben Treppen aus Licht hinauf. Oben war die goldene Scheibe der Sonne, für die Inkas und andere Zivilisationen heilig. Wie kann ich auch nur anfangen, die Kraft des Lichtes zu beschreiben, das von dieser interdimensionalen, runden Scheibe ausstrahlte? Es verströmte Weisheit und Wahrheit und schien eine endlose Quelle der Energie zu sein. Es übermittelte seine wirkliche Essenz, sein Wissen mit winzigen Explosionen von geometrischen Formen und Codes. Ich war eingeschüchtert von dessen Herrlichkeit.

»Mein Volk ist bereit für die nächste Ebene der Aktivierung. Ich bin gekommen, um die Codes für unsere Leute zu empfangen,« hörte ich mich selbst in der Vision sagen. Mein physischer Körper zitterte. Mein bewusster Verstand fragte weiterhin: »Werde ich okay sein? Kann ich mit dieser ganzen Kraft umgehen?« Die Antwort war »Ja.« Und es wurde mir übergeben. Energie-Codes des Lichtes strömten in meinen Körper hinein in einem exquisiten, spirituellen Stromschlag. Universelle Weisheit lagerte sich in jeder Zelle meines Wesens ein. Es war, als ob eine grenzenlose Intelligenz direkt mit meiner DNA kommunizieren würde.

Mallku beendete seine Zeremonie. Der durchdringende Klang des Muschelhorns stieß mich jäh aus der mystischen Realität heraus. Meine Freunde öffneten ihre Augen, um mich beunruhigt anzustarren. Sie wunderten sich, was mit mir geschah, während ich unkontrolliert zitterte. Mehrere Leute legten ihre Hände auf meinen Kopf und meine Schultern, um mir dabei zu helfen, geerdet zu werden. Bill Austin gab mir seine Wasserflasche.

In der gegenwärtigen Zeit jagde das Universum in Mallkus winzigem Appartement immer noch durch meinen Körper. Ich war atemlos und meine Stimme zitterte vor Energie und Emotion, während ich der Gruppe erzählte, wo ich gewesen war und was passiert war. »Es fließt jetzt. Die Codes fließen überall. Ein Siegel auf der Sonnenscheibe ist gebrochen worden. Mein Herz ist in eine Million Regenbogenteile zerbrochen und sie alle enthalten die neuen Codes. Ich bin Kumaru und wir haben gewartet. Das innere Licht strahlt immens aus allem Leben, aus unserer Mutter Erde. Die Kraft des Lichts ist erneuert worden: So wie es sein sollte; so wie es immer war.«

Kumara

Mallku kam herüber, um seine Hände auf meine Füße zu legen, damit ich vollständig in meinen Körper zurückkehren konnte. »Willkommen Kumara,« flüsterte er.

Mallku sagte »Kumar a.« Wie konnte er das wissen? Ich hatte eigentlich »Kumar u« gesagt. Aber an diesem Morgen in der Schlangenhöhle, und auch jetzt wieder, hatte mein Geist »Kumara« sagen wollen, und in der letzten Sekunde, als es aus meinem Mund heraus kam, änderte ich es in Kumaru.

Ich musste gedacht haben, dass es sich mehr nach Inka anhörte. Als Mallku mich mit dem korrekten Namen, Kumara, ansprach, wusste ich, dass er Recht hatte. Er, als meine Zwillingsseele, kannte mich als Kumara. Ich verstand nichts von alledem, aber ich erinnerte mich an die inneren Worte, die nach unserer Meditation auf dem Boot im Amazonas zu mir kamen. »Du musst nur auftauchen und deinen Teil dazu beitragen.« Wenn ich es nur akzeptiere, wird der Zweck offenbart werden. Bisher hatte sich mir meine Verbindung zu der Sonnenscheibe der Inkas nur stückchenweise gezeigt. Zuerst das goldene Medaillon, das Häuptling Woableza mir beim Tod meines Vaters überreichte; dann die Erfahrung einer glänzenden Scheibe, die aus meinem Herzen strahlte, als ich im Juli vor hunderten von Menschen channelte; und jetzt, als Kumara ein Energie-«Download« von einer Sonnenscheibe auf einer inneren Reise erhaltend.

Ich glaube, dass ich die Sonnenscheibe gefunden habe, über die Bruder Philip in *Das Geheimnis der Anden* geschrieben hatte. Nach dem Lesen des Buches hatte ich gehofft, dass unsere Gruppe irgendwie zu dem derzeitigen, geheimen Mönchskloster geführt werden würde, wo die physische Sonnenscheibe versteckt war. Ich hatte mir nicht vorgestellt, dass ich in den höheren Dimensionen danach Ausschau halten könnte – und dass ich sie finden würde! Später lernte ich, dass meine persönliche Beziehung zu der Sonnenscheibe sich bis in das altertümliche Lemurien ausdehnte und darüber hinaus.

Sobald ich laufen konnte, was einige Zeit brauchte, gingen wir alle aus, um Pizza essen und wahrscheinlich um zu viel Wein zu trinken.

27
Titicaca-See:
Interdimensionaler
Durchgang

~~~~~~~~~~~~~~~~~~~~~~~~~~~~~~~~

Es war eine Tagesreise mit dem Bus von Cuzco zu unserem Zielort Puno, einem Ort am Ufer des Titicaca-Sees. Ich hoffte, den Felsvorsprung zu finden, den ich zwei Jahre zuvor auf meiner schamanischen, inneren Reise mit Sue Burch gesehen hatte. In einem vergangenen Leben als Inka-Hohepriester hatte Sue die Universellen Codes und Energien der Eingeweihten in einem massiven Felsgestein in der Nähe vom Titicaca-See versteckt, um das Wissen vor Eindringlingen zu schützen. Ich war noch nicht einmal sicher, ob der Ort in dieser Realität existierte, oder ob ich ihn erkennen würde, wenn er es tat.

Obwohl Sue sich dazu verpflichtet gefühlt hatte, den Titicaca-See zu besuchen, starb sie, bevor sie diesen wichtigen Teil ihrer Lebensarbeit vervollständigen konnte. Es wurde mir und unserer Gruppe überlassen; zumindest, wenn wir den Ort finden würden und wenn wir spirituell dafür bereit waren, die Energien, die in diesem Portal verschlüsselt waren, freizuschalten. Logischerweise waren die Chancen, Sues Felsen irgendwo um den 8288 Quadratkilometer großen See herum wiederzuerkennen, nicht sehr gut.

Doch dann wiederum war an diesem Abenteuer nichts logisch, eines, das seit Jahrtausenden in der Planung war.

Der Durchgang von Aramu Muru

Mallkus Plan zufolge war es das Tages-Highlight, eine Anden-Zeremonie aus der Vor-Inkazeit bei einer Felsformation oder einem interdimensionalen Zugang, oftmals auch erwähnt als der Durchgang der Aramu Muru, durchzuführen. Es wurde nach Aramu Muru benannt, dem legendären, spirituellen Meister, von dem gesagt wurde, dass er ursprünglich die Sonnenscheibe zum Gebiet des Titicaca-Sees aus seinem Heimatland Lemurien gebracht hatte. Mallku wusste nicht, dass ich hoffte, den Steinberg zu finden, den ich mit Sue zwei Jahre zuvor in einer Meditation gesehen hatte.

Im Jahr 1992 stolperte Jorge Luis Delgado, ein peruanischer Reiseleiter und Freund von Mallku, über ein mysteriöses Bauwerk mit drei in eine solide Oberfläche eingeritzten Türen auf einem riesigen, hervorstehenden Stein in der Hayu Marca Bergregion (manchmal auch Ajayu Marka geschrieben) in der Nähe des Titicaca-Sees. Seine Gestalt ähnelt dem Sonnentor aus der Vor-Inkazeit bei Tiahuanaco in Bolivien. Die Einheimischen nennen es den Durchgang der Dämonen und vermeiden ihn, behandeln es mit Skepsis, obwohl die Indianer aus der Gegend eine Legende kennen, nach der in altertümlichen Zeiten große Helden dort hindurchgegangen sind auf ihrem Weg zur Unsterblichkeit.

Jorge Luis erzählte einem ortsansässigen Reporter: »Als ich dieses Bauwerk zum ersten Mal sah, bin ich fast ohnmächtig geworden! Ich habe von einer solchen Konstruktion wiederholt über die Jahre hinweg geträumt. Ich sah auch, dass die kleinere Tür offen war und dass ein strahlendes, blaues Licht von etwas, was wie ein schimmernder Tunnel aussah, herkam. Ich habe mit meiner Familie viele Male über diese Träume gesprochen, und als ich nun letztendlich auf den Durchgang starrte, war dies wie eine Offenbarung von Gott. Wie kann jemand einen Auftrag für solch eine seltsame Erscheinung geben?«[*]

Wir wussten nichts von dieser Hintergrundinformation, als wir durch die staubigen Felder und durch die mit Salbei gesprenkelten Hügel zu dem

---

[*] Jorge Luis Delgado Mamani, http://mmmgroup.altervista.org/e-door.html

Der Durchgang von Aramu Muru, Titicaca-See

Steinaufschluss wanderten, den Mallku für unsere Meditation ausgewählt hatte. Als wir den letzten Hügel umrundet hatten, erschien der Durchgang von Aramu Muru, eingeritzt in eine massive, rote Felsformation, vor uns. Mein Herz setzte aus bei der Wiedererkennung: Dies war der Ort, an dem Sue die »Codes von dem Wissen des Universums« versteckt hatte! Dies war der Ort, zu dem Sue und ich im Bewusstsein gereist sind an der Sonnenwende vor zwei Jahren! Jeder andere Teil dieser Reise war magisch gewesen; ich hätte nicht überrascht sein sollen.

2004 in Peru starrte unsere Gruppe auf den Steinberg, drei jeweils ineinander gesteckte Türen, in den Fels hinein eingeritzt. Er stand allein in einem vom Wind gepeitschten Feld auf dem Hochplateau südlich der Stadt Puno.Die eingeritzte Struktur enthielt eine äußere Tür, sieben Meter hoch und ungefähr genauso breit, mit einem kleineren, tiefer eingravierten zweiten Portal, das knapp zwei Meter maß. Am Boden der kleineren Tür war eine Nische oder ein Schlüsselloch, nur ungefähr dreißig Zentimeter groß, dass für mich das dritte Tor darstellte. Auf jeder Seite der großen,

Jonette in der inneren Tür

äußeren Tür waren tiefe Einkerbungen in den Fels geritzt. Mallku sagte uns, das die Nische rechts für uns dazu da ist, um die Wächter um Erlaubnis zu bitten, eintreten zu dürfen. Und die eine links war für uns da zur Danksagung, wenn wir von dem Durchgang weggingen. Wir saßen alle in einem

Halbkreis in dem feinen, roten Sand, mit dem Gesicht zur Steinwand, eine Versammlung von Meistern, jeder oder jede seine eigenen, spirituellen Geschenke mitbringend.

Mein Geschenk war das innere Sehen und die Erinnerung, schon einmal hier gewesen zu sein. Ich war dabei, eine schamanische Reise durch den Durchgang, hinein in andere Dimensionen des Bewusstseins anzuleiten. Es sollte nicht gechannelt sein. Diese Schritte der Heilung und des Wachsens mussten von einer menschlichen Perspektive herkommen. Meine geistigen Führer, White Eagle und Mark, hatten uns bis hierher gebracht. Nun schauten sie zu, als ich übernahm.

Wir wussten, dass wir von den Ältesten umgeben waren, der Weißen Bruderschaft, den Historischen, denjenigen ohne Gestalt. Wir beteten, dass wir alles, was sie uns gelehrt hatten, gut gelernt hatten und dass wir bereit waren, uns vorwärts zu bewegen. Ich fühlte, dass wir die Ältesten waren und taten, was wir konnten, um Frieden, Liebe und Harmonie zu erschaffen für die Weitergabe an unsere Kinder. Mallku begann die Zeremonie mit der Anrufung des heiligen Feuers. Das Blaue des Feuers stand für die Kraft, das Rosafarbene für die Liebe, und das Goldene für die Weisheit und Klarheit. Grasende Esel beobachteten uns von dem nahegelegenen Feld.

Das Entsiegeln des Portals

Ich fing an als Jonette zu sprechen, unsere Gruppe in einen zeitlosen, multidimensionalen Bewusstseinszustand führend. Zusammen wurden uns die Schwingungscodes der Sonnenscheibe zugänglich gemacht. Dies war der wichtigste, spirituelle Prozess unserer gesamten Reise.

Wenn wir diesen heiligen Durchgang erreichen, so lasst bitte los von eurem Getrenntsein und lass eure Seele hervortreten. Empfangt einander in euren Herzen mit dem Wiedererkennen der im Gedächtnis gebliebenen Meisterschaft. Jeder von uns hat eine Fackel durch die Jahrtausende getragen, sogar wenn es nicht sicher war, ein Fackelträger zu sein. Zusammen bewegen wir unsere Aufmerksamkeit zur rechten Seite von der großen Steintür und bitten die Wächter des Tores um Erlaubnis. Der Einlass ist gewährt. Wir bewegen unsere Aufmerksamkeit in die Höhle der

Kristalle im Inneren des Felsens. Die Intelligenz der Kristalle berührt uns zutiefst, lässt uns öffnen, lässt uns einstimmen auf die Einheit. Unsere Fähigkeit, Energie und Wissen zu halten, hat sich in die Kristallhöhle ausgedehnt.

Wir sind an den Toren der Geschichte. Fühle den elf-zackigen Stern der Führungskraft auf deiner Stirn. Nun sind wir an der großen Tür, welche ich als das Tor der Venus sehe. Ich sehe, dass der Code, der diese Tür öffnet, das quadratische Kreuz der Inka ist. Anstelle des gewöhnlichen, dreistufigen Kreuzes ist dies ein Kreuz mit sieben Stufen. Insgesamt sind dreiundzwanzig Stufen in diesem Kreuz ... das esoterische Kreuz ... das Kreuz der Sieben Strahlen. Fühle dieses Kreuz in deinem Herzen und in der Tür, bis eine Schwingung entsteht, die die Tür öffnet. Beachte, dass wir in einer anderen Realität sind, eine, die sich stark magnetisch anfühlt ... dynamisch. Beachte, wieviele Mitmenschen uns folgen ... zuerst vielleicht zögerlich. Fühle diese Realität sich ausdehnen, um jeden zu halten, der dafür bereit ist. Erfahre die Weisheit hier; es ist etwas unbeschreiblich Wundervolles.

Nun sind wir bereit, durch das nächste Tor zu gehen, das kleinere Portal. Gehe in die, wie Mark es genannt hat, siebte Dimension, indem du deinem Bewusstsein erlaubst, sich in ein Hologramm zu zersprengen. Bewege dich von einer spezifischen Perspektive aus, um Perspektiven von überall anzunehmen. Folge der Energie von diesem zerborstenen Herzstück, der Regenbogenschlange, die wir in der Höhle der Schlange wahrgenommen haben. Bringe dich selbst in ein ausgedehntes Bewusstsein, in welchem du überall zentriert bist. Sobald wir uns ausgedehnt haben, öffnet sich das innere Tor in noch eine andere Welt hinein, eine Welt jenseits des Verstehens.

Dies ist die höhere Realität, die nun die Energie der Sonnenscheibe von Mu oder der Sonnenscheibe der Inkas hält. Stellt euch diese multidimensionale Scheibe vor, wie sie Licht und Schwingungen ausstrahlt, die nur selten auf der Erde existiert haben. In dieser Scheibe liegen die Schwingungen, Codes und Vorlagen konzentriert vor; sie öffnen unser holographisches Dasein für einen Download von universeller Weisheit. Wir empfangen jetzt die Codes und Schwingungen, die wir gesucht haben. Sie werden aktiviert werden, sobald unser persönlicher Pfad die nächste Ebene für uns in die Wege leitet. Vorerst absorbieren wir einfach alles auf eine mystische Art und Weise.

Einige von euch können jetzt einen Durchgang auf dritter Ebene spüren. Ich werde es die »Neunte Sonneneinweihung« nennen. Es ist keine Einweihung, für die ihr zur Zeit bereit seid, aber eine Einweihung, die als nächstes auf dem Pfad der Menschheit ansteht und zweifelsohne auf dem Weg der Kristall- und Indigo-Kinder der neuesten Generation. Es ist nicht angemessen, dass wir uns weiterbewegen. Es gibt einige Schlüssel und Codes für diese Neunte Sonneneinweihung, die künftig in dein Herz gehen werden. Dies sind die Codes des Kosmos. Dies sind Codes von unbegreiflicher Weisheit. Sie sind Codes für das Schicksal der Menschheit. Unsere menschliche DNA wurde dafür erschaffen, so viel mehr zu tun als bis jetzt erweckt wurde. Wir tragen unseren Teil dazu bei, indem wir uns vorstellen, wie sich diese Neunten Sonnencodes in uns hineinbewegen, durch unsere Kinder und Kindeskinder hindurch und hinein in die Natur selbst. Dies sind die Samen für die Zukunft. Die Natur, die Berge, die Wolken, die Seen, die Wälder, die Dschungel, die Wüsten können alle Aspekte dieses Codes enthalten.

Wenn du bereit bist, bewege dich weg von der Schwelle dieses schmalen, dritten Tores und schließe leicht die Tür. Es ist nicht angemessen, dass sie offen bleibt. Sie ist mit einer dünnen Schicht geschlossen, so dass diejenigen, die sie finden und öffnen können, eingeladen sind, dort hindurch zu stoßen. Erkennt noch einmal all jene Seelen der Menschen an, die sich uns angeschlossen haben und es durch das zweite Tor geschafft haben, das Tor der Sieben Strahlen. Versammelt euch jetzt mit diesen Personen und bewegt euch aus der zweiten Tür heraus, das Tor offen lassend.

Verbindet euch jetzt zurück mit den Millionen von Seelen, die dazu fähig waren, sich uns durch das erste Tor hindurch anzuschließen, aber nicht weiter gehen konnten. Berührt sie mit dem, was ihr jetzt wisst, denn eines Tages werden auch sie dazu fähig sein, durch diese zweite Tür zu gehen. Jetzt, wo ihr euch zutiefst verändert fühlt, tretet heraus aus dieser ersten, großen Tür, der Tür der Venus. Findet all die Wesenheiten auf uns wartend vor, Erzengel, Meister, die uns unterstützten, fühlt ihren Jubel. Fühlt das Licht von dem Gewimmel der Menschen, die noch nicht ganz so weit sind, irgendeine von den Türen zu betreten. Sie können uns sehen und unsere Liebe und Weisheit fühlen. Sie können ihre Zukunft fühlen, ihre Hoffnung in unseren Augen. Wir stehen nun der Sonne im Osten zugewandt, und wir lieben … und wir lieben … und wir lieben.

Bevor wir mit all unseren Geschenken weggehen, lasst uns zu dem großen Stein zurückkehren. Erkenne durch dein Drittes Auge, dass wir das Siegel gebrochen haben. Die enthüllten Mysterien sind jetzt frei. Wir sind bereit, auf die nächste Ebene von unserer Bestimmung einzumünden. Wir haben zugehört, wir haben gelernt und wir sind mutig.

Irgendetwas Großartiges ist mit Sicherheit passiert, als wir dort auf der rötlichen Erde in der Nähe des Ufers vom Titicaca-See zusammengesessen haben. Ich bezweifle, dass wir jemals wissen werden, was wir getan haben, oder wie, oder warum. Ich war dort für meine geliebte Sue Burch. Die Worte, die Mark vor Jahren zu uns gesprochen hat, ergaben letztendlich einen Sinn:

Mit dieser Codierung wird die wahre Bruderschaft der Menschheit und der Natur und der Sterne damit beginnen können, erkannt zu werden. Die Schleier werden fallen. Auf vielerlei Weise ist dies das Sich Erinnern an das vereinte Feld, in dem alles Eins ist. Es gibt keine Trennung mehr und folglich keinen Erinnerungsverlust zwischen der menschlichen Rasse und all den anderen Anteilen von der Einheit. Es ist ein Anerkennen der höheren Dimensionen des Nicht-Getrenntseins. Die Welt war vorher noch nicht bereit für mehr Energie. Jetzt gibt es genug erwachte Menschen, die den höheren Zweck verstehen können und mit der Erde arbeiten können, so dass dieser Felsen all diese Weisheit allein nicht mehr halten muss. Es wird Phasen der Aktivierung in der Partnerschaft mit der Erde und den Sternen geben, denn dies ist eine gewaltige, interdimensionale Öffnung.

Die Zeit um uns herum schmolz dahin auf dem Altiplano in Peru. Es fühlte sich für mich so an, als ob unsere Seelen Versprechen erfüllten, an die wir uns nicht erinnerten, sie je gemacht zu haben, um der Menschheit dabei zu helfen, eine Zukunft zu erschaffen, welche wir nicht in der Lage waren zu begreifen.

Die Sonnenscheibe als Schlüssel

Bevor ich nach Colorado zurückkehrte, übersprudelnd vor unbeantworteter Fragen über das, was sich wirklich in Peru ereignete, stolperte ich über einen faszinierenden Artikel von Paul Damon im Internet. Er handelte von der Legende von dem Durchgang des Aramu Muru.

Ein Inka-Priester des Tempels der Sieben Strahlen mit dem Namen Aramu Muru floh von seinem Tempel mit einer heiligen, goldenen Scheibe, bekannt als der Schlüssel der Götter von den Sieben Strahlen, und versteckte sich in den Bergen von Hayu Marca. Er stieß wahrscheinlich auf den Durchgang, der von schamanischen Priestern bewacht wurde. Er zeigte ihnen den Schlüssel der Götter und es wurde ein Ritual ausgeführt, mit dem Ergebnis einer magischen Erscheinung, die von der goldenen Scheibe initiiert wurde, welche das Portal öffnete und, der Legende nach, blaues Licht aus einem Tunnel im Inneren ausstrahlen ließ. Der Priester Aramu Muru übergab die goldene Scheibe an den Schamanen und ging dann durch das Portal hindurch, um nie wieder gesehen zu werden.[*]

Aufgeregt atmete ich kaum, als ich weiterlas. Diese Geschichte brachte einige Elemente von meiner Erfahrung zusammen. Erstens: das Steinportal aus Sues Vision Jahre zuvor war mit der Sonnenscheibe verbunden, der ich auf den inneren Ebenen begegnet bin, als wir in Cuzco waren. Der Artikel erwähnte, dass die goldene Scheibe der Schlüssel war, der den interdimensionalen Durchgang in dem Felsberg öffnete. Ich fragte mich: »War dies der Grund, dass mir die Sonnenscheibe gezeigt wurde und die energetischen Codes gegeben wurden, nur zwei Tage, bevor wir zu dem Durchgang kamen – damit ich das Geheimnis zum Öffnen des Portals kennen würde?«

Eine weitere Sache, die Damons Artikel ans Licht brachte, war die Idee, dass die goldene Scheibe bekannt war »als der Schlüssel der Götter von den sieben Strahlen.«[**] Ohne irgendetwas davon bewusst zu wissen, sagte ich während der meditativen Reise, die ich zu dem Interdimensionalen Durchgang geführt hatte: »Der Code um diese Tür zu öffnen ist das ... Kreuz der sieben Stufen ... das Kreuz der Sieben Strahlen.«

Wie konnte ich all dies wissen? Ein Zufall?

Aber das letzte Stück, das auf seinen Platz purzelte, als ich den Abschnitt auf meinem Computerbildschirm las, war das über den Hohepriester Aramu

---

[*] Paul Damon, Artikel *Doorway of Aramu Muru*, www.Labyrinthina.com

[**] Ebd.

Muru, nach dem der Durchgang benannt war. Er war es, der das mystische Portal in dem Steinberg zuerst öffnete, die Scheibe an einen Schamanen übergab und dann für immer verschwand.

Die Frage lautete also: War Sue der Inka-Hohepriester Aramu Muru gewesen, der aus Lemurien stammte? Waren die Codes der Sonnenscheibe, die vor zwei Tagen durch mich heruntergeladen wurden, einige derjenigen Energien, die Sue in dem Felsen versteckt hatte? War diese Scheibe der Schlüssel? Sind die Legenden dem entsprungen, was sie getan hatte und ich in unserem vergangenen Leben bezeugt hatte? Warum sollte ich sonst diesen Platz wiedererkennen? Warum waren wir sonst hier? Ich wusste, dass ich zum Teil hier war, um die Prophezeiung zu erfüllen, die Mark Sue und mir in meinem Wohnzimmer im Jahr 2002 erzählt hatte:

In jenem Leben hast du es allein getan; es gab niemanden, der träumte, was du träumtest und wusste, was du wissen musstest. Jonette ist eine Auszubildende von dir. Sie ist hier, um bei dir zu sein und dabei zu helfen, die Kraft von dieser Weisheit, diesem Licht, dieser Verschlüsselung zu halten, die jetzt befreit werden soll.

28
Fruchtbarkeitstempel

Nachfolgend auf unsere Meditation am Durchgang von Aramu Muru hatten wir ein Mittagessen-Picknick an den Ufern des Titicaca-Sees. Der Ausflugstag endete mit einem Sonnenuntergangs-Stop bei der kleinen Stadt Chucuito, um die Überreste eines Fruchtbarkeitstempels anzuschauen. Neben einer katholischen Kirche war ein ummauerter Garten, der übersät war mit etwa vierzig, einundneunzig Zentimeter großen, aufrecht stehenden Stein-Phallussen, überragt von einem riesigen Penis. Mallku erklärte, dass, als die lüsternen Spanier kamen, sie den Tempel zerstörten und so viele Steinteile wie sie nur konnten dazu benutzten, um die nahegelegene Kirche zu bauen. Mallku bemerkte heiter, dass es einen Steinpenis gibt, der als Mauerstein eingesetzt wurde und der direkt in die Kirche hineinragt! Als die Indianer sahen, dass die Ordensbrüder diese monumentalen, männlichen Organe nicht anerkennen, brachten die Einheimischen sie weg und versteckten sie über die Jahrhunderte hinweg in ihren Häusern. Mit dem neu erwachten Interesse in die Archäologie und die Andenkultur sind viele der Phallusse wieder aufgetaucht, um wieder im Garten des Fruchtbarkeitstempels zusammenzukommen.

Ich stellte mir vor, dass die Männer und Frauen in unserer Gruppe verschiedenen Ritualen nachgehen sollten. Die Zeremonie der Frauen beinhaltete ein Überbringen von mütterlicher Energie und Stärke von den Frauen, die Kinder geboren hatten zu denjenigen von uns, die noch keine geboren hatten. Wir bildeten einen Kreis, indem die Mütter die kinderlosen Frauen umringten. Jede teilte mit, was ihr gerade zum Aussprechen in den Sinn kam. Die süße, spontane Versammlung ließ uns Tränen in die Augen steigen.

In der Zwischenzeit hatte ich Ed dazu ermahnt, Führungsqualität gegenüber den Männern zu demonstrieren, so dass sie mit einer bedeutungsvollen Zeremonie aufwarten konnten in diesem heiligen Garten menschlicher Fortpflanzung. Er versammelte die Männer in ihrer Hälfte des Tempels um sich und startete eine Diskussion über die Führungsrolle von Männern. Von dem, was ich erzählt bekommen habe, dauerte diese Konversation weniger als eine Minute, bevor Mallku die Diskussion zu der Wichtigkeit von tantrischem Sex umschwenkte. Ihr könnt euch vorstellen, wo jedermanns Aufmerksamkeit hinging. Es gab einfach keinen Wettstreit.

Bill Austin aus unserer Gruppe beobachtete: »Die meisten der Jungs, mit Ausnahme von Trent, haben ziemlich unbehaglich dreingeschaut.« Bill fügte hinzu: »Wenn ich einige von meinen schwulen Freunden dabei gehabt hätte, die hätten sich alle kaputtgelacht. Heterosexuelle Jungs sind so komisch, was Sex anbelangt.« Ich habe bemerkt, dass die Männer auf ihre Füße geschaut haben, als Mallku, die Hand auf dem Kopf von dem Königspenis, über die Geschichte von diesem Ort gesprochen hat. Meine niemals schüchterne Schwester Erin wollte nicht locker lassen, bis sie nicht zumindest eine weitere unverheiratete Frau mitreißen konnte, sich vor einem Alpha-Phallus in übertriebener Ehrerbietung zu verbeugen, während wir alle Bilder machten. Ihr persönliches Ziel, warum sie mit auf diese Reise gekommen war, war es, sich darauf vorzubereiten, Mr. Right zu finden. Weniger als drei Wochen später traf sie Ken.

»Wenn die Leute mich fragen, wie ich Ken kennengelernt habe, dann erzähle ich ihnen, dass ich ihn über die Inkas getroffen habe!« Erin erzählte mir: »Ich glaube, ihn gefunden zu haben war das Resultat meines inbrünstigen Betens in jedem heiligen Gebiet. Während alle anderen Portale geöffnet und Codes empfangen haben, habe ich mich darauf konzentriert, einen wunderbaren Partner, guten Sex und ein Leben lang Freude zu finden. Das

Vicki und Erin im Fruchtbarkeitstempel

ganze Meditieren und Reinigen funktioniert, und die Liebe und Freund-schaft zu allen innerhalb der Gruppe öffnete mein Herz derart, dass, als Ken ein paar Wochen später dort eintrat, ich bereit für ihn war! Ich fühle mich nicht mehr wie die ›Vor Peru Erin‹ und das ist eine wundervolle Sache!«

Nach siebzehn Tagen verließen wir Peru mit spirituellen Durchbrüchen, für deren Verständnis wir Monate brauchen würden. Wir waren eine kraft-volle Gruppe, die magische, mystische Abenteuer miteinander geteilt hat.

Mallku hatte bereits eine andere Reisegruppe, die auf ihn am Titicaca-See wartete. Bevor er uns verließ, fand ich einen privaten Augenblick, um ihn zu fragen: »Was war für dich der bedeutendste Teil von dieser Reise gewesen?«

Ich wollte, dass er antwortet, dass er Spass mit unserer Gruppe hatte, dass er dankbar war, mich kennenzulernen, dass er diese spezielle Bindung wahrgenommen hat, dass er hoffte, ich würde weitere Menschen nach Peru bringen. Er könnte so viele Dinge gesagt haben, um seine Zeit mit uns zusammenzufassen. Was er wirklich sagte, war nicht das, was ich hören wollte. Mit munterer Stimme stieß er hervor: »Die erstaunlichste Sache für mich war, als unser Flugzeug letztendlich durch den Sturm hindurch in Cuzco landete. Ich dachte, wir würden gegen diesen Berg fliegen! Ich kann nicht glauben, wie nah wir ihm gekommen sind!«

Es gab so viele *andere* Sachen, die er vielleicht hätte sagen können.

Ich reiste ab mit der Wahrheit in meinem Herzen, dass Mallku meine Zwillingsflamme oder Zwillingsseele war, nicht weil er mit mir übereinstimmte, sondern weil ich meine starke Gewissheit nicht anzweifeln konnte.

Mut ist, seiner eigenen Wahrheit zu vertrauen, unabhängig von äußerlicher Bestätigung.

Teil IV
SO VIELES
ZU VERSTEHEN

»Es ist der Geist des Fluges, an den wir uns wenden – die Freiheit, von dem
unterstützt zu werden, was nicht sichtbar ist.
Somit bitten wir euch, eure silbernen Schwingen zu entfalten, mit eurem
Herzen zu führen und in den Himmel hineinzuspringen.
Denn der Himmel wird euch auffangen
und zu unbekannten Universen tragen.«
- White Eagle -

29
Zwillingsseelen

~~~~~~

Ich glaube, dass das unglaubliche, spirituelle Erwachen, das ich in Peru erfahren habe, zum Teil ein Resultat meines Wiedererkennens von Mallku als meine Zwillingsseele war. Während der ganzen Reise ertappte ich mich dabei, wie ich Mallku mit Stolz betrachtete, Stolz darüber, was aus der männlichen Seite unserer Zwillingsseele geworden war. Jedes Mal, wenn ich ihn anschaue, fühlte ich unsagbare und unkontrollierbare Energien und zeitlose Emotionen.

Mallku war ein fabelhafter Koordinator – unzählige Details graziös abhandelnd, ein starker und balancierter Anführer, ein Mann mit einer Leidenschaft für heiliges Wissen und ein Nachforscher, der sich dem Aufdecken von tieferen Wahrheiten widmet.

Die meiste Zeit über hatte ich erfolgreich ein Schild zwischen Mallku und mir aufrecht gehalten, so dass keine Gefühle meinem verwirrten Herzen entkommen konnten. Eines Tages, als Erin und ich im Touristenmarkt von Aguas Calientes einkaufen waren, tauchte Mallku am nächsten Stand auf, um etwas für die Vollmondzeremonie an diesem Abend zu kaufen. Ich hatte ihn dort nicht erwartet, somit war der Schutzschild von meinem Herzen nicht eingeschaltet. Seine Anwesenheit, selbst in diesem unschuldigen Rahmen, traf mich mit voller Kraft. Ich fühlte meine Knie schwach werden, meinen Puls stottern und meine Hände flogen nach oben, um mein Herz zu bedecken. Verdammt. Wie konnte dieser Mann, den ich kaum kannte, solch einen Effekt auslösen? Alles davon umging meinen denkenden Verstand, und das wiederum meine Fähigkeit, dies rationell zu kontrollieren. Die Verbindung war nicht eine gefühlsmäßige oder basierend auf romantischen Emotionen; sie war unausweichlich energetisch. Ich fühlte mich körperlich wie die Enden von einem gedehnten Gummiband, die zusammenschnalzen.

Meine Freundin P.J. Deen hatte ehemals Kurse für »Erwachen zu deiner Zwillingsflamme« erteilt, also suchte ich ihre Begleitung, sobald ich wieder nach Colorado zurückgekehrt war, um Antworten auf meine Verwirrung zu bekommen. Dies ist, was sie daraufhin schrieb:

Zwillingsflammen gehen ein gutes Stück weiter jenseits der Beziehungen in der Art von Seelenverwandtschaften, bis an den Punkt, wo sie praktisch unbeschreiblich sind. Du bist im Wesentlichen Teil von derselben Energie und dies kann eine fast überwältigende, magnetische Anziehungskraft erschaffen.

Zwillingsflammen sind Bewusstseine, die einmal eins waren und dann zerteilt wurden, wie die erste Teilung von einer befruchteten Zelle, separat heranwachsend auf ihrer eigenen Suche nach der Existenz und von Zeit zu Zeit die Wege kreuzend und dann sich wieder vereinigend, um mit dem anderen seine Erfahrungen zu teilen und sich in der Freude daran zu erhöhen, das gegenseitige Wachstum anhebend in einem exponentiellen Brauch. Dieses Ansteigen an Wachstum durch die Multiplikation von Erfahrungen resultiert in der Ekstase und der extremen Freude in diesen Beziehungen. In dieser Vermischung besteht die Möglichkeit, die Einheit und das Einssein zu erfahren, Erinnerungen an den Zustand der Glückseligkeit und der Einheit mit allen Dingen auslösend. Die gegenseitige Verträglichkeit von Zwillingsflammen ist großartig. Es ist fast wie ein Nachhausekommen. Denn es ist gewissermaßen auch so. Es ist ein Nachhausekommen zu sich selbst, ein Nachhausekommen zu den Erinnerungen an die vollkommene Einheit mit sich selbst und Gott.

Eines der wichtigsten Dinge, die Zwillingsflammen charakterisieren, ist die Arbeit, die sie zusammen in diesem Leben unter gemeinsamer Zustimmung erledigen. Euer Zusammenkommen, speziell in diesen Zeiten der wunderbaren Beschleunigung, enthält eine große Bedeutung für den Erfolg der Ausdehnung der Menschheit in das Licht und in größeres Bewusstsein hinein. Und die Zeit ist jetzt.

Ich verbrachte die ersten paar Tage zu Hause am Telefon mit dem Erzählen von meinen Erfahrungen in Südamerika. Ich fand nur ein paar Freunde, außer P.J., die tatsächlich ihre Zwillingsseelen getroffen hatten. Für jede Frau war die Wahrheit von dieser Beziehung unleugbar. Nicht eine von ihnen sagte: »Ich denke, er könnte mein Zwilling gewesen sein.« Sie alle wussten es einfach.

Patricia sagte: »Ich traf meine in Yucatan; er war ein Kubaner. Die Anziehungskraft war so unglaublich, dass ich meine kleinen Kinder verlassen und mir meinen Arm abgetrennt hätte, wenn er das von mir verlangt hätte.«

Dayle, eine Freundin aus Kanada, erzählte mir, dass sie ihre Zwillingsflamme über vierzig Jahre lang gekannt hat. »Er ist ein Jesuitenpriester in Irland. Unsere Verbindung ist so stark, dass ich, obwohl es ihn wahrscheinlich verwirrt, alle paar Jahre nach Irland fliege, nur um einen Nachmittag mit ihm redend im Pfarrhaus zu verbringen. Ich könnte ein Buch über all diese Jahre schreiben.« Sie fügte hinzu: »Interessant ist an der Wahrheit, dass du sie einfach nicht verstecken kannst.«

Kristine aus Holland emailte mir eine wundervolle Beschreibung, wie sie ihre Zwillingsseele auf einem Workshop getroffen hat. »Ich wurde wie von einer magischen Hand dazu hingezogen, mit ihm zu reden. Als ich in seine Nähe kam, fing mein Herzzentrum furchtbar an zu vibrieren. Als er mich umarmte, wurde ich auf eine andere Ebene der Verbindung befördert, so als würde es nur einen von uns geben. Der Zustand von Glückseligkeit war jenseits jeglicher normaler Sinnesempfindungen ... Mein Herz übernahm ... Ich hatte keinerlei Körper oder Emotionen mehr. Es fühlte sich fast schmerzhaft an, sich aus dieser Umarmung und diesem Zustand zurückzuziehen, wie wenn du als Baby geboren wirst und plötzlich aus diesem wunderschönen Mutterleib in die kalte Welt hinausgeworfen wirst. Mein Geschenk zu dieser Zeit war nicht die Wiedervereinigung selbst, sondern die Wiederumarmung dieser Vereinigung.«

P.J.s Zwillingsflamme, im Fühlen der Kraft von ihrer Verbindung zu ihm, stellte es vielleicht am besten von allen dar: »Du jagst mir eine Heidenangst ein.«

Deborah Bergmann, noch eine Freundin, die über das Göttlich Männliche und Weibliche schreibt und Workshops abhält, lachte nur, als ich sie nach der Reise anrief, ihr von Mallku erzählte und die Frage stellte: »Was soll ich jetzt tun?«

Ihre Antwort: »Es ist gut, dass du nicht auf demselben Kontinent lebst,« überbracht in einem Ton von wissender Fröhlichkeit, war nicht gerade die Antwort, nach der ich suchte, um mir bei dem Umgang mit der Büchse der Pandora zu helfen, die ich unabsichtlich geöffnet hatte. Deborah und ich unterhielten uns eine lange Zeit; nach alledem gibt es nicht allzu viele Menschen, mit der sich eine glücklich verheiratete Frau sich über eine unerklärliche, energetische Anziehung zu einem jungen Mann unterhalten kann, der gerade zufälligerweise ein Andenschamane ist.

Am Ende meiner Unterhaltung mit Deborah ließ ich die Bombe platzen, die beide, sie und P.J., zweifellos hätten vorhersagen können: »Ich gehe zurück nach Peru ... im Dezember ... für die Wintersonnenwende.« Es brauchte mich weitere zwei Wochen, um diese Neuigkeiten Ed zu unterbreiten und sogar noch länger, um Mallku zu erzählen, dass ich in die Anden zurückkehre.

Freundinnen

Es ist in jedermanns Leben wichtig, eine Balance zwischen dem Spirituellen und dem Gewöhnlichen zu halten. Aus diesem Grund haben wir Langzeit-Freunde. Wir waren einen Monat aus Peru zurück, als ich mich vier Schwestern aus der Studentinnenvereinigung vom College für einen Urlaub in Cape Cod anschloss. Wir kamen um Mitternacht von Denver aus in Boston an. Um 3 Uhr morgens waren wir immer noch auf der Suche nach dem richtigen Ort am Cape. Deborah Deeg saß am Steuer; die Unterhaltung war lebhaft, während wir versuchten, sie wach zu halten. »Jonette, erzähl uns alles von Anfang an über deinen Ausflug nach Peru, und lass ja nicht die kleinste Sache davon aus,« kam die Bitte vom Fahrersitz.

Ich fing an mit Mallku. Ich überging das Zeug mit den Zwillingsseelen, und kam direkt zu dem Teil, den sie interessant finden würden – eine strohbedeckte Hütte mit einem achtunddreißigjährigen, peruanischen Reiseleiter zu teilen. Ich erzählte ihnen, dass er mich in seinen Armen gehalten hatte und dass es sich herrlich anfühlte. Sie hörten an dieser Stelle wirklich zu. Sogar Barb Scripps wachte von ihrem Nickerchen in der hintersten Ecke unseres gemieteten Kleinbusses auf. Ich erzählte ihnen von meiner Aussage gegenüber Mallku, dass »ich sehr verheiratet bin.« Sie waren erleichtert, denn sie alle bewunderten meinen Mann und wollten sichergehen, dass ich nicht vollkommen durchgeknallt war.

Wir waren seit unserem achtzehnten Lebensjahr beste Freundinnen, lange bevor irgendetwas Spirituelles anfing, bei mir stattzufinden. Sie blieben skeptisch gegenüber meinem channelnden Anteil in meinem Leben und sie liebten mich trotz allem. Dann beging ich in meinem Geschichtenerzählen einen fatalen Fehler. Ich erzählte ihnen, dass ich eine Stimme hörte, die mir auftrug, Mallku einzuweihen indem ich sein Drittes Auge berührte. Gemeinsam buhten sie, johlten sie und brüllten vor Lachen. Der Kleinbus schlenkerte, als Deborah, die Fahrerin, sich hysterisch schüttelte. Alle vier von ihnen hatten Fragen: »Du berührtest sein was?! Wo genau ist das Dritte Auge von einem Mann? Welche Art von Einweihung war das?«

Sidney Friend brachte mit ihrer Frage die ganze Stimmung auf einen Nenner: »Wessen Stimme in deinem Kopf hat dir gesagt, dies zu tun?«

Es gibt nichts, was dich so in Schach hält wie enge Freundinnen. Ich wechselte das Thema und letztendlich fanden wir das Häuschen am Strand.

30
Antworten von White Eagle

~~~~~~~~~~~~~~~~~~~~~~~~~~~~~~

Unsere mystische, abenteuerliche Reise in die Anden war so viel mehr, als jeder von uns gehofft hatte und definitiv mehr, als wir auf einfache Weise verarbeiten konnten. Ed erzählte den Leuten: »Der Ausflug zum Everest war eine Lebenserfahrung; keiner von uns dachte, dass diesen Durchbrüchen etwas gleichkommen könnte, aber Peru war so viel mehr.«

Berdine de Visser aus Holland schrieb: »Ich habe über Peru nachgedacht, was persönlich passiert ist und als Gruppe, aber ich finde es immer noch schwer, dies in Worte zu fassen. Ich bin wirklich verändert.«

»Es ist schwer, wenn nicht gar unmöglich, die Gefühle zu beschreiben, die Energien, und die Erfahrungen von dieser Reise,« emailte Brad Johnson. »Alles was ich sagen kann ist, dass der Ausflug ein lebensveränderndes Ereignis war.«

Ich sprach mit Larry Cooper, der sagte, dass er aus der üblichen Sicht heraus immer wahnsinniger werde, seit er aus Südamerika zurückgekommen ist.

»Ich denke, dass wir das alle sind. Zurechnungsfähigkeit ist auch nicht immer das Gelbe vom Ei,« antwortete ich. Auch ich fühlte mich anders: stärker, leichter, liebevoller, erreichbarer.

Meine Beziehung zur Weißen Büffelkalbfrau

Die übersinnlichen Momente in den Anden ließen mich mit einer Menge zu verdauen und zu verstehen zurück. Ich channelte White Eagle für ein paar höhere Antworten. Eine Sache in meinem Kopf war die Beziehung zur Weißen Büffelkalbfrau. White Eagle erklärte dazu:

Jonette hält die Energie und die Weisheit der Weißen Büffelkalbfrau, obwohl einiges davon immer noch hinter den Schleiern ist. Sie sind dieselbe Seele. In diesem Leben erwacht Jonette zu ihrer Mission, Vorstellung und Kraft. Es gibt keinen Zweifel, dass sie eine spirituelle Größe ist. Es gibt nur Zweifel darüber, ob sie vollständig erwachen wird oder nicht. Sie muss schnell die Kraft des spirituellen Erwachens vollständig begreifen, damit sie anderen helfen kann. Wenn nicht, dann werden die anderen davor zurückscheuen, ihr eigenes Licht zu begreifen. In dem Maße, wie Jonette diese Wahrheit halten und akzeptieren kann, ist das Ausmaß, auf Grund dessen sie durch die Blockaden hindurch brechen wird, die sie und andere Menschen haben – Blockaden, die sie auch von ihrer Größe abhalten. Sie wird gebeten, ihre Größe zu akzeptieren. So sind alle gebeten. Es ist am schwersten, Größe zu akzeptieren, bevor die anderen es getan haben.

Wer ist Kumara?

Außer dem Verstehen meiner Verbindung zur Weißen Büffelkalbfrau war eine weitere herausragende Frage, die ich hatte: »Wer ist Kumara?« Es war der Name, den ich mir selbst in der Höhle der Schlange gegeben hatte und der Name, mit dem ich um Einlass in die mystische Pyramide ersucht hatte, die die Sonnenscheibe enthielt. Ich betrieb ein bisschen Nachforschung im Internet und fand heraus, dass sich die Schriften aus dem Sanskrit auf die heiligen Kumaras beziehen. Verwiesen wird auf Sanat Kumara oder dem höchsten Kumara, von dem gesagt wird, er sei der Meister der Erde, und sieben weitere Kumaras, die in den buddhistischen Lehren, in den hinduistischen Puranas und in den theosophischen Schriften von Alice Bailey erwähnt wurden. Es wurde behauptet, dass die Kumaras großartige Wesen vom Planeten Venus waren. Angeblich gab es bedeutende Mysterienschulen auf der Venus, die das Trainingsgelände für die Hierarchie der brahmanischen, hinduistischen, lemurischen und vor-lemurischen Avatare oder Meister waren. Das Erwähnen der Venus brachte etwas zum Klingeln auf Grund meiner Erfahrung am Interdimensionalen Durchgang von Aramu Muru. Als ich zum ersten Mal diese gigantische äußere Tür sah, eingeritzt in den Stein, bemerkte ich reflexiv: »Dieser Durchgang hat etwas mit der Venus zu tun.«

Wie auch immer, die Idee von Mysterienschulen auf der Venus war weit hergeholt, sogar für mich. Es war an der Zeit, White Eagle nach seiner Meinung über Kumara zu fragen. Er hatte eine Art, die Dinge auf einfache Weise für mich verständlich zu machen.

Jonette, Weiße Büffelkalbfrau und Kumara sind dieselbe Seele auf unterschiedlichen Ebenen des Erwachens. Kumara ist auf einer außergewöhnlich hohen Ebene des Erwachens, so wie auch Jonette noch immer ist. Kumara ist so viel mehr, weil sie einen enorm Erleuchteten verkörpert, sowohl männlich als auch weiblich; noch fühlt sich Jonette momentan wohler mit der weiblichen Seite. Kumara ist die Energie von einem Göttlichen Menschen. Es ist ein Name, ein Bereich für einen zu einer höheren Dimension erwachten Menschen. Jeder Mensch hat die Möglichkeit, die Kraft von Kumara zu haben. Indem Jonette diese Energie beansprucht, wird sie den Weg für andere öffnen, um vollständig erleuchtet sein zu können. Sie beansprucht die Universale Kraft, die jedem gehören sollte. Sie beansprucht sie nicht als eine Gottheit, sondern als ein Mensch, der Göttlichkeit beansprucht. In diesem höchsten Namen ist Jonette immer noch Mensch und kann die Kraft der Sonnenscheibe beanspruchen.

Die Kraft der Sonnenscheibe

Ich wollte mehr über die mystische Pyramide und die Codes der Sonnenscheibe wissen, die ich in der Zeremonie in Mallkus Appartement erhalten hatte. White Eagle fuhr fort:

Mark und White Eagle hängen eng mit Jonettes Seele zusammen. Die Energie, Kraft und Weisheit von Kumara und der Weißen Büffelkalbfrau sind Jonettes Seele. Sie öffnet ihr eigenes Gefäß für ihren größeren Geist. Sie hat um die Codes des Erwachens gebeten. Die Sonnenscheibe, die sie in der ätherischen Welt gefunden hat, hat sie zu sich gerufen. Die Sonnenscheibe existiert nicht in einer Dimension oder an einem Ort. Sie kann auf vielerlei Arten erreicht werden, abhängig vom Weg. Jonette fand sie, indem sie in Ruhe ihr Göttliches Menschsein beanspruchte.

Die Pyramide der Sonnenscheibe wurde als ein Test unbewacht gelassen. Jonette musste erkennen, dass sie um Erlaubnis bitten musste. Beim Hervorrufen der Wächter und Anführer bewies sie den höheren Seinsbereichen, dass sie bereit war, und dass sie mit den Energiecodes umgehen konnte, die ihr übergeben werden würden. Sie musste sich selbst anführen ohne Anleitung. Der Wächter von der Pyramide der Sonnenscheibe, welchen Jonette um die Erlaubnis bat, eintreten zu dürfen, ist in der ägyptischen Mythologie Ra, der Sonnengott. In den Überlieferungen der Azteken ist er Quetzalcoatl, die gefiederte Schlange, die sich selbst als Mann zeigt. Sogar Götter haben ein menschliches Antlitz. (Das erinnerte mich daran, dass Ra Sue Burchs geistiger Führer war.)

Die Menschen müssen auf ihren inneren Ruf hören und ihrem Wissen folgen zu diesen Durchbrüchen. Jonette hält nun in ihrem körperlichen Sein die Codes und Schlüssel, die die Grundlage der Sonneneinweihungen für eine umfangreiche Anzahl an Leuten sein werden. Sie wird Sonneneinweihungen von außerhalb eurer Sonne übertragen.

Die Beziehung mit Mallku

Ich fragte White Eagle nach meiner Verbindung mit Mallku. Höchst bedeutend war für mich jedoch zu erfahren, weshalb (zumal ich erst seit einem Tag aus Peru zurückgekehrt war) ich wusste, dass ich im Dezember in die Anden zurückkehren musste.

Jonette und Mallku sind Zwillingsflammen, jeder eine Flamme für sich; zusammen erschaffen sie einen Durchgang oder eine Flamme zur Heilung und Transzendenz. Während Jonette erwacht und nur indem Mallku erwacht, kann es bedeutendes Lernen, Service und Wachstum geben. Es ist vorgesehen, dass Jonette und Mallku sich treffen, um sich gegenseitig auf ihrem spirituellen Weg zu helfen. Sie müssen sich gegenseitig vertrauen – ein vollkommen neues Denkmuster des Vertrauens erlernen. Er ist wahrscheinlich der eine Mensch, der ihr helfen kann, am meisten zu wachsen und umgekehrt.

Im Dezember zusammen mit Mallku – es wird außergewöhnlich hilfreich sein, wenn er zu derselben Ebene erwacht ist, auf der sich Jonettes Level an Klarheit befindet. Sie muss den Raum halten und ihn erinnern lassen, nicht ihm sagen, was sie weiß. Beide müssen Egos und Ängste überwinden, um zu göttlichem Vertrauen zu gelangen. Es geht nicht um ihre Persönlichkeiten. Es spielt noch nicht einmal eine Rolle, ob sie ihn mag oder ob er sie mag. Es hilft, wenn sie sich gegenseitig respektieren. Ihre Verbindung und die Arbeit, die sie tun können, befinden sich jenseits von Persönlichkeiten.

Eine Frau von Macht, die die Energien des Adlers trägt, und ein Mann von Macht, der die Energien des Condors trägt, jeder auch die Energien von Nord- und Südamerika haltend, werden zusammenkommen wie zwei aufeinandertreffende Energiebündel. Ihr bewusstes, gegenseitiges Wiedererkennen als Zwillingsseelen nach Jahrtausenden des Getrenntseins öffnet einen Riss in den Strukturen, wie die Dinge bisher gewesen sind. Es eröffnet Möglichkeiten eines schnellen, menschlichen Erwachens. Ihre Verbindung muss körperlich sein – nur zu meditieren während der Visualisierung eines Adlers und Condors, in Frieden fliegend, ist es nicht. Ihr Bund muss aufleuchten wie ein Blitzschlag, durch den absolut physischen Kern ihrer Menschlichkeit und dann hinein in Mutter Erde.

Es gibt noch mehr in dieser Beziehung und ihrem Potenzial, die Welt zu heilen, als dieses Channel momentan damit zu tun haben möchte. Jonette muss willens sein, von allem in diesem alten Spiel loszulassen, obwohl es nicht notwendigerweise weggenommen werden wird. Sie muss schnellstens mit ihrer Kraft zurechtkommen. Wenn sie ihre Einsichten mitteilt und ihre Kraft nicht in eine Linie gebracht hat, wird sie Kritik einladen. Es ist richtig, dass sie ihre Einsichten mitteilt.

Ich war so verwirrt, während ich meine Gefühle und Ängste durchsortierte. Alles, was White Eagle mir sagte, fühlte sich wahr an, aber es bedeutete signifikante Veränderungen in dem, wie ich mich selbst betrachtete. Es gab so viele Mysterien, die in meinem Leben alle zusammenkamen. Ich war unglaublich dankbar, dass mein Mann Ed der Mann ist, der er ist, denn ich war in der Lage, mit ihm das zu teilen, was ich lernte und wie verwirrt es mich machte. Die ganze Zwillingsseeleninformation und die unerklärlichen, tiefen Gefühle, die ich für Mallku hatte, hatten mein Herz sogar zu einem noch größeren Maße geöffnet. Ich hatte eine neue, immense Kapazität, jedermann und alles zu lieben. Ich weinte, wann immer ich über Mallku redete oder an ihn dachte, dennoch liebte ich Ed und fühlte mehr als je zuvor die Liebe von ihm.

Liebster Mallku

Wir kamen Anfang September aus Südamerika zuhause an, aber sogar gegen Ende des Monats war das meiste von mir immer noch in Peru. Jede Nacht träumte ich von den Anden und anderen Welten. Innerhalb weniger Tage nach der Rückkehr nach Hause wusste ich, dass ich in Peru für die Sommersonnenwende der südlichen Hemisphäre sein musste, dem 21. Dezember. Ich emailte Mallku:

Liebster Mallku,

dies ist ein schwer zu schreibender Brief. Ein Grund dafür ist, dass ich dich eigentlich gar nicht richtig kenne – deine Gedanken oder deine Reaktionen. Der zweite ist, ich fühle, dass ich deinen Geist wirklich, wirklich gut kenne. Das Dilemma ist also, dass der Seelenanteil von mir gewaltige, intime Einsichten und Visionen teilen möchte, aber meine Persönlichkeit möchte diese blockieren, aus Angst, dass es unangemessen für mich ist, solch eine Nähe zu dir zu unterstellen. Du könntest alles davon ablehnen ... und mich.

Es war ein großer Schritt für mich, dir im Amazonas zu erzählen, dass ich fühlte, du seist ein Zwilling meiner Seele. Irgendetwas sagte mir, dass mir nur eine einzige Chance gegeben werden würde, dies dir gegenüber anzuerkennen; andernfalls würde die Gelegenheit zur Heilung der männlichen und weiblichen Seite meiner Seele für viele, viele weitere Lebenszeiten vorbei sein. Es schien, dass ich auf diese Weise einen höheren Pfad anerkannte, ein göttliches Wissen, der dieses Leben hier und meine Abmachungen überwindet.

Was ich für dich empfinde, ergibt keinen logischen Sinn. Es passt zu nichts, was ich je zuvor getan oder gefühlt habe. Es fühlt sich an wie eine Gelegenheit, in die göttliche Liebe hineinzuschnuppern, Liebe zu heilen und alles auf eine höhere Ebene zu bewegen. Wenn ich mir wirklich erlauben kann, diese Liebe für deine Seele zu fühlen, für dich als einen Bruder, Liebhaber, Sohn, dann werde ich wissen, wie man diese Liebe auf jeden übertragen kann. Ich werde in der Lage sein, göttliche Liebe für jedermann zu halten, weil wir dazu bestimmt sind, dies zu wissen.

Ich möchte nicht deine Freundin sein. Ich möchte keine Romanze. Ich möchte keinen Sex. Ich möchte die bestmögliche Ehe mit Ed haben. Ich möchte, dass du einen Lebenspartner anziehst, der deinen Träumen entspricht. Kannst du hören, was ich sage? Ergibt das für dich irgendeinen Sinn? Nichts davon passt in irgendeine Schublade, die ich kenne.

Von der mystischen, spirituellen Seite her fühle ich mich dazu verpflichtet, über diese Sommersonnenwende und eine Woche oder so davor in Peru zu sein. Ich kann uns beide als gleichwertige Meister zusammenarbeiten sehen, dem Geist folgend, um Tore für uns selbst und für die Menschheit zu öffnen. Ich weiß, dass wir sehr stark sind, jeder auf seine eigene Art und Weise, und dass, wenn wir diese Kräfte teilen, Dimensionen da sind, die sich für uns erschließen werden. Du kannst mich soviel lehren und ich habe soviel, was ich dir zeigen kann.

So, ich habe so ziemlich alles, was ich momentan habe, gesagt. Du könntest mit einem inneren Wissen lächeln, oder du könntest den Kopf schütteln und sagen: »Diese Ausländerin ist verrückt.« Dies ist nur mein Wissen, meine Hälfte des Bildes. Es ist wichtig, dass du herausfindest, was deine Wahrheit ist. Wenn es irgendeine Übereinstimmung in unseren Vorstellungen gibt, können wir zusammen arbeiten, so dass alles gleichwertig von uns beiden ausgeht. Wenn es für dich nicht wahr klingt, so verstehe und akzeptiere ich das. (Okay, das ist eine Lüge: Meine Logik wird verstehen und akzeptieren, aber mein Herz und meine Seele werden wahrlich traurig sein.)

Mallku, ich werde dich immer lieben,

Jonette

Mallku hat nicht direkt auf irgendetwas davon geantwortet. Er mailte mir einfach, dass es okay sei, wenn ich im Dezember kommen wollte.

31
Prophezeiungen
des Friedens

~~~~~~~~~~~~~~~~~~~~

White Eagle hatte bestätigt, dass Mallku und ich, die Energien des Condors
und des Adlers verkörpernd, die Aufgabe hatten, in puncto Weltheilung
und Transzendenz zusammenzuspielen. Um mehr zu verstehen, forschte
ich nach der Bedeutung von der altertümlichen Legende von dem Adler und
dem Condor. John Perkins, ein Autor von verschiedenen Büchern über die
Spiritualität von Stämmen, die in Amazonien einheimisch sind, schrieb
über die Prophezeiung:

> Es wird behauptet, dass zurück in den Nebeln der Geschichte sich die menschli-
> che Gesellschaft aufgeteilt und zwei verschiedene Wege eingeschlagen hat: den des
> Condors (das Herz, das Intuitive und das Mystische repräsentierend) und den des
> Adlers (das Gehirn, die Ratio und das Materielle repräsentierend). In den 1490ern,
> so die Prophezeiung, würden die zwei Wege aufeinandertreffen und der Adler würde
> den Condor an den Rand des Aussterbens führen. Dann, fünfhundert Jahre später,

in den 1990ern, würde eine neue Epoche beginnen, eine, in der der Condor und der Adler die Gelegenheit haben würden, sich wieder zu vereinigen und zusammen im selben Himmel zu fliegen, entlang desselben Weges. Wenn der Condor und der Adler diese Gelegenheit akzeptieren, dann werden sie eine höchst bemerkenswerte Nachkommenschaft kreieren, die im Gegensatz zu allem, was jemals zuvor gesehen wurde, steht.[*]

Die Andenvölker messen die Zeit in einem 1000-Jahres-Zyklus, genannt ein Inti, was Sonne bedeutet, mit einem halben Zyklus von 500 Jahren, genannt ein Pachakuti – pacha bedeutet Universum oder die Welt und kuti bedeutet Revolution oder Transformation. Jedes Pachakuti repräsentiert einen gegenteiligen Anteil von der Dualität in der Welt. Zum Beispiel folgt auf eine 500-Jahres-Periode von Wohlstand eine ähnliche Periode von Dunkelheit und Schwierigkeiten.

In dem achten Pachakuti oder 500-Jahres-Zyklus, florierte das Inka Königreich. Während dieser Pachakuti-Periode überwachte der größte Anführer der Inkas die Ausdehnung des Königreiches, die das meiste des westlichen Teils von Südamerika abdeckte. Der neunte Pachakuti mit seinen 500 Jahren des Konflikts und der Imbalance begann in den 1500ern mit der spanischen Invasion, die das mächtige Anden-Imperium eroberte.

Wir betreten nun das zehnte Pachakuti, eine Zeit des zurückkehrenden Lichtes. Willaru Huarto, ein Quechua-Indianer, der in den Dschungeln Perus aufwuchs und altertümliche Prophezeiungen studierte, die ihm von den Dorfschamanen erzählt wurden, sagte, dass die Zeichen an Ort und Stelle sind, die »die Rückkehr des Lichtes auf dem Planeten und die Dämmerung von einer goldenen Ära signalisieren. Die Menschheit sollte sich selbst auskurieren und Hilfe den Armen zukommen lassen. Regeneriert euch selbst mit Licht, und helft dann all jenen, deren Seele in einem Mangel ist. Kehrt zurück zu dem inneren Geist, den wir verlassen haben, während wir woanders nach Glück suchten.«[**]

Die Q'ero, ein kleiner Stamm, der in der Isolation hoch in den Anden gelebt hat, könnte immer noch einiges von dieser alten Weisheit besitzen. Sie

[*] John Perkins, *Confessions of an Economic Hit Man*, S. 216

[**] Willaru Huarto, Artikel, *The Incan Prophecy*, www.labyrinthina.com

nennen sich selbst »Die Hüter der Zeit.« Die Q'ero wurden von Außenstehenden im Jahr 1949 ›entdeckt‹. Später, auf dem Anden- »Fest zur Rückkehr der Plejaden,« verkündeten einige Q'ero, das Zeichen der Sonne tragend, dass die Zeit der Prophezeiung bevorstand. Das heilige Wissen war jetzt bereit, in die Welt hinausgelassen zu werden, als Vorbereitung auf den Tag, wenn der Adler aus dem Norden und der Condor aus dem Süden wieder zusammen fliegen würden.[*]

Geschichten, die von den Ältesten weitergegeben wurden, bezogen sich auf das Ende der Zeit, so wie wir sie kennen, und die Geburt von einer goldenen Ära des Friedens – eine Zeit der Heilung und Wiedervereinigung zwischen den Völkern des Nordens und des Südens. Einige Q'ero lehren spezielle Riten, um Potenzial zu transferieren, das den Einzelnen äußerst ermächtigen kann, ein Inka zu werden oder ein »Erstrahlender«. Sie glauben, dass die Türen zwischen den Welten sich öffnen und dass wir nun jenseits unserer menschlichen Limitierungen treten können.[**]

Ein Goldenes Zeitalter

Der Glaube, dass jetzt die Zeit für die Menschheit gekommen ist, in ein Goldenes Zeitalter einzutreten, findet sich in den Prophezeiungen von fast jeder Kultur wieder. In der Hindu Kosmologie gibt es vier Yugas oder Epochen, jede tausende von Jahren lang. Sie ergeben einen vollständigen Zyklus der Schöpfung. Die letzte Epoche von 5000 Jahren, die 2003 endete, ist das Kali Yuga oder die »Epoche der Auseinandersetzungen«. Es ist der negativste von den vier Entwicklungszyklen. Er führt zu der Zerstörung von dieser Welt als Vorbereitung auf eine neue Kreation und einen neuen Zyklus der Yugas. Im ersten oder auch Satya Yuga, welcher Reinheit bedeutet, lebte die Menschheit in einem Zustand von Gott-ähnlicher Unschuld. Jede Phase entfernte sich immer weiter von der Wahrheit und Güte in einer sich abwärts drehenden Spirale. Schließlich, in der vierten Epoche, die gerade beendet ist, ist die Menschheit bei einem Viertel ihrer natürlichen Heiligkeit. Dem alter-

---

[*] *Q'ero Prophezeiung*, www.lost-civilizations.net/inca-prophecies.html

[**] Ebd.

tümlichen Hindu Glauben zufolge wiederholen wir jetzt das große Rad der Schöpfung, kehren wieder einmal zurück zu dem Satya Yuga oder zu der höchsten Epoche der menschlichen Evolution.

Anfang 2005 behauptete Sri Bhagavan, ein berühmter heiliger Mann in Indien: »Die Welt wird den Anfang vom Ende von jeglicher Trennung und von jeglicher Dominanz in jeder Form miterleben, welcher ultimativ zu dem Zeitalter der Einheit oder dem Goldenen Zeitalter führen wird ... Die Dinge werden letztendlich anfangen einzutreffen.«[*]

Dies fand sich zweifellos in der Prophezeiung vom Adler und dem Condor wieder und in White Eagles an mich gechannelten Worten, mehr als eine Dekade zuvor:

Ihr auf der Erde steht an der Schwelle zu einer großen und wunderbaren Erscheinung. Es wird alles, was zuvor geschehen ist, in den Schatten stellen. Die Renaissance und der Zeitabschnitt der Erleuchtung sind nichts im Vergleich zu der Kraft, die darauf wartet, in eurer Lebenszeit geboren zu werden.

* Sri Bhagavan, www.OnenessUniversity.org

32
Führung und
Seelengröße

~~~~~~~~~~~~~~~~~~~~~~~~~~~~~~~~

Auch wenn ich um Erleuchtung gebeten hatte und für spirituelle Durchbrüche, wenn sie schnell und rasant kamen, wurde es offensichtlich für mich, dass ich eine Menge Hausaufgaben in puncto persönlichem Wachstum zu erledigen hatte. Ich war bereits einen Monat aus Peru zurück, als ich wieder einmal White Eagle channelte mit meinen aufgestauten Fragen.

Jonette müht sich ab, dennoch agiert sie in der richtigen Richtung, trotz ihrer Anstrengungen. Ihr größter Kampf ist der Umgang mit ihren Ego-Ängsten. Beides, Ego und Angst, sind Illusionen. Sie sind der Teil von der Welt, mit dem sie abbrechen möchte. Sie befürchtet, anders als alle anderen zu sein, wenn sie anfängt, sich mit der Größe ihrer Seele zu arrangieren. Ihre Seelengröße ist nicht größer als die von allen anderen; es ist nur so, dass sie ihre früher entdeckt als die meisten Menschen. Sie befürchtet, dass sie von anderen verspottet werden wird, die Angst davor haben, selbst keine Seelengröße zu besitzen, und dass sie ihre stolz zur Schau trägt.

Die Wahrheit ist, dass jeder sie hat; es ist nichts individuelles. Seelengröße gehört jedermann. Christus sagte: »Dieses und so viel mehr werdet ihr tun.« Die Menschen glauben das nicht. Sie vergöttern Ihn und machten sich dann kleiner als Er.

Ich wollte meine Rolle als Anführer verstehen, besonders wegen der Energie des elfzackigen Sterns, den ich trug und an andere weitergab. White Eagle äußerte sich dazu:

Es gibt Gruppen von Seelen, die speziell schwingende Sets haben, die alle auf dieselbe Sache ansprechen. In solch einer Gruppe gibt es die Anführer und dann gibt es die anderen, die ihre eigenen, verschiedenen Rollen haben. Alle Rollen sind wichtig. Die Gruppe stimmt darin überein, den Anführer beim Führen zu unterstützen. Jonette ist die Leiterin einer Gruppe von Seelen auf Grund einer Abmachung, nicht weil sie besser oder größer in ihrem Licht ist, sondern weil sie von Natur aus eine bessere Anführerin ist. Während die Gruppe sie unterstützt und sie damit einverstanden ist, zu führen, bewegt sich die ganze Gruppe weiter vorwärts. Ihre Position ist nicht höherstehend; sie ist riskanter und sichtbarer. Mit der Sichtbarkeit in jeglicher Form von Führungsrolle ist die Möglichkeit gegeben, ein Blitzableiter für die unterschiedlichen Pole zu sein. Wenn sie vorwärts schreitet, wird sie ihre Schüler polarisieren und sie wird ihre Gegner polarisieren. Keinem sollte zugehört werden, keiner von beiden hat recht. Sie muss stark genug sein, so dass keiner von ihnen eine Rolle spielt. Auf diese Weise werden alle profitieren.

Der schwierigste Aspekt von Führung ist es, nur wenige Ebenbürtige und wenige Lehrer vor sich zu haben. Sie hat nichts erreicht, wo sie allein ist. Sie wurde immer begleitet. Sie wurde immer unterrichtet, obwohl dies nicht immer einfach und klar war. Sie hat starke Ebenbürtige, sie hat starke Unterstützung, und wenn es nötig ist, hat sie Lehrer und Gurus. Jonette bereitet den Weg für das, was die Menschen sein werden. Wenn sie vorwärts in ihre Meisterschaft hinein schreitet, macht es Platz für weitere Anführer und weitere Anführer und weitere Anführer. Führerschaft ist keine limitierte Position, wächst aber in dem Maße, wie Menschen vorwärtsschreiten.

Durch White Eagles Worte begriff ich, dass wir die Welt verändern durch das Akzeptieren unserer eigenen, persönlichen Größe und unseres Daseins.

Das ermöglicht es uns, die einzigartige Größe in anderen ans Tageslicht zu bringen. Ein einfacher Grundsatz, den ich manchmal benutze, ist, dass ich einfach nach vorne gehe, wenn die Menschen nicht wissen, wohin sie gehen, und hinter ihnen laufe, wenn sie es wissen. White Eagle sagte mir einmal: *Wenn du ein Anführer bist, kannst du müde sein, aber du darfst nie schwach sein.*

Mehr Licht tragend

Während dieser ganzen Zeit konnte ich fühlen, dass ich mich auf einer zellulären Ebene veränderte. Über mehrere Tage hinweg fühlte ich mich müde, schmerzhaft und fiebrig, aber mit keinen weiteren Symptomen von einer Krankheit oder einer Erkältung. Ich nahm an, dass dies eventuell durch ein rapides, spirituelles Wachstum verursacht wurde, während sich meine physischen Zellen veränderten, um mehr Lichtausstrahlung zu halten. Unsicher, ob diese Intuition richtig sei, bat ich das Universum darum, mir eine Bestätigung zu geben: »Bitte gib mir eine klare Botschaft, ob ich richtig liege, dass mein Körper sich physisch verändert, um mehr Licht zu tragen.« Dann habe ich es vergessen und bin ins Einkaufszentrum gegangen.

Ich gehöre nicht zu den Frauen, die sich in Schale schmeißen, wenn sie einkaufen gehen, und es war nicht gerade ein besonders guter Tag. Gerade als ich in meinen bevorzugten Kleiderladen eintauchen wollte, stieß ich mit meinem Freund Brian zusammen. Er und ich wuchsen beide in Littleton auf, so dass ich ihn seit der vierten Klasse kannte. Weil auch er ein professioneller Sprecher ist, sehe ich ihn manchmal alle paar Jahre. Seine Begrüßung mir gegenüber war warm und freundlich. »Du siehst phantastisch aus!« sagte er, mich umarmend. Dann sah er mich näher an und fügte hinzu: »Es war, als ginge ein Leuchten von dir aus.« Es hätte nicht klarer sein können! Durch Brians Worte hatte das Universum mein Gefühl bestätigt, dass, ja, tatsächlich mein physischer Körper sich transformierte, um mehr spirituelles Licht zu tragen.

Mehrere Male während diesem Zeitraum nahm ich flüchtige, übersinnliche Momente von Erleuchtung wahr, aber sie dauerten selten länger als ein paar Minuten und ich war nicht in der Lage, sie zu wiederholen. Frustriert fragte ich White Eagle: »Warum kann ich nicht die ganze Zeit in einem erleuchteten Zustand bleiben? Warum scheine ich immer wieder zurückzugehen?«

Er antwortete in meinen Gedanken: *Es gibt andere, deren Rolle es ist, die Energien von unendlicher Glückseligkeit zu halten und weiterzugeben, aber deine Rolle ist es dabei zu helfen, die einzelnen Schritte entlang des Weges zu erleuchten, so dass die Menschen einen klaren Weg haben, dem sie folgen können, nicht nur den Pfosten am Ende.* Seine Antwort brachte mich dazu, den Mund zu halten. Ich hatte es kapiert.

Eine Bestätigung von Sue

Im August 2003, genau ein Jahr vor unserer Reise in die Anden, verstarb Sue Burch. Dennoch war ihr Geist sehr präsent bei uns, besonders als wir am großen Felsen in der Nähe des Titicaca-Sees meditierten. Ich fragte mich, ob Sue vielleicht unsere ganze Reise von der ›anderen Seite‹ aus dirigiert hatte. Auf eine unheimliche Art könnte sie vielleicht unterbewusst über meine Verbindung zur Weißen Büffelkalbfrau Bescheid gewusst haben, zwei Jahre, bevor dieser Hinweis für mich enthüllt wurde. Eine Bestätigung dessen, wie mein spirituelles Leben mit Sues verflochten war, kam in Form von einem Gemälde, das sie mir während einer Autoreise gab, die wir zusammen zehn Monate vor ihrem Übergang unternahmen. Es war ein Bild, das ich nicht ›gesehen‹ hatte, bis ich aus Südamerika zurückkehrte.

Bereits ein Jahr vor ihrem Tod wurde Sue durch den Krebs in ihrem Körper immer schwächer. Um so viel Zeit wie möglich mit ihr zu verbringen, rief ich sie an: »Ich habe eine verrückte Idee.« Meine Ankündigung traf auf Stille an Sues Ende. Ohne Zweifel zog sie alle möglichen Ideen, die ich haben könnte, in Erwägung und wie sie mitten in eine eingetütet werden würde, egal ob sie es mochte oder nicht. »Lass uns eine Autoreise nach Sedona unternehmen!« Natürlich war ich begeistert von meinem Geistesblitz, in der Gewissheit, dass es uns erlauben würde, eine tolle Zeit zusammen zu verbringen und dass es nicht zu beschwerlich für ihre dahinschwindende Gesundheit sein würde. Nebenbei sind Sedonas schöne Rote Felsen der Platz für eine Steinliebhaberin wie Sue. Doch wie auch immer, nach Arizona zu gehen, um Sedona zu sehen, stand nicht auf Sues Liste der Dinge, die sie tun musste, bevor sie starb, aber den Grand Canyon zu sehen schon. Ich versicherte ihr, wir könnten leicht die südliche Randzone des Canyons besuchen. Sie fing an, sich mit der Idee des ganzen Abenteuers anzufreunden.

Unsere Autoreise im Oktober 2002 war ein Geschenk für uns beide. Ich lernte, sie bedingungslos zu lieben, ohne ihr meine Urteile aufzuhalsen. Wenn sie anhalten wollte, um eine Zigarette zu rauchen, hielten wir an. Wenn sie Süßigkeiten und Schokolade essen wollte, aß ich auch welche. Als sie in der teuersten Unterkunft in Sedona übernachten wollte, taten wir es. Ich half ihr aus dem Wagen heraus, so dass wir bei den berühmten Wasserstrudel-Gebieten in Sedona meditieren konnten. Wunder kamen durch sie hindurch, während ich daneben saß und nichts fühlte. In unseren acht stressfreien Tagen zusammen redeten wir über Leben, Tod und alles dazwischen.

Als wir von Flagstaff aus zum Grand Canyon fuhren, ließ mich Sue an einem von diesen allgemeinen Benzin/Snack/Geschenke-Läden anhalten, um etwas zum Trinken zu besorgen und Süßigkeiten. Zurück in meinem Jeep überreichte sie mir einen mattierten 30x40-cm-Druck, eine südwestliche Art der Indianermalerei, nicht die Art von Stil, die meinem Geschmack oder meinem Dekor entsprach. »Ich musste einfach dieses Bild für dich kaufen, Jonette,« strahlte sie.

Einen schnellen Blick darauf werfend dankte ich ihr gnädig für ihre Aufmerksamkeit.

Wieder zu Hause, pinnte ich den Druck an die Wand in eine entlegene Ecke meines Büros. Sogar dann schaute ich nicht wirklich hin, was darauf abgebildet war.

Nach der Rückkehr von unserer Anden-Expedition nach Colorado, ein Jahr nach Sues Tod, reorganisierte ich mein Büro: neue Möbel, Pflanzen, geputzte Bücherregale. Ich verschob Sues südwestlichen Druck an eine andere Wand. Als ich ihn an seine neue Position nagelte, näher an meinem Tisch, sah ich ihn zum ersten Mal im Detail. Mir fiel die Kinnlade herunter auf Grund all der bedächtigen Verknüpfungen so vieler kleiner Teile in meinem Leben. Sue hatte mir den Druck von einem Weißen Büffel und einer Indianerfrau mit langem, silbernen Haar gegeben, beide eingehüllt in einer Galaxie von Sternen. Weiße Büffelkalbfrau! Sue musste im Himmel gegrinst haben, dass ihre Botschaft für mich letztendlich einen Sinn ergab.

Sue Burch am Grand Canyon

33
Kumara

~~~~~~~~~~~~~~~~~~~

Das erste Mal, dass ich den Ausdruck »Neunte Sonneneinweihung« hörte, war, als ich spontan während unserer Gruppenmeditation am Interdimensionalen Durchgang im Felsen nahe des Titicaca-Sees davon sprach. Ich hatte den Ausdruck benutzt, um die dritte Ebene zu beschreiben oder den inneren Durchgang, eine Einweihung, die als nächstes auf dem Weg der menschlichen Entwicklung ansteht, sehr angemessen für die nächsten Generationen. Zu dieser Zeit beschrieb ich die Schlüssel und Codes der Neunten Sonneneinweihung als »die Codes der Weisheit, die Codes für das Schicksal der Menschheit.«

Im Oktober 2004 ging mir dieser Ausdruck nicht mehr aus meinem Kopf. Ich hatte meinen monatlichen Termin mit James Pinkel, der unglaublich begabte und hellsichtige Heiler, der für Ed, mich und für so viele meiner Freunde eine so große Hilfe gewesen war. »Ich brauche Hilfe zur Vorbereitung meines Körpers auf die Neunte Sonneneinweihung, was auch immer das sein mag,« erzählte ich James am Anfang unserer Sitzung. Dann ließ ich mich auf seinen Massagetisch fallen. Während James seine Hände dazu benutzte, Energie ringsherum zu bewegen, fühlte ich physikalische Verschiebungen in meiner zellularen Struktur, die mich zu befähigen schienen, interdimensional frei zu schweben oder zu treiben.

Auf dem Tisch liegend wurden mir verschiedene Dimensionen zugleich bewusst. In einer Realität hielt ich die Sonnenscheibe in meinem Sein und der vollständigen Verkörperung von Kumara, die vollkommen aus Licht und strahlendem Gold bestand. Mir wurde gezeigt, dass sie als ich eins der Wesen war, die die Sonnenscheibe und weiteres Wissen von der Großen Zentralsonne zur Erde brachte, um die Seelen der Menschen zu aktivieren, so dass sie sich von den Tieren unterscheiden würden. Für einige Menschen war diese Aktivierung nicht möglich. Dann konnte ich sehen oder mich erinnern, dass eine dunkle Wolke über die Menschen kam. Ich lag in James Büro, schluchzend vor intensiver Trauer. »Sie vergaßen,« wiederholte ich für mich unter Seelenqualen, und meinte damit, dass die Menschen ihre Göttlichkeit vergaßen. Es war derselbe Schmerz, den ich gefühlt hatte, als ich auf die Zelte von unserem Zeltplatz in der Nähe des Machu Picchu hinunter geschaut hatte und sagte: »Meine Leute haben zu viel gelitten und sind zu oft gestorben.«

Horus, Sohn von Isis und Osiris

Als James seine Energiearbeit mit mir weiter fortführte, hatte ich die Vision von einem falkenköpfigen, ägyptischen Gott mit einer Sonnenscheibe auf seiner Brust, der sich mit meinem Sein verband. An diesem Abend forschte ich nach und fand heraus, dass es die Vision von Horus war, dem Sohn des Götter-Paares Isis und Osiris. Horus, Isis und Osiris wurden immer wieder in der ägyptischen Mythologie mit einer Sonnenscheibe über ihren Köpfen abgebildet. Dennoch sah ich Horus mit der Scheibe auf seiner Brust, nicht über seinem Kopf. Die Botschaft war für mich, dass die göttlichen Energien, dargestellt durch die Sonnenscheibe, sich in unsere menschlichen Herzen integrieren. Sollte mir diese Vision sagen, dass ich auch mit den Legenden der Sonnenscheibe von den Ägyptern in Verbindung stand? Waren all die sonnenanbetenden Zivilisationen mit einer gemeinsamen Quelle in Atlantis und Lemurien miteinander verknüpft? Oder war der Ursprung sogar noch früher, von der Großen Zentralsonne oder Gott-Quelle des Universums ausgehend?

Diese Sitzung war viel mehr als eine spontane Rückbewegung in ein vergangenes Leben; es war eine interdimensionale Erinnerung. Ich erinnerte mich, wer ich war, bevor ich menschlich wurde! Ich sah mich selbst auf der Erde ankommen, eingeschlossen in goldenes Licht, die Scheiben bringend. Ich war Kumara. Ich wusste, um einen Körper anzunehmen, müssen wir alles, was wir vorher wussten, vergessen. Meine Seelenerinnerungen erwachten so schnell! Ich hoffte, dass mein Körper, meine Persönlichkeit, mein Ehemann, meine Familie und Freunde bereit waren, denn es sah nicht danach aus, als könnte ich es verlangsamen.

Als mein Kumara-Selbst sprechend, erzählte ich James spontan: »Mallku bereitet sich auf seine Rolle als Göttlicher Liebhaber vor.« Der normale Teil von mir hatte noch nicht einmal eine Sekunde Zeit, die möglichen Auswirkungen von diesem Leckerbissen zu verarbeiten, bevor ich von einem anderen Wirbel kosmischer Wahrheit getroffen wurde – in diesem Zustand von Kumara-Erkenntnis hatten meine Energien White Eagle überwunden! Ich teilte diese Einsicht sofort mit James, der einen fabelhaften Job tat, diesen spirituellen Explosionen zusammen mit mir zu folgen.

»Ist das für White Eagle in Ordnung?« fragte James.

White Eagles Antwort kam als eine sofortige Gedankenübertragung, *Ich habe dich vorbereitet. Ich stehe dir zu Diensten.*

Ich habe eine Menge Dinge akzeptiert: White Eagle channeln und anschließend Mark; die Essenz sein von Weißer Büffelkalbfrau; und mich selbst als Kumara in den höheren Bereichen kennend. Nichts davon bereitete mich auf eine plötzliche Graduierung jenseits von White Eagle vor. Meine Gedanken und Emotionen schwankten hin und her, sich gegenseitig anrempelnd wie Autoskooter. Ich hatte absolut keine Struktur, in welche ich das Ganze einfügen konnte. Und doch war ich gewarnt worden. Als White Eagle vor über sechzehn Jahren zum ersten Mal zu mir kam, erklärte er voller Autorität: *Ich werde nicht immer deine Stimme sein.* Ich habe verstanden, dass Channeling als ein Hilfsmittel für persönliches, spirituelles Wachstum gedacht ist, nie als ein Ende an sich. Mein ultimatives Ziel war es immer gewesen, die Göttlichkeit meiner eigenen Seele zu benutzen, um direkt die Liebe und die Weisheit, die ich mit meinen geistigen Führern assoziiert habe, zu erreichen. Ich sah kleinlaut zu James auf, der sich Tränen aus seinem Gesicht wischte, und fragte: »Ist das alles wahr oder mache ich mir etwas vor?«

»Es ist alles wahr,« war seine Antwort.

Ich nahm an, dass ich gerade die Neunte Sonneneinweihung erfahren hatte. Ich ging nach Hause, um in mein Tagebuch zu schreiben und um Schokolade zu essen. Speziell die Schokolade half.

Die Sonnenbruderschaft

Viele Monate später, während ich über die Einweihungstraditionen in den Anden Nachforschungen anstellte, erhielt ich Bestätigung von außen über die bemerkenswerte Vision von mir als Kumara, die Energien der Sonnen-scheiben zur Erde bringend. Ich war von der externen Gültigkeitserklärung ermutigt, denn obwohl ein Teil von mir alles glaubte, was ich erhielt oder in meinen inneren Visionen sah, blieb der andere Teil von mir skeptisch.

Ich erfuhr, dass es ein entlegenes Dorf in den Anden gibt, wo einheimi-sche Quechuan Sagen die alten Inka-Traditionen bewahren. Der Peruaner Antón Ponce de León Paiva schrieb über seine Erfahrung, als er mit ver-bundenen Augen zu einem Dorf nahe des Heiligen Tales mitgenommen wurde, wo er den Spirituellen Meistern der Quechuan begegnete und in die Sonnenbruderschaft eingeweiht wurde.* Die mündlich überlieferten Tra-ditionen und Lehren dieses Volkes, die sogar zurückgehen bis vor die Zeit der Inkas, besagen, dass die Bruderschaft der Sonne von Aramu Muru und den anderen Kumaras aus Lemurien in die Anden gebracht wurde. Aramu Muru reiste an den Titicaca-See, wo er die Bruderschaft der Sieben Strahlen und die Sonnenbruderschaft gründete. Jedoch behaupten Paivas indiani-sche Quechuan Lehrer, dass es in unserem Wissen eine große Lücke gibt zwischen den ersten großen Anden-Kulturen und dem Beginn der Inkas. Manco Capac, der oft als der erste Inka betrachtet wird, erschien eigentlich in altertümlichen Zeiten, weit vor den Inkas.** Tatsächlich waren die Inkas

---

* Antón Ponce de León Paiva, *The Wisdom of the Ancient ONE*, www.SamanaWasi.com

** Ebd. S. 111, 112

das am wenigsten spirituell bewanderte Volk in der historischen Abstammungslinie.[*] Die Leute in dieser Stadt werden immer noch unter Geheimhaltung in die Intic Churin Cura oder die Sonnenbruderschaft eingeweiht, um Kinder der Sonne zu werden, der Name, mit dem die Inkas sich selbst bezeichneten. Die Sonnenbruderschaft war die erste Manifestierung von der Großen Weißen Bruderschaft hier auf der Erde, die spirituelle Gruppe, von welcher White Eagle und Mark herstammen. »Hmmm,« dachte ich nach, »ich hatte bereits eine innere Einweihung in die Weiße Bruderschaft. Bedeutet das, dass ich auch ein Mitglied von der Sonnenbruderschaft bin?« Einem Autor zufolge kam die Weiße Bruderschaft das erste Mal in Form von Wesenheiten, bekannt als die Kumaras, von der Venus auf die Erde. Sie waren erleuchtete Meister, die die ersten spirituellen Lehrer für die Menschheit waren. Der Name »Kumara« bedeutet androgyne Schlange.[**] Diese Information erstaunte mich, da ich mich zum ersten Mal Kumaru/Kumara in unserer Meditation mit Mallku in der Höhle der Schlange, oder Amaru Machay, nannte. Einigen Prophezeiungen zufolge ist es vorgesehen, dass die Nachfahren der Kumaras wiedergeboren werden, um ihre Missionen auf der Erde zu vervollständigen, wovon eine die Umsiedlung der altertümlichen Gebiete ist, wo die ursprünglichen lemurischen Aufzeichnungen zur Aufbewahrung platziert waren.

Und wieder einmal verschmolzen Scherben des Wissens und Teile von Erfahrungen, gesammelt über Jahre hinweg in einem ansonsten normalen Leben, um ein größeres Bild dessen zu präsentieren, wer ich bin, mehr, als ich mir jemals habe vorstellen können. Seltsame Ereignisse, die scheinbar in keinem Zusammenhang standen, wurden zusammengefügt und viel später durch Nachforschungen im Außen bestätigt. Ich fing an, ein mögliches vergangenes Leben-Szenario für mich zusammenzustellen: Als Kumara, ein goldenes, nicht-physisches Wesen, war ich unter denjenigen, die Wissen und heilige Weisheit zur Erde brachten, speziell zu dem verlorenen Kontinent Lemurien. Einiges von diesem Wissen und dieser Macht war in Form von Goldenen Sonnenscheiben. Heilige Aufzeichnungen und mindestens eine der Sonnenscheiben wurden dann zum Titicaca-See mitgenommen, um sie vor

---

[*] Paiva, *The Wisdom of the Wise ONE*, S. 65

[**] Pinkham, *The Return of the Serpents of Wisdom*

der Zerstörung Lemuriens zu bewahren. Um das heilige Wissen vor denen zu beschützen, die es missbrauchen würden, beobachtete ich Sue Burch (eine weitere Kumara? oder Aramu Muru selbst?), wie sie diese Weisheit in den höheren Dimensionen versteckte, unter Verwendung des großen Steinportals oder Durchgangs von Aramu Muru.

Im Jahr 2004 führte mich mein Weg in die Anden. Ich erkannte mich zufällig einfach selbst als Kumara, bekam Zugang zu einer interdimensionalen Pyramide, sah die Sonnenscheibe und lud mir ihre schwingungsenergetischen Codes in mich hinein runter, finde das tatsächliche Steinportal am Titicaca-See und betrat seine drei interdimensionalen Durchgänge in der Meditation. Whew! Mein Leben entfernte sich immer mehr von dem eines Gewöhnlichen!

34
Lemurien
und die Inkas

~~~~~~~~~~~~~~~~~~~~~~~~~~

Mysterien ranken sich um die Scheibe, gemacht aus purem Gold, von den Inkas verehrt. George Hunt Williamson, als Bruder Philip schreibend, brachte die Theorie hervor, dass die goldene Sonnenscheibe der Inkas ursprünglich aus dem altertümlichen, pazifischen Land Lemurien herstammte, oft auch bekannt als Mu.* Einige indigene, spirituelle Älteste der Anden behaupten dasselbe. David Hatcher Childress, Autor von *Verlorene Städte des Alten Lemuriens & des Pazifiks*, hatte nach Anhaltspunkten für die Existenz eines mittlerweile untergegangenen Kontinents im Pazifik geforscht.** Seine Arbeit ist eine faszinierende Sammlung von Forschungsarbeit und persönlichen Erkundungen durch Australien, den Pazifik und Südamerika.

---

* Bruder Philip, *Secret of the Andes*, S. 12

** Childress, *Lost Cities of Ancient Lemuria & the Pacific*

Im Hinblick auf die Realität einer Sonnenscheibe in den Anden sagen die Ältesten der Ureinwohner der Anden, dass es zwei Sonnenscheiben aus Gold gab, die in der Coricancha, dem Sonnentempel in Cuzco, aufbewahrt werden. »Eine wurde für öffentliche Zeremonien herausgebracht. Die andere war noch heiliger als die erste; sie wurde nur in transzendentalen Zeiten oder Gelegenheiten mit kosmischen Eigenschaften benutzt. Sie kam von sehr weit über den großen Fluss her, hinter diesen Bergen, aus Lemurien. Die großen Meister von diesen Ländern sind unsere sehr weit entfernten Vorfahren.«[*] Childress schrieb, dass die frühesten Spanier tatsächlich eine physische Sonnenscheibe sahen. Ihre Historiker beschrieben die Scheibe als aus purem Gold bestehend und mit Juwelen verziert. Sie wurde in der Coricancha platziert, um die Sonnenstrahlen in der Morgendämmerung zu reflektieren.[**]

Ich erfuhr erstmals von Childress' Arbeit, während ich in Cuzco war. Ich bat immer darum, zum idealen Zeitpunkt zu der Information und zu den Büchern geleitet zu werden, die ich benötigte. Eines Nachmittags schlenderte ich die Strasse hinunter zu einem örtlichen Bücherladen – okay, und einem Modeladen direkt nebenan, wo ich eine lila Jacke aus Alpakawolle kaufen musste. Ein staubiges Buch über Lemurien fiel mir ins Auge. Seit dem Lesen von Williamsons Buch war ich neugierig bezüglich der Verbindung der Anden mit diesem versunkenen pazifischen Land. Ihr findet es vielleicht seltsam, solch ein relativ obskures Buch, geschrieben in Englisch, in einem Buchladen in Cuzco zu finden; außer ihr zieht in Erwägung, dass das Buch dort war, damit ich es finden würde!

Childress spekulierte, dass massive megalithische Strukturen, gefunden in Peru, Bolivien und zerstreut oder versunken überall im Pazifik, die Überreste der alten lemurischen Zivilisation sein könnten. Eine der Quellen, die er angab, war »Die Lemurische Kameradschaft.« Sie schrieben, dass die Lemurier »bedeutende Städte aus großen Steinblöcken bauten und unter Anleitung der sogenannten Ältesten damit fortfuhren, eine fortgeschrittene Zivilisation zu erschaffen.«[***]

---

[*] Paiva, *The Wisdom of the Wise ONE*, S.110

[**] Childress, *Lost Cities & Ancient Mysteries of South America*, S.62

[***] Childress, *Lost Cities of Ancient Lemuria & the Pacific*, S.46

So viele Fragen in meinem Kopf bettelten um Antworten.

Waren die Inkas – ihre sonnenanbetende Religion, ihre gewaltigen Gebäude aus Stein – die letzte Hinterlassenschaft von einer fortgeschrittenen, lemurischen Kultur?

Nun, im Anschluss an meine Reisen nach Peru schrieb ich an die Hauptgeschäftsstelle der Lemurischen Kameradschaft, eine spirituelle Gruppe in Ramona, Kalifornien, genau diese Frage stellend. Sie antworteten:

> Du hast eine Frage gestellt, die nicht leicht zu beantworten ist. Wir wissen, dass die ersten Menschen auf dem Kontinent von Mu inkarniert sind und von dort aus über viele tausende von Jahren in die Länder der Welt, so wie sie damals war, ausgewandert sind. Bedenke, dass das Amazonasbecken einmal ein riesiges Binnenmeer war, während das einzige Gebiet über Wasser ein eher schmaler Landstrich auf der Westseite des Kontinents war. Erst nach der Überschwemmung von Mu, ungefähr vor 28.000 Jahren, einige tausend Jahre später gefolgt von Atlantis, erreichte der Kontinent von Südamerika seine derzeitige Größe.
>
> Die Bezeichnung Inka leitet sich von Mukulian ab, oder Lemurian, Fachbegriff N'Kul, Bedeutung: die Sonne. Während der Zeit von Atlantis wurde die Bezeichnung zu Incal, auch von den Leuten verwendet, die als Inkas bekannt wurden. Wer die Inkas waren und wie sie dazu kamen, ihre Gesellschaft dort zu etablieren, wo sie war, ist ohne Zweifel eine lange Geschichte, die Menschen aus einigen der ursprünglichen Stämme von Mu mit einbezieht. Aber es gibt nur wenig, das wir tun können, um dir dabei zu helfen, die Stücke zusammenzufügen.[*]

Es gibt überall im Pazifik Überbleibsel und unerklärliche, altertümliche Mysterien, die der Theorie von Lemurien und von einem fortschrittlichen Volk, das die Sonne anbetete und unglaubliche Konstruktionen aus Stein erbaute, Glaubwürdigkeit verleihen mögen. Eine wachsende Anzahl von Schülern glaubt, dass die fabelhaften Steinarbeiten und Ingenieursarbeiten von Machu Picchu, dem Heiligen Tal, Cuzco und den kolossalen Ruinen von Sacsayhuaman in der Nähe von Cuzco, der Inka-Herrschaft um Jahrtausende vorausgehen. Einheimische Anden-Überlieferungen halten daran fest,

---

[*] The Lemurien Fellowship, Ramona, Kalifornien, persönlicher Brief an Jonette

dass die erstaunlichen Straßen und die grandiose Architektur sogar schon vor den Inkas altertümlich war und sie wurde weißen Männern mit blonden Haaren zugeschrieben. Die faszinierende Frage blieb bestehen: Kamen Menschen als erstes von dem verlorenen Kontinent von Lemurien in die amerikanischen Länder?

Heute lehren die Ältesten der einheimischen Quechuan, dass die Anden-Sprachen der Quechuan und der Aymara Völker zusammen mit Sanskrit die ersten Sprachen auf der Erde waren.[*] In der Tat sind viele Quechuan Wörter mit Wörtern aus dem Sanskrit und sogar aus dem Maori verwandt, der Sprache der indigenen Neuseeländer. Könnte dies ein Beweis sein für eine gesamtpazifische Kultur, die den indischen Subkontinent miteinschließt?

Die geläufigste Legende heutzutage besagt, dass es vierzehn große Herrscher gab aus der Zeit, in der Manco Capac, der erste Inka, sein Bruder und seine Ehefrauen am Titicaca-See auftauchten. Historiker siedeln dies irgendwo zwischen 1000 und 1200 n.Chr. an.[**] Der Herrscher oder Inka wurde als ein Nachfahre des Sonnengottes verehrt. Die Inkas waren die selbsternannten Kinder der Sonne oder Kinder des Lichts. Manco Capac war hellhäutig und einige sagen rothaarig und bärtig. Der Eroberer Francisco Pizarro selbst schrieb über den letzten Inka-Kaiser Atahualpa und seine Familie, »Sie waren sogar weißer als die Leute aus Spanien.«[***] Da die einheimischen Indianer der Anden dunkelhäutig waren mit wenig Gesichtsbehaarung, können die ersten Inkas keine hiesigen Ortsansässigen gewesen sein.

Bruder Philip schrieb, dass sie von einem Land jenseits des Pazifiks herkamen und ihre Gesellschaft auf den Ruinen aufbauten, die eine vorherige Kultur, welche eine lemurische Kolonie war, übrig gelassen hatte.[****]

So viele Fragmente eines viel größeren Bildes, als wir es uns vorstellen können, fügten sich aus verschiedenen Quellen zusammen. Elizabeth Boersma-Wentzel, eine von unseren Mitwanderinnen in Peru, fing an, sich an

---

[*] Paiva, *The Wisdom of the Wise* ONE, S.62

[**] Einige Quellen glauben, dass Manco Capac tatsächlich Aramu Muru war, der lemurische Meister, und dass er am Titicaca-See zur selben Zeit des Untergangs von Lemurien aufgetaucht ist. Er würde somit der legendäre Gründer der großartigen Vor-Inka Kulturen sein, nicht der eher kurzzeitigen Inka-Zivilisationen

[***] Childress, *Lost Cities & Ancient Mysteries of South America*, S. 108

[****] Bruder Philip, *Secret of the Andes*, S. 12

unsere gemeinsame Mission dieses Mal in den Anden zu erinnern. Soweit ich bis dahin wusste, war sie sich der Theorien nicht bewusst, die in dem 1961-er Buch von George Williamson hervorgebracht wurden. Sie wusste selbstverständlich nichts von meiner schamanischen Reise in ein anderes Leben mit Sue Burch, in welchem wir die Energien und Codes der Weisheit in einem Felsberg versteckten, um das heilige Wissen zu beschützen.

Nach unserer Reise schrieb Elizabeth:

Alle Mitglieder unserer Gruppe lebten in Peru im Zeitalter von Lemurien. Brad Johnson war der Hohepriester, ich war die Königin und wir waren alle Mitglieder des Hohen Rates. Der Rat hatte die Aufgabe, die goldenen Scheiben zu beschützen, in welchen die Codes versteckt waren. Wir befürchteten, dass die Scheiben in die falschen Hände fallen könnten, z.B. von Menschen, die keine Ahnung davon hatten, was die goldenen Scheiben wirklich bedeuteten, sondern nur das Gold und das Geld sahen. Wir beschlossen, die Scheiben zu verstecken, so dass die Information sicher sein würde. Diese Information konnte nur von hochbewussten Menschen begriffen werden. Der gesamte Rat beschloss, dass wir alle zurückkommen würden, wenn die richtige Zeit zur Aktivierung der Codes gekommen war. Und jetzt, 2004, ist die Zeit dazu!

Elizabeths Worte glichen sich der Vision des vergangenen Lebens an, welche ich mit Sue an der Sommersonnenwende im Juni 2002 erfahren hatte. Während dieser Meditation erklärte Mark Sue und mir:

Du würdest es in der Zukunft wissen, wann die Welt wieder bereit sein würde, dieses Wissen zurück in die Menschheit hineinzusprengen und nicht nur auf heilige Art und Weise im Zentrum der Erde festzuhalten ... Dieses Mal wird Jonette dir helfen.

Über die Vision mit Sue nachdenkend, was ich über die Sonnenscheibe und seinen Ursprung gelesen hatte, und die mystische Einweihung, die ich in der ätherischen Pyramide der Sonnenscheibe erfahren hatte, folgerte ich, dass ich dabei half, die spirituelle Mission zu vervollständigen, die Sue angefangen hatte. Altertümliche magnetische Codes der Weisheit wurden von der Sonnenscheibe in mich hinein geladen, so dass die Energie und das

Wissen, die einst versteckt waren, freigelassen werden konnten und wieder für spirituell erwachende Menschen zur Verfügung standen.

All dies war faszinierend, aber es half nicht, meine Rolle mit Mallku in der Prophezeiung des Adlers und des Condors zu erklären. Also was würde es sein?

35
Das Manuskript
der Magdalena

〰〰〰〰〰〰〰〰〰

Als ich mich für meine Alleinreise im Dezember zurück in die Anden vorbereitete, bat ich das Universum darum, mir die Bücher und Informationen zukommen zu lassen, die ich dringend benötigte. Mein lieber Freund Brad Johnson sandte mir seine Kopie von einem Buch von Tom Kenyon und Judi Sion: *Das Manuskript der Magdalena: Die Alchemien des Horus und die sexuelle Magie der Isis.** »Ich glaube, dies wird dabei helfen, deine Beziehung zu Mallku zu verstehen,« schrieb Brad in einem beigelegten Briefchen.

»Da haben wir es wieder,« dachte ich, »das unerträglich synchronistische Universum verschafft mir ein Buch über Zwillingsseelen mit dem ägyptischen Gott Horus im Titel!« Darüber hinaus kam dies nur Tage nach

---

* Tom Kenyon, *Das Manuskript der Magdalena*, www.tomkenyon.com

meiner inneren Vision von Horus mit der Sonnenscheibe. »Bitte! Können sich die Zufälle ein wenig verlangsamen, damit ich zu Atem kommen kann?« dachte ich. »Trotz allem habe ich ein reguläres Leben, ein Zuhause und eine professionelle Karriere, die ich unter einen Hut bringe.« Ich proklamierte laut meine Empfindungen zum Universum, dennoch las ich das Buch ... bezaubert.

Das Buch enthielt die gechannelten Worte von Maria Magdalena und ihre tantrische Beziehung zu Jesus. Maria Magdalena, die eine Hoch-Eingeweihte des Tempels der Isis war, und Jesus, oder Yeshua, waren die ultimativen Zwillingsseelen. Seite um Seite erklärte das Buch einiges, was ich schon mit Mallku erfahren hatte. Es gab mir ein tieferes Verständnis von einem höheren Pfad, auf dem ich ging.

Die Kundalini Schlangen Energie

Die ›Alchemien des Horus‹ bezogen sich auf eine Institution von altertümlichem Wissen und Methoden, praktiziert in den ägyptischen Tempeln, um den ›Ka‹-Körper zu stärken, welcher der spirituelle oder ätherische Zwilling unserer physischen Form ist. Heute würden wir es unseren ›Lichtkörper‹ nennen. Innerhalb des Ka-Körpers gibt es Wege, die stimuliert und geöffnet werden können, »die latenten Kräfte und Fähigkeiten des Eingeweihten fördernd durch etwas, was der Djed genannt wird,* oder die aufsteigenden sieben Siegel, welche die Yogis und Yoginis in Indien als Chakren bezeichnen.« Dies brachte die sieben erleuchteten Schritte in Erinnerung, die ich emporstieg, um der Goldenen Sonnenscheibe in meiner mystischen Pyramidenreise in Mallkus Appartement zu begegnen.

Es gibt drei Hauptenergie-Meridiane in unserem Körper. Zur Linken unseres zentralen Energiekanals in unserer Wirbelsäule liegt der Mondkreislauf, der dem Weiblichen zugeordnet ist; zur Rechten ist der Sonnenkreislauf, der der männlichen Seite zugeordnet ist. In einigen spirituellen Überlieferungen werden die zwei sich spiegelnden Energiesäulen auch erwähnt als Ida und Pingala. Indem die seitliche Energie kreist oder Schlangen sich

---

* Djed ist der zentrale Pfad der Chakras die Wirbelsäule hinauf

erheben, überkreuzen sie sich gegenseitig wiederholt durch die Zentralen Chakren. Sie sind lebendige Energien, die durch den physischen Körper schwingen, den spirituellen Körper aktivieren und sein magnetisches Potenzial anheben. Diese genaue Energiedynamik ist abgebildet im Hermesstab, das Symbol von zwei Schlangen, die sich um einen Stab herum verflechten, welcher dazu benutzt wird, die Fachrichtung der Medizin und Heilung darzustellen.

Vor dem Lesen des *Manuskript der Magdalena* hatte ich nur die Zentrale Energiesäule oder das Chakren-System gekannt, dasjenige in der Wirbelsäule, durch welches die Kundalini- oder Schlangenenergie manchmal während übersinnlicher, spiritueller Erfahrungen aufsteigt. Nichts von den anderen beiden seitlich liegenden Energiekanälen wissend, war ich einmal während einer besonders hohen Meditation bei einer fortgeschrittenen Lichtkörper-Klasse, an der ich teilnahm, schockiert, ein vollständiges Set von Energiezentren zur Linken meines Zentralmeridians zu bemerken. Ich dachte, dass etwas mit mir nicht stimmte, also verbrachte ich die meiste Zeit der Meditation damit, die neben dem Zentrum liegenden Energiesäulen loszuwerden oder zumindest hinüberzubewegen, damit sie in der Mitte waren. Aus der Klasse gehend gestand ich Sanaya Roman, eine der Instruktoren, die mich seit über einem Jahrzehnt kannte: »Ich weiss nicht, was passiert ist, aber ich habe zwei Chakren-Sets.«

»Überlass es dir, Jonette,« war Sanayas lächelnde Antwort.

Eingeweihten der Isis wurde beigebracht, die »Schlangenkraft,« zu aktivieren, »sie in speziellen Bahnen in der Wirbelsäule zu bewegen und Kreisläufe innerhalb des Gehirns zu öffnen, welche das Potenzial für Intelligenz, Kreativität und Aufnahmefähigkeit steigern, um die Qualität von seinem Sein zu verändern, so dass die Einstimmung auf das Ba oder die überirdische Seele klar und reibungslos ist.«[*] Maria Magdalena, durch Tom Kenyon sprechend, sagte aus, dass »die Alchemie durch die Vereinigung des Kas des männlichen Eingeweihten mit dem Ka des weiblichen Eingeweihten erschaffen wird. Essenziell für die weibliche Eingeweihte ist das authentische Gefühl von Sicherheit und Liebe oder am allermindesten Wertschätzung. Wenn diese etabliert sind, lässt irgendetwas in ihrem Wesen los und erlaubt

---

[*] Kenyon, *Das Manuskript der Magdalena*, S. 33,34

der Alchemie, hervorzutreten.«* Der Zustand der männlichen und weiblichen Einheit, bekannt als die Vier Schlangen, wird erreicht, wenn jeder der Partner die Sonnen- und die Mondschlange in seiner oder ihrer Wirbelsäule aktiviert hat.

Ich wusste nichts davon in jener Nacht in der Dschungelhütte, als Mallku in mein Bett kam. Eine der ersten Sätze, die aus seinem Mund kamen, war es mir zu versichern, dass ich sicher war. Zwischen den anderen Dingen nahm ich an, dies bedeutete, dass ich sicher war vor unerwünschten Annäherungsversuchen und ich entspannte mich in seiner Umarmung. Kenyon und Sions Buch beschreibt akkurat die Energieaktivierung, die ich spontan in Mallkus Armen erlebt hatte. Ich fühlte Energielinien, die sich von mir zu ihm bewegten und wieder zurück, als ob wir eine Wesenheit wären. Durch das Teilen der Energien mit Mallku wurde meine Sonnenschlange, der männliche Energiemeridian zur Rechten meiner Wirbelsäule, ebenso ausbalanciert und geöffnet wie die weibliche Säule, oder Mondschlange, auf meiner linken Seite. Es gab keinen Zweifel daran, dass ich das magnetische Erwachen von tantrischem Sex erlebte, indem ich vollständig angezogen mit meiner Zwillingsflamme dalag. Mallku zitierte einen seiner Lehrer in dieser Nacht am Amazonas: »Mach keine Liebe, lass Liebe dich machen.«

Das Geschenk, dass Mallku mir mit seiner Anwesenheit machte und seiner Zusicherung, das ich sicher war, ermöglichte es mir, ihm die Einweihung der Führerschaft zuzugestehen, die seine Seele wachrief. Diese eine Nacht war Grund genug, ihn zu kennen.

Ein geistiger Liebhaber

Samstagmorgende fangen bei uns zu Hause sanft an. Es war 7:30 Uhr morgens, Mitte November. Ed neben mir schlief noch, eingekuschelt in das dicke Daunenfederbett, auf das ich bestanden habe und das er tolerierte. Ich schlug mich noch tiefer in die Bettdecke ein, um meine Morgengebete auszuführen. Es gibt einen speziellen Ort, an den ich in den Meditationen gehe, den ich die »Atlantische Vergrößerungskammer« nenne. Er wurde mir von

---

* Kenyon, *Das Manuskript der Magdalena*, S. 51

White Eagle gezeigt, als ich fühlte, dass ich zu viel hatte, für das ich betete und wollte eine schnellere Methode. Dieser Ort im Bewusstsein beschleunigt alles, was ich dort hineinbringe und verschickt es sofort rund um das Universum. Ich sehe es als kosmische, geodätische Kuppel, die mich umgibt, und visualisiere mich selbst im Zentrum des kugelförmigen Gebildes mit einer honigwabenförmigen Oberfläche, jede Zelle meine Gebete vergrößernd und nach außen ausstrahlend.

An diesem Morgen benutzte ich meine Visualisierung, um meine tiefe Seelenliebe Mallku zu schicken. Ich genoss mehrere Minuten von glückseliger Anbindung. Dann erkannte ich, wie ich mich zu sehr bemühte, meine Liebe Mallku gegenüber forcierte. »Ah,« kam der Gedanke, »ich sollte mich entspannen.« Sofort hüllte mich honigsüße, unschuldige Energie ein, was nicht dem entsprach, wie ich Mallkus starken und männlichen Geist erwartete zu fühlen. Dennoch war sie so vollständig, so vollkommen sicher, dass ich unendlich davon hätte trinken können. Es war nicht Mallkus Seele, die ich fühlte; ich erlebte den Raum oder den Zusammenhang unserer Beziehung. Wie ich dies wissen konnte? Weil erst dann Mallkus Seele zu mir kam.

Ich fühlte seinen Geist stärker, als ich jemals die energetische Präsenz eines anderen Menschen gefühlt habe. Es war realer als die Zeit im Restaurant, als ich zum ersten Mal Mallkus Essenz fühlte und wusste, dass er der Zwilling meiner Seele war. Als ich neben meinem schlafenden Ehemann lag, war Mallku ebenfalls auf sehr physische Weise bei mir, aber ohne einen Körper! Mallkus Geist lag auf mir drauf wie ein Liebhaber!

Ein ungläubiges »Oh,« war der einzige Gedanke, den ich fassen konnte. Wie sagt man einem Geist: »Liebster, das ist wirklich nicht der richtige Augenblick oder Ort?« Außer, dass mein Blutdruck in die Höhe schoss und einer Wallung, die ich einer Hitzewallung zuschrieb, passierte nichts energetisch Unanständiges. Mallkus kraftvoller Geist blieb fünf Minuten und war genauso schnell wieder weg, wie er gekommen war. Ich fand Eds warme Hand unter den Zudecken und drückte sie. Ich wollte ihn rückversichern für den Fall, dass sein Geist die Präsenz von der Energie eines anderen Mannes in unserem Bett bemerkt hatte. Alle zwiespältigen, diametrisch entgegengesetzten, sich gegenseitig ausschließenden Synapsen meines Gehirns feuerten umgehend. In der Kakophonie von chaotischen Gedanken tauchten schließlich Fragen auf: »Was hat das zu bedeuten? Sollten wir ein Liebespaar sein? Können wir es nicht sein? Er ist ein Schamane, wusste er, was er tat?« Ich war wirklich verwirrt darüber, was ich nächsten Monat in Peru mit Mallku tun sollte. Dennoch konnte ich keine Ausstiegsklausel aus meiner Verpflichtung, dem Schicksal zu folgen, finden.

Ed vertraute mir. Ich wusste nicht, was auf mich zukam, als ich meine Rückkehr in die Anden plante. Ich wusste nicht, ob ich zurückkommen würde, um Eds Frau zu sein, obwohl ich mir nicht vorstellen konnte, irgendeine andere Wahl zu treffen. Ed bat mich nicht um irgendwelche Versprechen und ich gab ihm keine. Es brauchte einen wahrhaft großartigen Mann, um die Freiheit, die ich brauchte, zu akzeptieren. Durch all dies wuchs unsere Liebe und die Kraft in unserer Ehe.

Meine Vision mit Mallku

In Bezug auf Mallku war ich besorgt, da ich mit ihm gewissermaßen keine Kommunikation hatte, außer über logistische Arrangements. Ich wusste nicht, was Mallkus Verständnis war oder was er, wenn überhaupt, von meinem Besuch erwartete. Weniger als eine Woche, bevor ich nach Südamerika abreiste, redeten wir kurz miteinander am Telefon. Er erzählte mir, dass er gerade Evelyn getroffen hatte und in sie verliebt sei, eine brasilianische Frau, die bei einem seiner Ausflüge dabei war. Sie würde ihre Zahnarztpraxis außerhalb von Sao Paolo schließen und im Februar 2005 nach Cuzco ziehen. Ich war mir sicher, dass er eine Bestätigung wollte für meine Absichten ihm gegenüber. Ich schickte ihm eine Email, um eine schriftliche Abklärung vorzulegen.

Hallo Mallku,
ich komme nach Peru, um einem inneren Ruf für planetarische Heilung und Durchbrüche ins Licht zu folgen. Nur ein paar Mal in meinem Leben habe ich gewusst, dass ich etwas tun sollte, ohne richtig zu wissen, was und warum. Indem ich mich dem hingegeben habe, veränderte sich mein Leben und mein Geist in jeder Hinsicht.
Du bist ein wichtiger Teil von dieser Arbeit, aber nicht der Grund, warum ich komme. Ich glaube, dass deine Seele und meine Seele der männliche und weibliche

Zwilling von ein und derselben höheren Seele sind. Es ist selten, dass diese Seelen zur selben Zeit auf der Erde sind, und noch seltener, dass sie sich tatsächlich physisch treffen. Wenn dies passiert, dann ist es normalerweise eine große Gelegenheit für kosmisches Wachstum. Somit sehe ich, dass, wenn wir einige Prozesse, Zeremonien und Meditationen zusammen durchführen, es uns erlaubt sein wird, in noch viel höhere Dimensionen einzutreten, als einer von uns allein erreichen kann. Meine Anleitung ist, dass das, was wir erreichen können, ein Anheben und eine Heilung der Trennung auf vielen, vielen Ebenen bringen wird, für uns beide und für die Welt. Ich weiß, es klingt ziemlich gewaltig, aber das ist es, was mir gezeigt wurde.

Also, meine Gefühle für dich sind eine tiefe und göttliche Seelenliebe. Es hilft dabei, mich zu freuen und zu respektieren, wer du in diesem Leben bist, aber das ist es nicht, warum ich dich liebe. Ich möchte und brauche nichts von dir, außer vielleicht Freundschaft. Meine Liebe zu dir ist jenseits von Raum und Zeit. Ich habe es nicht gewählt. Ich kann einfach nichts dafür. Also lass uns offen sein dafür, wie wir vermeintlich zueinander in Beziehung stehen, auf eine Weise, die unseren spirituellen Weg und unseren göttlichen Dienst an der Menschheit fördert, und es entsteht in keinster Weise ein Nachteil für unsere gewählten Beziehungen in diesem Leben, mir mit Ed und dir mit deiner neuen Liebe.

Jonette

36
Sonnenscheiben

Während wir alle im August in Peru waren, war Brad Johnson für jeden aus der Gruppe von großem Nutzen. Er saß neben irgendeinem im Bus oder Zug und mit seinem intensiven Zuhören und seiner liebevollen Weisheit berührte er immer ihre Seele. Was mich betraf, so schauten seine blauen Augen in meine Braunen mit einer Klarheit, getragen von vielen kraftvollen, gemeinsamen Leben. »Jonette, ich kenne dich so und noch viel mehr,« sagte Brad nach jedem Sprung, den ich machte, mich stets einladend zu meiner nächsten Ebene von spiritueller Kraft und Wachstum. Seine Einsichtigkeit und intuitive Fähigkeit waren unabdingba,r um mir zu helfen, von meiner ersten Reise nach Peru zu lernen und mich auf meine kommende Alleinreise vorzubereiten.

An einem strahlenden Dezembernachmittag, zwei Tage bevor ich in die Anden zurückkehrte, rief ich Brad an. Ich war angefüllt mit Fragen über die Sonnenscheibe und ihre Beziehung zu mir und zur Großen Zentralsonne.

Ich ging in einen höheren Bewusstseinszustand, während Brad assistierte, indem er Fragen stellte oder Notizen machte. Anstatt meine Begleiter hereinzubitten, benutzte ich die Gelegenheit, aus meinem eigenen höheren Selbst heraus zu sprechen, die Weisheit tief in meinem Inneren anzapfend, die für mein normales Bewusstsein unbekannt ist. Auf Grund der fünfzehn Jahre als Channel habe ich gelernt, das auszusprechen, was in mein Bewusstsein kommt, ohne es zu bearbeiten. Somit bin ich oftmals vollkommen überrascht von dem, was ich sage. Diese Rede gehörte auch mit dazu:

Ich bin Jonette und ich bin Kumara. Es gibt zwölf Sonnenscheiben auf der Erde, welche unsere zwölf-strängige DNS erwecken. Die Scheiben enthalten Codes und Aktivierungssequenzen, die sich einschalten, wenn eine bestimmte Schwingungsebene von der Menschheit erreicht wird. Einige der Codes auf den Scheiben müssen von erwachten Menschen aktiviert werden, die dazu aufgerufen werden. Indem jeder von uns vorwärtsschreitet, wirft es Licht auf die göttlichen Aufgaben der anderen, so dass wir zu dem größten Dienst und der größten Eröffnung erwachen können, die denkbar sind. Das ist genau der Grund, warum wir zusammengekommen sind. Viele, die gerufen werden, waren in vorherigen Inkarnationen Wächter der Sonnenscheiben. Ich bin schon einmal ein Wächter gewesen.

Die Sonnenscheiben wurden ursprünglich von der Großen Zentralsonne zur Erde gebracht. Aber weil sie eine zu hohe Frequenz erschufen, zu viel Veränderung brachten, wurden sie alle entfernt und für Billionen von Jahren auf den Planeten Sirius gebracht. In einem anderen Leben war ich in diese zweite Rückkehr auf die Erde verwickelt.

Zwei der zwölf Scheiben sind Meisterscheiben, diejenige am Titicaca-See und diejenige unter dem Ama Dablam im Himalaya. Als sich die Reisenden, die die Energien von Nepal trugen, mit den Anden verbunden haben, wurde ein Tor geöffnet, das ein Echo durch die zehn anderen Scheiben sendete. Die Scheiben kommunizierten direkt mit den Sternen und erhielten Downloads an Informationen und Möglichkeiten. Das ist der Grund, warum die Scheiben oftmals als »Sternentore« bezeichnet werden.

Die Meisterscheibe am Titicaca-See ist jetzt zu der ätherischen Pyramide, die ich gefunden habe, bewegt worden. Ich habe nur einen kleinen Teil der Codes und Frequenzen bei diesem ersten Besuch enthüllt. Es gibt noch viel mehr zu aktivieren und zu öffnen. Wenn diese sich öffnen, dann werden sie die Menschheit zu einer vollkommen unterschiedlichen Welt bringen, einer Welt, die nichts mit der Rettung dieser Welt zu tun hat, sondern es ist ein derartig neuer Aspekt, dass wir ihn noch nicht einmal begreifen können. Es gibt viele, die erwachen und die dabei helfen werden, die Schwingung zu halten, die überall zwischen diesen Scheiben flattert. Wenn die zwölf Scheiben vollständig aktiviert sind, bedeutet das, dass jeder auf der Erde vollkommen erleuchtet ist und in einer höheren Realität lebt.

Alles entfaltet sich auf perfekte Weise. Es gibt nichts, was angeschoben werden müsste. Das Beste, was wir tun können ist unsere Körper auf die Aktivierung vorzubereiten. Was wir in das Physische integrieren können, kann dann an andere übermittelt werden.

In meiner Aufregung über diese Vision, teilte ich Brad herzlich mit, »Ich bin so dankbar, dass ich Meister habe, die Freunde sind und Freunde, die Meister sind, so dass wir uns gemeinsam überlegen können, was unsere unglaubliche, göttliche Aufgabe ist.«

Brad, der immer das höchste Potenzial in mir und in anderen sieht, versicherte mir, »Auch wenn es grandios klingen mag, so könnte es grandios sein. Das entkräftet es nicht.«

Ich fuhr fort, die innere Vision schildernd, die sich präsentierte:

Es scheint, als wäre ich wieder in der Szene meiner Einweihung bei der Pyramide, wo ich die Codes von der Sonnenscheibe erhielt. Nun gehe ich zu einer höheren Einweihung. Ich sehe eine größere Pyramide, wo die Stufen höher sind als die, die ich vorher emporgestiegen bin. Es ist, als ob die andere Erfahrung in diese Erfahrung mit eingebettet ist. Dieses Mal ist am Ende der Stufen nicht wirklich eine Sonnenscheibe, sondern ein Durchgang. Was ich zuvor tat, war notwendig. Es entriegelte eine Kammer, die es mir ermöglichte, weiterzugehen. Das ist das Wahre. Das ist es, was diese Codes erschließen. Ich kann nichts sehen. Ich fühle nur Unendlichkeit … mit Sternen darin.

Es fühlt sich so an, als ob ich es allein tue, jedoch schauen Leute dabei zu, darauf wartend, was ich mache. Vielleicht sind sie unterstützend gewesen, aber keiner sagt es mir ... sie sind Zuschauer. Ich zögere. Ich weiss nicht, ob ich bereit bin. Es fühlt sich so an, als ob einige Kräfte an mir arbeiten.

Brad, der in seinem Geist mit mir reiste, fügte hinzu: »Nun, etwas hat sich verschoben, denn ich sehe deine Hände auf eine Tastatur herunterkommen, die die Codes zu aktivieren scheint. Du bist wie ein Konzertpianist, der sehr schnell und wissend spielt.«

Okay. Etwas fängt an sich zu verschieben und zu öffnen. Wiederum fühle und sehe ich nichts ... es ist alles so weit entfernt. Die Worte, die ankommen, sind, dass mir der Himmel gezeigt werden wird. Ich fühle keine Codes oder Energien; ich fühle gar nichts. Ich kann erkennen, warum die Menschen glauben, dass der Himmel aus wogenden Wolken besteht, denn es scheint alles weißes Licht zu sein. Es gibt keine Bewegung, nur einen riesigen Raum. Es ist überraschenderweise frei von Gefühl. Ich bin immer noch an der Tür und schaue in diesen Raum hinein. Ich werde jetzt noch nicht hineingehen. Er schließt sich mit einem Versprechen, dass ich zurückkommen werde und mehr passieren wird. Ich drehe mich um und all diejenigen Menschen oder Wesenheiten, die hinter mir waren, halten ihre Hände hoch, ihre Handflächen zu mir gerichtet und Licht ausstrahlend. Meine Aura wird riesengroß und goldfarben ... weich, sanft und still ... engelsgleich.

Brad konnte spüren, was mit mir passierte: »Du bist überall. Du wirst auf einer permanenten Basis weitere Aspekte von dir erkennen können, ohne dein Leben zu unterbrechen. Die Limitierung, an einem Ort zu sein, wird für dich nicht länger existieren. Wow!«

Ich hörte einen höheren Anteil von mir selbst schnell sagen, »Ich akzeptiere.« Mein Höheres Selbst kam dem niedrigeren Anteil von mir zuvor, der zögerte. Ich fühlte auch, dass ich zu akzeptieren hatte, dass es in Ordnung war, wenn ich als Jonette starb. Ich hatte das Gefühl, dass ich in der Lage sein könnte, meinen physischen Körper vollkommen verlassen. Ich war verpflichtet, meiner Seele in dieser Visionssuche nach Peru zu folgen. Ich würde tun, was ich musste, mit oder ohne Mallku. Ihn lediglich zu kennen und ihn als meine Zwillingsseele wiederzuerkennen, könnte genug sein. Wenn es von ihm aus keine weitere bewusste Verbindung, kein Wissen oder Erwachen gab... dann würde das okay sein. »Nichts wird mich zurückhalten,« beschloss ich mir gegenüber fest, mich nicht wirklich so mutig fühlend wie meine Worte suggerierten. Doch irgendwie wollte ich Mallku das Geschenk geben, bei mir zu stehen und dieses himmlische weiße Licht anzustarren, dessen Zeuge ich soeben in meiner Vision geworden bin.

Ich gestand Brad, dass ich nicht wusste, wie ich mit dieser Idee umgehen sollte und den möglichen Auswirkungen mit Mallku als meiner Zwillingsseele. »Ich möchte die Tür schließen und die ganze Sache wegheucheln.«

Brad antwortete: »Du kannst dich nicht vor dem, was du nicht erledigen willst oder was du glaubst, verstecken. Es trennt sich von dir ab und hält dich fern von der vollkommenen Authentizität. In der Vergangenheit haben wir Anteile von uns selbst abgeschaltet, um den Schmerz zu beenden. Während dies vielleicht erfolgreich im Stoppen des Schmerzes gewesen ist, so hat es ebenso den natürlichen Fluss der Liebe in uns unterbrochen. Das funktioniert einfach nicht mehr, wenn wir mit unserer Göttlichkeit verschmelzen.«

»Danke dir. Du bist eine solch große Hilfe!« sagte ich enthusiastisch zu Brad. »Du bist bereits ein sehr großer Teil dieser Reise. Ich bin jetzt bereit. Ich wünschte nur, ich hätte bereits gepackt.« fügte ich hinzu.

Ich wusste nicht, was ich von der ganzen Information halten sollte, die über die Sonnenscheibe durchkam. Es war so weit entfernt von meinem normalen Leben und von meiner Geschäftswelt, die ich verstand. In zwei Tagen würde ich zurück nach Peru fliegen, dieses Mal allein. Ich würde wahrscheinlich in sehr viel mehr Dinge jenseits von meiner Auffassungsgabe hineingeraten.

37
P.J.'s Warnung

〰〰〰〰〰〰〰〰〰〰〰

P.J. Deen, eine der wenigen Leute, die ich kannte, die ihre Zwillingsflamme tatsächlich getroffen hatten, emailte mir einige Ratschläge, kurz bevor ich abreiste:

Du wirst die höher dimensionalen Aspekte der Verschmelzung von männlich und weiblich hereinbringen. Worte können einfach nicht erklären, was mit dieser ›Verschmelzung‹ gemeint ist, aber dir wird das absolute Verständnis dafür gegeben werden. Und wer könnte diese Arbeit besser erledigen als Zwillingsflammen?

Um deine Arbeit zusammen mit Mallku zu maximieren, wäre es gut, sich das momentane Glaubenssystem der Gesellschaft rund um die Liebe wirklich anzuschauen, männlich/weibliche Beziehungen, Eheschließungen, Monogamie, Treue und die Wahrheit von diesen menschengemachten Konzepten zu finden. Um vollkommen erfolgreich in Peru zu sein, wirst du ein gutes Stück jenseits von diesen Glaubenssystemen unserer Gesellschaft gehen müssen. Es wird definitiv deine Standfestigkeit prüfen. Neue Muster, wie Männer und Frauen über die nächsten paar tausend Jahre miteinander umgehen werden, werden hereingebracht werden, und viele von unseren heutigen, puritanischen Glaubenssystemen werden keinen Platz mehr in diesem Zeitrahmen haben.

Ich weiß, dass du dich momentan mit all dem abstrampeln musst – dem unerklärlichen Magnetismus, dem unerklärlichen tiefen Wissen und der tiefen Liebe für diesen scheinbar Fremden, und speziell die fast überwältigende, starke, sexuelle Anziehungskraft, von der du wahrscheinlich nie gedacht hättest, dass sie möglich sei. Ich habe sie auch alle gefühlt. Versuche, so viel Persönlichkeitsarbeit um die oben genannten Glaubenssysteme zu tun, wie du nur kannst, bevor du gehst. Andernfalls wirst du die ganze Zeit über in einer Krise sein und Mallku wird vollkommen verwirrt sein.

Das Ausmaß der Energien zwischen Zwillingsflammen kann dir das Gefühl geben, als wenn die ganze Welt unter deinen Füßen weggerissen wird. Du möchtest in der Lage sein, dich auf deine Mission und deinen Zweck zu fokussieren und auf das höchste Resultat der Arbeit, für die du hierher gesandt worden bist, sie gemeinsam zu tun.

Das Lesen von P.J.'s Email beunruhigte mich ziemlich. »Bin ich bereit? Ist diese ganze Reise ein übereilter Entschluss? Ist meine Ehe stark genug, um, was auch immer in Peru nötig sein wird, zu erlauben? Weiß P.J. etwas, was ich nicht weiß?« Das ist das Problem, wenn man höchst intuitive Freunde hat.

White Eagle zu treuen Händen

Ich wurde an eine der allerersten Botschaften, die White Eagle jemals durch mich in den späten 1980ern gechannelt hatte, erinnert. Sie war jetzt hilfreich für mich, als ich versuchte, meinen Anteil im Zusammenführen des Adlers und des Condors zu verstehen.

Es ist der Geist des Fluges, den wir ansprechen – die Freiheit, von dem unterstützt zu werden, was nicht sichtbar ist. Wenn der junge Adler zum ersten Mal aus seinem Nest abhebt, dann vertraut er darauf, dass die Luft ihn hochheben kann, dass sie ihn halten kann, und dass sie ihn dorthin bewegen kann, wo er hin möchte. Er hat keinen Grund zu glauben, dass die Luft dies tun kann, ausgenommen seine Instinkte. Er hat sein Leben mit seinen Beinen auf dem Nest, auf den Felsen verbracht. Der Adler hat keinen Grund zu glauben, dass er sicher ist, wenn er springt. Und trotzdem tritt er heraus in die Luft und in das Sonnenlicht; und siehe da, er findet eine Freiheit und eine Stärke, eine anmutige Schönheit, die er nicht gekannt hatte.

Du bist da. Das Sonnenlicht in dem, was nicht sichtbar ist, lockt dich zu springen. Du hast keinen Grund, ausgenommen dein Glaube, zu wissen, dass dir eher als nach unten abzustürzen, die Freiheit des Himmels gegeben werden wird. Du hast die Werkzeuge. Du hast die Flügel. Du hast den sanften Wind. Worauf willst du noch warten? Wartest du, bis du alt geworden bist, während du auf deinem zerklüfteten Rand stehst und überlegst, ob dies alles ist, was das Leben bereithält? Wir im Tempel des Lichts unterstützen dich; wir sagen, dass du alt genug geworden bist. Es ist Zeit, ins Licht zu springen, nur wissend, was du weißt. Denn in diesem Akt des Vertrauens wird alle Kraft geboren. Sie wird nicht geboren, ehe du springst. Sie ist nicht verfügbar, ehe du springst. Somit bitten wir dich, deine Silberflügel zu entfalten, lass dich von deinem Herz leiten und spring in den Himmel hinein. Denn der Himmel wird dich auffangen und zu unbekannten Universen tragen.

Teil V
Die Prophezeiung
HEUTE

»Mach keine Liebe, lass Liebe dich machen.«
-Mallku-

38
Allein in
Cuzco

〰〰〰〰〰〰〰〰〰〰〰〰〰

Mitte Dezember kam ich wieder in Cuzco an, der Inka-Hauptstadt hoch in den Anden. Mittags saß ich in einem ruhigen Café, den Hauptplatz überschauend, Plaza de Armas. Das Wetter draußen war grau und öde, aber mild. Dunkle Wolken bedeckten den Himmel, teilweise die scharfen Linien der Steinkathedrale, die dem Platz zugewandt war, verschleiernd. Aufgestellte Weihnachtslichter in Tierform erinnerten mich daran, dass Ferien waren. Von jedem langhaarigen Mann, den ich sah, dachte ich, dass es Mallku war. Aus dem Café schauend erkannte ich für mich, dass ich Cuzco wirklich nicht mochte. Ich mochte es nicht vor fünfundzwanzig Jahren, als ich zum ersten Mal Machu Picchu besucht hatte. Nicht das, was ich sah, war unsympathisch; ich habe in weniger reizvollen Plätzen den Charme gesehen. Ich erinnerte mich nicht, warum ich es nicht mochte, nur, dass meine Abneigung enorm gerechtfertigt war. Draußen wurde das Nieseln zu einem Platzregen. Mein Schirm lag sicher und trocken auf meinem Hotelzimmer.

Cuzco ist eine belebte Stadt mit 400.000 Menschen, eine Station für Touristen. Mein Hotel war in der Strasse, die zu Inka-Zeiten bekannt war als »Die Wirbelsäule des Pumas.« Später haben die Spanier sie natürlich nach einem Heiligen benannt. Die Wände der Empfangshalle waren aus dicken, grauen Steinblöcken gemacht, die ohne Mörtel von Inka-Erbauern gesetzt wurden, noch immer stabil nach Jahrhunderten von Erdbeben. Der dreizehnjährige Julio, der sich selbst aus Spaß »Kevin Costner« nannte, stand draußen vor der Hoteltür und verkaufte seine Postkarten. Er war immer draußen vor der Hoteltür, seine Postkarten verkaufend.

Ich verbrachte meine Tage schreibend, zu meditieren versuchend, Museen besuchend, Kaffee trinkend auf dem Plaza und allein zum Essen ausgehend. Mallku war so beschäftigt, dass ich ihn kaum sah. Wir hatten keine tiefgründigen, spirituellen Gespräche, keine gemeinsamen Meditationen, noch gab es da eine wachsende Freundschaft, auf die ich gehofft hatte. Im Grunde arbeitete er als Reiseleiter und Geschäftsinhaber und ich war ein zahlender Kunde. Ich verharrte in der Schwebe zwischen meiner Wahrheit von unserer einzigartigen Seelenverbindung und Mallkus Welt, die offensichtlich nicht mit einschloss, eine nordamerikanische Frau als Zwillingsseele zu haben. Mallku war immer hilfsbereit und freundlich, wenn wir unsere wenigen gemeinsamen Ausflüge hatten, aber es war gefühlsmäßig ein Schutzschild hochgefahren, was ich respektierte.

Mein Verstand drehte und drehte sich. »Was mache ich ganz allein in einem Hotel in Cuzco eine Woche vor Weihnachten? Ich sollte zu Hause sein, gegen die Massen in den Einkaufszentren ankämpfen, auf Weihnachtspartys gehen, Plätzchen backen. Warum war ich so sicher, dass ich kommen sollte? Warum passiert nicht irgendwas bedeutungsvolles? Was mache ich falsch? Warum scheint die Freundschaft mit Mallku so angespannt zu sein? Bin nur ich es, die es fühlt? Warum kann ich in keine tiefe Meditation gelangen? Warum sind meine begleitenden Stimmen nicht klar?« Diese Fragen plagten mich.

Die Raumheizung in meinem Zimmer beseitigte die Kühle in der großen Höhenlage am frühen Sommernachmittag. Aufrecht auf meinem Bett sitzend handelte ich mit dem Universum: »Bitte leitet mich an, dass ich meinen Zweck hier dieses Mal erkenne. Ich möchte im Dienst stehen, um zu erfahren was hier ist und um andere zu lehren, was ich lerne. Ich ersehne es, spirituelle Durchbrüche für mich und für die Menschheit zu erfahren.«

Die Stimme, die ich von White Eagle vernahm, verwirrte mich. *Also möchtest du Wissen und Durchbrüche, nur damit du sie teilen kannst? Bist du nicht gut genug, um sie für dich selbst zu suchen? Frage für dich selbst. Möchte es für dich.*

Ich war für dieses Stück spirituellen Ratschlags nicht bereit. Es brachte mich ins Trudeln. »Wie kann ich etwas nur für mich wollen? Das ist einfach... nicht... korrekt,« argumentierte ich mit meinen eigenen Stimmen. Ich wusste nicht, wie ich etwas nur für mich wollte. Es war solch ein fremder Gedanke. Je mehr ich mit dieser Idee kämpfte, desto mehr erkannte ich, dass dies eine wichtige Lektion war. Ich betete in dieser Sache und für all die beunruhigenden Gedanken, die mich an diesem Nachmittag bombardierten, um Hilfe.

White Eagle half, indem er erklärte:

Deine Aufgabe ist es, selbst zu erwachen. Wenn du nur erwachst, damit du anderen helfen kannst, hast du das Ziel verfehlt. Wenn du Licht, Liebe und Heilung möchtest, ergreife sie. Wenn du Berge befehligen kannst, was wartet noch auf deinen Befehl? Du befehligst etwas, weil du es einfach tust. Es wartet auf deinen Befehl auf Grund dessen, wer du bist.

Etwas musste sich in mir verschoben haben, denn an diesem Abend in einem nahegelegenen italienischen Restaurant, welches fast nur von Touristen frequentiert wird, hatte ich eine bizarre, spirituelle Begegnung mit der Forelle, die ich zum Abendessen bestellt hatte. Der Ober brachte mir eine warme Platte mit einer großen, filetierten, rosafleischigen Forelle und einigen Pommes Frites. Ich stellte mir vor, dass sie von einem einheimischen Angler aus den gängigen, unberührten Gewässern in der Region gefangen worden war. Da ich Fische, die in der Natur gelebt haben, äußerst schätze, lieber als solche, die in kommerziellen Farmen aufgezogen werden, erlaubte ich, meine Dankbarkeit dieser Forelle und allen wilden Kreaturen auszusprechen. Ich fühlte mich geehrt, dass sich dieser Fisch für mich hingegeben hatte. Überraschend starke Gefühle der Verbindung und Gefühle von Dankbarkeit strömten aus meinem Herz. Verstohlen tupfte ich die Tränen, die mein Gesicht herunterliefen, mit meiner rotkarierten Serviette ab. Ich war verliebt in diese Forelle! Es war die skurrilste Sache. Ich aß sie trotzdem auf.

39
Der Kuss
des Kolibri

Mir wurde im Traum eine Botschaft gesendet, einige Tage, bevor ich in die Anden aufbrach. Ich träumte, dass ich in einem Zimmer war, in dem ein kleiner, farbenfroher Vogel in die Falle geraten war. Ich fragte ihn: »Bist du okay? Kommst du raus?« Erst dann bemerkte ich, dass das Fenster offen war und er leicht hinausfliegen konnte. Ihn näher betrachtend erkannte ich, dass es ein wunderschöner Kolibri war. Ich streckte meine Hand aus und fragte ihn, ob er einfach nur darauf sitzen möchte, damit ich ihn bewundern konnte, bevor er davonflog. Anstatt sich auf meinen ausgestreckten Finger zu setzen, flog er zu meinem Gesicht hoch, wo er mir mit seinem winzigen Schnabel einen langen Kuss auf die Wange gab. Als er vor meinen Augen schwebte, erinnerte ich mich, dass ich das unglaublich schillernde

Blau seiner Brustfedern bemerkte. Die Berührung auf meiner Wange war so physisch, so real, dass ich immer noch den Sog seines Schnabels fühlte, als er den langen, langen Kuss übermittelte. Es war so viel realer als ein Traum oder eine Vision.

Am Tag nach meinem Forellen-Erlebnis, während Mallku und ich zu dem eine Stunde von Cuzco entfernten Heiligen Tal fuhren, erzählte ich ihm von meinem Traum. »Was glaubst du, was er bedeutet?« fragte ich ihn.

»Der Kolibri, speziell wenn er zu deinem Gesicht kommt, ist eine Botschaft von einer hohen, spirituellen Einweihung... einer sehr hohen Einweihung,« antwortete er. Er drehte sich um, um mich einigermaßen überrascht anzusehen, aber ging nicht weiter auf die Art der Einweihung ein.

»Also gut,« dachte ich. »Alles muss vollkommen in Ordnung sein.« Mallku fuhr mich zur Höhle von Pachamama oder Mutter Erde, welche ein Einweihungsort war, der einen Felsen mit einschloss, genannt das »Gehirn von Wiracocha.« Wiracocha ist der Hauptgott in der Andentradition. Mallku fragte mich, ob ich Höhenangst hatte. »Nicht ungewöhnlich ängstlich... nur die normale Angst,« stammelte ich als Antwort.

»Du musst stark sein für diesen Ort. Bist du bereit?« fragte er.

»Der Kolibri sagt, ich bin es,« sagte ich mit mehr Vertrauen, als ich fühlte.

Ich folgte Mallku einen Pfad entlang zu einem heiligen Platz. Der Pfad wand sich durch ein Flickwerk von Flächen, kultiviert mit Mais und Kartoffeln. Tiere jeglicher Art grasten leise – Schafe, Esel und Schweine. Fortwährend präsente Wolken warfen ihre Schatten auf die mannigfaltigen Farbschattierungen der Felder, eine Künstlerpalette von Maserung und Eindrücken erschaffend. Duftende Eukalyptusbäume tränkten die Luft mit ihrer einzigartigen Note. Ich hielt einige Male an, um die idyllische Szene zu fotografieren.

Wiracochas Gehirn

Mitten zwischen die Inka-Terrassen war ein großer, schädelförmiger Kalksteinfelsen gesetzt. Ungleichmäßig über die Jahrhunderte von auswaschendem Regen verschlissen, war der Fels rissig und vernarbt, einem Gehirn ähnelnd. Ausübende von mystischen Weisen hatten im Altertum Stufen, weiche Steinsitze, Altäre und Plätze zum Liegen eingeritzt, um die Weisheit der Erde zu empfangen. Mallku lud mich ein, für einen Moment zu beten, um für die Erlaubnis und die Stärke, in die Höhle einzutreten, zu bitten, welche im Schädelfels selbst versteckt war.

Dann führte mich mein Seelen-Bruder vorsichtig die eingeritzten Steintreppen hinunter, die sich gerade so an die schroffe Felswand anschmiegten. Mir ging es gut, solange ich die vielen Griffe benutzen konnte, die der poröse Kalkstein hervorbrachte und, natürlich, wenn ich nicht nach unten schaute. Ich machte mich ganz gut, obgleich ich froh war, dass Ed, der Höhen hasste, nicht hier war. Die schmalen Stufen endeten abrupt, doch ich konnte noch nicht den versprochenen Höhleneingang sehen. Mallku schlug vor, dass ich meine Tasche und Jacke weglegte für »ein sichereres Gefühl« für das nächste Stück. » Dies ist der schwierige Teil, aber es ist hier noch nie jemandem etwas zugestoßen,« warnte er. In seiner Warnung benutzte er nicht das Wort ›gefährlich.‹

Das Ziel war es, die korrekte Reihenfolge von Hand- und Fußgriffen zu benutzen, um über die Fläche des abgerundeten, vorstehenden Überhangs zur anderen Seite zu kriechen, wo der Höhleneingang war. Es gab keine weiteren Schutzmaßnahmen außer geschicktes Manövrieren. Mallku konnte mich nicht festhalten, falls ich meine Balance oder die Nerven verlor. Der Fall nach unten wäre mehr als 15 Meter und könnte fatal sein. Warum habe ich mir gerade diese Zeit ausgesucht, um dem Universum mitzuteilen, dass ich willens war, dem Tod ins Gesicht zu schauen, wenn dies für irgendwelche spirituellen Durchbrüche, die ich erfahren sollte, verlangt wurde?

Vertraue Mallku, hatte mir White Eagle vor dieser Reise gesagt.

»Vertraue Pachamama. Vertraue deinen Absichten,« wiederholte ich leise. Geduldig demonstrierte mir Mallku genau, wo ich meine Hände und Füße hinsetzen sollte, wann ich mein Gewicht zu verlagern hatte, wann ich mich über die Kante hinausschwingen sollte, um einen Fußhalt anzupeilen, den ich nicht sehen konnte. Als ich dort einen Halt fand, küsste ich den Fels, der vor meinem Gesicht war. Mallku hatte dies getan und es schien für mich eine gute Idee zu sein. Ich fing an. Die ersten Bewegungen waren prima, angesichts der schwitzenden Hände und der rutschigen Schuhe. Als ich zu der Position kam, wo ich meinen ganzen Körper über den vorstehenden

Felsen ausstrecken musste, nur mit einer Hand am schmalsten Vorsprung festhaltend, mein gesamtes Gewicht nur auf den Zehen eines Fußes lastend, fingen meine Beine an zu zittern.

»Halte deine Kraft!« kommandierte Mallku. Sofort hörte das Zittern auf. Wieder küsste ich den Fels, an den ich mich klammerte, als Schutzmaßnahme und beendete die Schritte.

Erfolg! Der winzige Höhleneingang lag vor mir! Es war nicht in Erwägung zu ziehen, dass ich dieses Kunststück in entgegengesetzter Richtung würde wiederholen müssen. Ich hoffte, dass ich genug Anmut in der Höhle sammeln konnte, um meine Angst zurückzustellen. Wir beteten und meditierten in der winzigen Höhle. Es dämmerte mir, als ich mich in der Höhle vornüberbeugte, mein Herz immer noch klopfend, dass Angst ein kraftvoller Ausdruck des Egos ist. Während wir Angst haben, wird unser Ego immer die Verantwortung für uns tragen. Ich begriff, dass Mut nicht die Heilung für Angst ist, für seine Verletzlichkeit. Ich betete darum, von Angst und Ego zu Vertrauen umzuschwenken.

Hallelujah! Die Höhle hatte einen Hinterausgang, durch den wir uns buchstäblich hindurchwanden. Der Vorteil von solcher Gymnastik war sofort offensichtlich für mich – wir mussten nicht den Weg zurückgehen, auf dem wir gekommen waren!

Wesen aus deinem eigenen Licht

Während des Mittagessens in Cuzco sprachen wir noch weiter über die Bedeutsamkeit des Kolibris, der mich in meinem Traum küsste. In der Überlieferung der Anden ist er bekannt als der »Verteidiger des Condors«, da der Kolibri schneller als die meisten Vögel fliegen kann, schweben kann, rückwärts oder hoch und runter fliegen kann. In den Zeiten vor den Inka war der Kolibri ungewöhnlich. Die berühmten Nazca-Linien, die in die Ebenen der Küstenregion von Peru eingeätzt sind, schließen eine Abbildung von einem Kolibri mit ein, die so groß ist, dass sie nur von sehr weit oben aus der Luftansicht zu sehen ist. Mallku schrieb in seinem Buch über den Machu Picchu über die spirituelle Bedeutung des Kolibri. »Der Tag, an dem dieser wunderschöne Vogel dich erreicht, um seinen Nektar auf deinem Kopf abzulegen oder um den Nektar deiner Seele zu trinken, wird der große Moment sein, wo du in ein strahlendes Wesen von reiner und bedingungsloser Liebe transformiert wirst, das die spirituelle Ebene des Tukuy munay niyoc erreicht hat, oder das »Wesen aus deinem eigenen Licht.«[*] In ein paar Tagen, wenn die Sommersonnenwende die südliche Hemisphäre erreichte, würde ich die Botschaft des Kolibri testen.

»Kann ich wahrlich behaupten, dass ich ein ›Wesen meines eigenen Lichtes bin‹?« fragte ich mich.

Gemäß der Andenbevölkerung sind wir derzeit im zehnten Pachakuti, einer Zeit des Übergangs und der großen Veränderungen. Mallku sagt, dass es eine Ära des Lichtes ist, charakterisiert von der Präsenz der Mutter, oder der Manifestation des weiblichen Aspektes der Erde, nach 500 Jahren der Ruhe. Er schrieb: »Der Mensch muss sich zu der neuen planetarischen Schwingung von der Mutter hin öffnen und fühlen, dass unser Erdpol, oder das Zentrum der weiblichen magnetischen Abstrahlung, schon aktiv ist und dass er sich durch die Tore des Heiligen Titicaca-Sees manifestiert.«[**]

Mallku und ich planten, zusammen zum Titicaca-See zu gehen, um eine Zeremonie für die Heilung der Spaltung zwischen dem Männlichen und Weiblichen in der Erde, der Menschheit und uns selbst abzuhalten. Meine Absicht war es, die Kraft des Sees zu nutzen, dem weiblichen Pol der Erde, um die Überbetonung des männlichen Prinzips in unserer Welt zu beseitigen, und um die Göttlichen Weiblichen und die Göttlichen Männlichen Kräfte wieder in ihre Balance zurückzubringen. Ich wusste nicht genau, was wir zu tun hatten oder wie, nur, dass Mallku und ich zusammen auf einer heiligen Insel im Titicaca-See sein mussten und dass der spirituelle Auftrag dringend war.

---

[*] Mallku, *Machu Picchu forever*, S. 46

[**] Ebd. S. 40

40
Sacsayhuaman

〰〰〰〰〰〰〰〰〰〰〰

Ich musste vor unserer Abreise an den Titicaca-See noch einen weiteren Platz im Gebiet von Cuzco besuchen. Dieser war die wunderhübsche Zitadelle von Sacsayhuaman, gerade außerhalb von Cuzco gelegen. (Es wird ungefähr genauso ausgesprochen wie »sexy woman.«) Die Architekten der Anden entwarfen die Stadt Cuzco nach den Umrissen eines Pumas, mit dem Hauptplatz als dessen Bauch und Sacsayhuaman als dessen Kopf. Die Fragen, die ich mir selbst stellte, als ich zum ersten Mal die riesengroße schlangenartige Mauer sah, waren, »Wer hat dies gebaut? Warum?« und noch viel wichtiger: »Wie?« Zu dem Zeitpunkt, als ich ehrfürchtig von dem massiven Steinbauwerk stand, hatte ich keine Antworten. Monate später forschte ich nach den Fakten und Überlieferungen, die mit Sacsayhuaman verbunden waren.

Der Chronist Garcilaso de la Vega schrieb darüber in den Mitt-1500ern, nur kurz nach der spanischen Eroberung:

Diese Festung übertrifft die Konstruktionen, bekannt als die Sieben Weltwunder. Aber es ist in der Tat jenseits der Vorstellungskraft, zu verstehen, wie diese Indianer, nicht vertraut mit Anordnungen, Antriebssystemen und Hilfsmitteln, diese großen Steine, mehr klumpige Hügel als Mauersteine, zugeschnitten, aufbereitet, angehoben und abgesetzt haben könnten und sie so exakt in ihre Plätze einfügten. Aus diesem Grund und weil die Indianer so vertraut waren mit Dämonen, wird diese Arbeit auf Zauberei zurückgeführt.*

Die Spanier dachten, es sei die Arbeit des Teufels. Einige einheimische Quechua-Völker behaupten, das mächtige Bauwerk sei von Riesen und Göttern aus vergangenen Zeiten. Die meisten Schüler glauben, dass Sacsayhuaman die Arbeit von denselben unbekannten Kulturen der Vor-Inkazeit war, die Machu Picchu, Ollantaytambo im Heiligen Tal und die Megalithen in Tiahuanaco in Bolivien erschufen. Der Ort schien aus einer anderen Welt zu sein. Das Hauptbauwerk war eine dreistufige Festung aus im Zickzack verlaufenden Kalksteinmauern, die nun beeindruckende 9 Meter aufragten. Dennoch, jedwede Mauersteine, klein genug, um wegtransportiert zu werden, wurden vor langer Zeit in den Wänden anderer Bauwerke benutzt. Der Festungswall von Sacsayhuaman wurde peinlich genau aus gigantischen Felsen gebaut, einige 350 Tonnen wiegend, welche mit mörtelloser Präzision verzahnt worden sind. Ein Felsbrocken ist über 8 Meter hoch. Als Beispiel, wie unglaublich riesig diese Steine sind, wiegen im Gegensatz dazu die Mauersteine der ägyptischen Pyramiden im Durchschnitt nur drei Tonnen!

Als wäre das nicht schon eindrucksvoll genug, waren die Mammutsteine fantastisch geformt. In einige Blöcke, die die erdbebengeprüfte Basis der Wand formten, waren dreißig oder mehr Winkel geschnitten. Jeder von ihnen wurde dann sauber gerichtet und geglättet. Und doch wurde dies alles ohne Metallwerkzeuge oder die Benutzung von einem Rad gemacht! Es standen einmal drei Türme oberhalb der Mauer. Sie alle wurden zerstört und die Steine weggetragen, um spanische Kathedralen und die Gebäude und Häuser von Cuzco zu bauen.

Vor fünfhundert Jahren schrieb Garcilaso de la Vega: »Ein unterirdisches Netzwerk von Gängen, welches so ausladend war wie die Türme selbst,

---

* Childress, *Lost Cities & Ancient Mysteries of South America*, S. 72

Jonette bei Sacsayhuaman

Sacsayhuaman mit Cuzco im Hintergrund

verband diese miteinander ... Die erfahrensten Männer riskierten es nicht, sich in dieses Labyrinth ohne Führer hineinzuwagen.«* Dieses komplexe System von Tunneln verband Sacsayhuaman mit der Coricancha, dem Haupt-Sonnentempel in Cuzco. Mumien der Inkas, Gold und Schätzen wird nachgesagt, dort unter der Erde versteckt zu sein. Der Haupteingang wurde Mitte des 18. Jahrhunderts abgesperrt.

Das Mysterium, wer ursprünglich solch eine wunderbare und scheinbar unmögliche Anordnung erbaut hat, verstärkt sich, wenn man bedenkt, dass ähnlich unwahrscheinliche Megalithen in den entferntesten Ecken der Welt gefunden wurden: der Osterinsel, der Karibik und Nordafrika. Stammen diese megalithischen Bauwerke alle von atlantischen und lemurischen Zivilisationen?

Das Mysterium der Steine

Es gibt verschiedene Theorien, wie prähistorische Steinmetze solche Anordnungen von perfekter Verzahnung, unregelmäßig gewinkelte Steine von solch monumentaler Proportion gebaut haben können. Eine Idee war, dass sie erbaut wurden, indem man eine jetzt in Vergessenheit geratene Technik benutzte, die den Stein erst weich machte und dann formte. Hiram Bingham, der Mann, der den Machu Picchu für die Welt wiederentdeckte, schrieb von einer Pflanze, deren Saft Fels weich machte, so dass deren Kanten fest zusammengesetzt werden konnten.** Könnte dies erklären, wie die Baumeister aus den Anden präzise Mauerwerke ohne Mörtel erschufen? Mallku behauptete, dass die großen Steine auseinander gebrochen wurden unter Benutzung einer Art von Klang, und dann wieder exakt aufeinander gesetzt wurden, so als wären sie niemals aufgebrochen worden.

Eine andere mögliche Theorie über diesen fabelhaften Steinmauerarbeiten aus den Anden kam aus den Nachforschungen über die Erbauung der Großen Pyramide in Ägypten. Einige glauben, dass die frühen Ägypter große Blöcke tatsächlich eher betonierten, als dass sie Haustein verwendeten,

---

* Childress, *Lost Cities & Ancient Mysteries of South America*, S. 72

** Ebd. S.74

indem sie »eine fortschrittliche und einheimische Form von synthetischem Stein benutzten, der an Ort und Stelle wie Beton gegossen wurde.« Kürzlich dechiffrierte Hieroglyphen auf einer altertümlichen ägyptischen Säule gaben Anweisungen zur Herstellung synthetischer Steine. Der daraus resultierende »Zement« hatte ähnliche molekulare und chemische Verbindungen wie natürlicher Stein.[*]

Sobald ich diese Theorie über das Weichmachen und Gießen von Stein der Steinmetze aus der Vor-Inkazeit hörte, schaute ich achtsamer auf die auffallend gleichaussehende Farbe und Konsistenz der Felsen, die für die Erbauung von Sacsayhuaman und der Stadt Cuzco benutzt wurden. Es sah tatsächlich für mich so aus, als könnten die Steine eher nach dieser unbekannten Technologie gegossen und geformt worden sein, als dass sie herausgehauen und mit Steinwerkzeugen bearbeitet wurden.

Die Gründe, aus denen heraus Sacsayhuaman erbaut wurde, und von wem, werden weiterhin diskutiert. Autoritäten sind sich darüber einig, dass das Gebiet wichtige religiöse und militärische Bedeutung hatte. Während ich neben der megalithischen Wand entlang ging, wurde ich von deren Größe und Herrlichkeit zusammengeschrumpft. Die zweiundzwanzig Zickzacks, die diese Mauer macht, von denen gesagt wird, sie seien die Zähne des Pumas, erinnerten mich an die Gestalt einer riesigen Schlange. Ich lief daran entlang, mich von dem, wovon ich annahm es sei der Schwanz der Schlange, zu deren Kopf hinbewegend. Das mysteriöse Bauwerk schien den Einfluss von Zeit und Raum an sich zur Geltung zu bringen, wie ein Riss im Schleier der normalen Realität. Ich erwartete beinahe, das schwingende Summen der Steine zu hören und fähig zu sein, intakt in eine andere Zeit hineinzugehen. Es war ein Gefühl, das gleichzeitig aufregend und unheimlich war.

Anstelle einer exotischen Zeitreise fand ich eine grasbewachsene Nische, in der man meditieren konnte, weit abseits der Hauptmauern und der Touristen. Ich musste allein sein, um meinen Geist auf unseren Besuch am Titicaca-See vorzubereiten. Wir würden am nächsten Morgen abreisen.

---

[*] Childress, *Lost Cities of Ancient Lemuria & the Pacific*, S. 169,170

41
Titicaca-See

〜〜〜〜〜〜〜〜〜〜〜〜

»Musst du Geld wechseln für die Reise nach Titicaca?«

»Ja.« Meine Antwort entfachte eine seltsame Sequenz von Ereignissen, die alltägliche Tatsachen des Lebens für Larry Cuellar waren, Mallkus Assistent, der mich zum Treffen mit Mallku fuhr.

Durch Cuzcos verstopfte Einbahnstraßen in scheinbar zufälliger Richtung vorstoßend, positionierte Larry letztendlich das Auto auf der rechten Spur einer Hauptgeschäftsstraße. Ich saß verwirrt da, als wir plötzlich anhielten und keine Banken oder Geldwechselkioske in Sicht waren.

»Wieviel du wechseln?« fragte Larry, in gebrochenem Englisch. Als ich mich nach links umdrehte, um ihm zu antworten, klopfte ein großer, dunkler Mann in einer Lederjacke mit einer Handvoll Scheinen heftig auf meiner Autoseite ans Fenster. Schneller, als ich nachdenken konnte, forderte Larry: »Gib ihm dein Geld.« Larry deutete mir an, mein Fenster für den zwielichtigen

Fremden runterzulassen, der mir die Dollars aus der Hand riss, bevor das Fenster komplett unten war. Ein Polizist, der laut etwas in Spanisch schrie, rannte auf unser Auto zu. Autofahrer, die hinter unserem stehenden Auto waren, drückten auf ihre Hupen, um uns wissen zu lassen, dass sie es nicht begrüßten, anhalten zu müssen. In weniger als zwanzig Sekunden hatte der Straßenrandkapitalist meine grünen Scheine gezählt, mein Wechselgeld ausgerechnet und in mein peruanisches Geld umgerechnet, um es kurz bevor der Polizist eintraf, durch das Fenster zu stoßen. Drei Sekunden später waren wir wieder zurück im Verkehrsfluss in Richtung des Platzes, wo Mallku wartete, um mich zum Titicaca-See zu fahren.

»Was passierte gerade?« fragte ich, immer noch unsicher, ob ich das Opfer von einer ausgeklügelten Masche war.

»Diese Geldwechsler vom Schwarzmarkt geben dir eine bessere Rate als die Banken,« war Larrys ruhige Antwort.

Mallku fuhr schnell – sehr schnell – von Cuzco nach Punto, welches der größte Ort an den Ufern des Titicaca-Sees im südöstlichen Peru ist. »Ich bin kein geduldiger Mann,« sagte er zu mir, obwohl der Beweis eindeutig war.

Ich wiederholte leise, »Vertraue Mallku«, als Curva Peligrosa (gefährliche Kurve)-Schilder vorbeirauschten, so wie Dutzende von Straßengedenkstätten für geliebte Personen, die keine Fahrer mit Mallkus Fähigkeiten waren und Glück gehabt hatten. Er machte auf einen Platz aufmerksam, wo der Zug die Straße kreuzt, doch wegen eines Hügels konnte dies nicht gesehen werden, bis es dann zu spät war; Dinge, die ich wirklich nicht zu wissen brauchte.

Wir hörten uns seine Sarah Brightman CDs an. »Sie hat die Stimme von einem Engel. Sie ist meine Inspiration,« bemerkte er, als wir durch die Altiplano, oder die Hochebenen, fuhren. Auch ich bewunderte Sarah Brightmans Musik, war aber erstaunt, dass ein achtunddreißig Jahre alter peruanischer Mann diese Sopranistin kennen würde. Mallku durchsetzte Brightmans Gesang mit Santanas legendärer Gitarre.

»Das ist mehr, als ich erwartet hatte,« lachte ich, Brightman und Santana genießend.

Der Frühling in den Anden war freundlich. Die Saaten waren quer über die Landschaft gesät, ihre Farben ergossen sich zwischen den Hügeln. Wolken erhoben sich wie Rauch von heiligen Feuern. Lamas, Alpakas, Vikunjas und gewöhnlichere Schafe und Kühe fanden ausreichend Futter. Hunde schliefen auf der Straße, weil der Asphalt warm war. Mallku war scharfsichtig, scherte vor trudelnden Fuhrwerken, Qualm ausstoßenden Lastwagen, überladenen Transportern, Schulkindern und nach Unabhängigkeit strebenden Herdentieren aus.

Es war dunkel und wir waren immer noch eine Stunde Fahrzeit von Puno entfernt, als Mutter Natur uns vehement grüßte, mit all ihrer Kraft. Heftige Blitze schnitten durch den Himmel. Von Horizont zu Horizont blitzten die Himmel mittagshell auf. »Wow,« brach es immer wieder gleichzeitig aus uns beiden heraus. Mallku warnte: »So viel Blitze bedeuten Hagel.« Und so war es. Innerhalb von Minuten war die Landschaft sieben Zentimeter tief in klumpiges Weiß getaucht. Jeder Fahrer fuhr langsamer, das Risiko armseliger Bereifung auf eisigen Pisten aus Hagel respektierend. Gewaltige Blitze ließen die Umrisse der weißen, hügeligen Landschaft auf unheimliche Weise aufleuchten, während wir die letzten zehn Meilen zum See fuhren. »Viereinhalb Stunden,« rief Mallku voller Stolz, als wir am Hotel anhielten. »Mein Rekord war dreieinhalb, aber da war ich allein unterwegs.«

Über die letzten drei Tage hinweg hatte ich gefastet, um mich auf ein wichtiges Ereignis vorzubereiten. Normalerweise verpasse ich keine Mahlzeit, also war das Fasten ein großes Zugeständnis. Im Strandhotel von Puno beobachtete ich Mallku, wie er Kartoffeln, Avocados und Reis im Restaurant aß.

Eine weitere Energie-Einweihung

Wir teilten uns ein Doppelzimmer. Ich fühlte mich in tiefstem Frieden, dort zu liegen, freute mich durch und durch, dass dieser Mann, dessen Seele ich abgöttisch liebte, so glücklich war. So wie er mir erzählte, als ich immer noch in Colorado war, hatte er eine brasilianische Frau in einen von seinen Reisegruppen kennengelernt. Nachdem sie zwei Wochen miteinander verbracht hatten, entschieden beide, dass sie nach Cuzco ziehen würde. Wenn wir uns über Evelyn unterhielten und seine Vision für ihre Zukunft, leuchtete sein Gesicht vor Aufregung, seine braunen Augen funkelten. Nichts ist so wunderschön wie die ersten Phasen des Verliebtseins.

In diesem glückseligen Zustand versuchte ich zu schlafen, aber die Energien, die mich auf unsere kommende spirituelle Arbeit vorbereiteten, flossen kraftvoll in mich hinein. Zuerst fing mein linkes Bein an, unkontrolliert zu wackeln. Ich drehte mich, um auf dem Rücken zu liegen. Sofort fing mein rechtes Bein an, sich zu bewegen. Dann begann das unfreiwillige Wackeln in meinen Hüften, vor und zurück. Wellen von Bewegung gingen von meinem Becken aus und wanderten meine Beine hinunter und hoch zu meinem Oberkörper. Die heftigen Spasmen waren auf seltsame Weise rhythmisch. Nach zwanzig oder mehr Minuten des Zitterns von meinem gesamten Körper in unkontrollierbaren Wellen der Kraft erkannte ich, dass einiges von dieser Energie für Mallku war. Ich war nicht dazu gedacht, dies allein zu verkörpern. Ich schämte mich, ihn zu wecken, während er im Bett nebenan leicht schnarchte, und ich war mir noch nicht einmal sicher, ob ich mit meinen wackelnden Beinen aufstehen konnte.

Aber das war es, warum ich nach Peru gekommen war; ich würde mich von meinem Selbstbewusstsein nicht stoppen lassen. Meine zitternden Beine schafften es, mich zu halten, als ich an Mallkus Bettseite stand, seinen Namen ausrufend und ihn zum Aufwachen drängte. Er grunzte. Ich fuhr fort: »Mallku, ich habe eine weitere Energie-Einweihung für dich. Ich muss neben dir liegen und meine Hand auf dein Herz legen.« Er rückte ohne ein Wort rüber und war innerhalb von zehn Sekunden wieder eingeschlafen. Oder, vielleicht war er auch nicht eingeschlafen. Es müsste schwierig gewesen sein zu schlummern, mit mir, neben ihm liegend, in Wellen spiritueller Energie zuckend. Ich konnte nichts weiter zu tun als zu warten, bis die Bewegungen aufgehört hatten, was noch weitere fünfzehn Minuten dauerte. Als mein Körper aufhörte zu wackeln, ging ich zurück in mein eigenes Bett. Es war eines der stärksten körperlichen/spirituellen Erlebnisse, die ich jemals gehabt hatte. Doch später erkannte ich, dass dies erst die Aufwärmephase gewesen war.

Schwimmende Inseln

Um 9 Uhr am nächsten Morgen waren Mallku und ich am Dock von Puno, darauf wartend, in den Rio Azul, ein kleines Touristenboot, einzusteigen, das uns und zwölf andere zu den schwimmenden Reed-Inseln der Uros-Bevölkerung bringen würde. Wir planten, die Nacht auf der größeren, felsigeren

Insel von Amantani zu verbringen und dann weiter auf die Taquile-Insel zum Mittagessen am nächsten Tag überzusetzen.

Die Hafengegend war überfüllt mit einheimischen Aymara-sprechenden Indianern, gekleidet in traditionelle Kleidung. Für die Frauen bedeutete dies schwarze, lange Röcke, farbenfroh gearbeitete Blusen, ein großes Schultertuch, Haare in Zöpfe geflochten und der allgegenwärtige Hut im Bowlerstil. Männer mit leuchtenden, gewebten Schärpen um ihre Hüften tauschten gute Wünsche und Cocablätter untereinander aus als traditionellen Gruß. In Jeans gekleidete Touristen handelten mit den Schiffskapitänen um den besten Preis, während fröhlich kostümierte Musiker von Boot zu Boot sprangen und für Trinkgeld spielten. Mallku ging los, um ein paar Früchte und Toilettenpapier zu kaufen – Reserven für die zwei Tage, wenn wir auf den primitiven Inseln des Titicaca-Sees herumreisen würden. Eine frische Windböe schickte Wirbel aus Müll, die um uns herumwirbelten. Verkäufer starteten einen letzten Versuch, um uns Softdrinks, Süßigkeiten und handgenähte Kappen zu verkaufen. Dieselgeruch erfüllte die Luft, als die Maschinen des Rio Azul starteten. Unser Abenteuer ging los!

Auf 3800 Metern Höhe waren die Tage kühl, dennoch war die Sonne heftig. Der Titicaca-See ist so groß, dass er mit seinen 8300 Quadratkilometern sein eigenes Wetter erschafft. Dieses sorgt dafür, dass die Temperaturen für die Inselbewohner extrem viel milder sind, als für die Menschen, die weiter vom Wasser entfernt leben. Unser Boot navigierte langsam durch die flachen Gewässer, die reich an Totora-Schilf sind, welches die buchstäbliche Grundlage für das Leben der Uros-Städte ist. Die natürlich wachsenden Schilfrohre werden geerntet und zur Herstellung der schwimmenden Inseln benutzt. Diese menschengemachten Inseln halten üblicherweise zwanzig Jahre, bevor sie vollkommen verrottet sind oder untergehen, wenn das Seewasser ansteigt.

Totora-Schilf wird zusammengebunden, Lage über Lage, um eine dicke, elastische, schwimmende Plattform herzustellen, worauf die Uros-Indianer ihre Schilfrohrhäuser bauen, von ihren Schilfrohrbooten aus fischen, Seile aus Schilfrohrsträngen machen, die Schilfrohrhalme essen, mit getrocknetem Schilfrohr kochen und Schilfrohrsouveniers herstellen, um sie an die Touristen zu verkaufen, so dass sie die wenigen nicht aus Schilfrohr bestehenden Notwendigkeiten kaufen können, die sie benötigen. Ihre

fröhlichen, braunen Gesichter, ihre sonnengeröteten Wangen und ihr einladendes Lächeln machte unseren kurzen Aufenthalt in ihrer Welt zu einem reinen Vergnügen. Abgesehen von dem Herstellen der kleinen Schmuckstücke zum Verkauf war das Leben hier so ziemlich dasselbe wie damals, als die Inkas die Anden regierten. Für eine kleine Gebühr paddelten wir zwischen den schwimmenden Inseln in einem traditionellen Schilfrohrboot. Wasserfahrzeuge von ähnlicher Art werden sogar heute noch auf dem Nil in Ägypten benutzt.

Mythen der Aymara

Das andere Dutzend der Reisenden auf unserem Boot repräsentierte eine vielseitige Gruppe aus neun verschiedenen Ländern. Zusätzlich zum Kapitän und seiner Ein-Mann-Crew hatten wir Andres, einen einheimischen Aymara-Mann als unseren Englisch sprechenden Reiseleiter. Obwohl sein

Englisch schwer zu verstehen war, beantwortete Andres begeistert meine Fragen. Er erzählte mir, dass sein Vater, der zu dem Lupaca-Volk gehört, ein Schamane und Heiler ist. Ich machte so gut es ging Notizen auf dem rauen Wasser, als er mit der lebendigen Überlieferung startete, die der Inka-Herrschaft vorausgingen:

Mein Vater erzählte mir von den alten Mythen. Der Condor war ein Anführer, ein Schamane, der erste Gott für das Volk der Aymara. Der Condor ist ein Meister. Er besaß ausgedehnte Liebe und lehrte über den Frieden und das Glück. Der Adler, oder Mamani, ist der kleine Bruder, und der Condor, oder Mallku, ist sein großer Bruder. Zusammen formten sie eine mystische Schule, um über das Leben zu lehren. Sie luden weitere wichtige Meister ein, um über das Leben zu reden, um in Harmonie, Liebe und Wahrheit zu leben. Sie luden den Puma ein, oder Titi, für Mut, Ehre und Stärke; die Eidechse, oder Jararanku, für Meditation und Rast; die Schlange, oder Amaru, für Weisheit und Fruchtbarkeit; und den Frosch, oder Jampatu, für Fülle und Reichtum.

Da ich mit wachsendem Interesse zuhörte, fuhr Andres weiter fort, teilte mit uns den Prozess aus drei Schritten, den sein Vater jedes Jahr macht, um ihm zu helfen, »Zeremonien auszuführen zur Heilung kranker Leute.«

Zuerst trinkt mein Vater heiliges Quellwasser, um sich zu reinigen. Als zweites badet er in heißem Quellwasser, um seinen Körper zu reinigen. Als drittes geht er auf die Spitze eines Berges, weil es ein natürlicher Tempel ist. Eine Höhle ist auch ein natürlicher Tempel. Er führt über viele Tage Zeremonien aus und besucht große Meister. Danach ist er ein Schamane und kann anderen helfen zu heilen.

Ich fragte Andres nach den Legenden über ein geheimes Kloster in einem versteckten Tal nahe des Titicaca-Sees, wo die große Sonnenscheibe aufbewahrt wurde. Er deutete an, dass er dachte, die Legende könnte wahr sein. Als ich ihn fragte, wie ich diesen Ort finden könnte, war seine Antwort: »Bete und bitte die Meister, in deinen inneren Visionen zu dir zu kommen.« Dann sagte dieser kleine, braune, redselige Führer etwas, das mich vollkommen schockierte: »Die Aymaras glauben, dass sie aus Lemurien kommen.« Ich bekam nicht die Chance, Andres noch mehr über die unglaubliche Behauptung zu fragen, weil unser Boot die ruhigen, flachen Totora-Gewässer verlassen hatte und die schwimmenden Inseln hinter sich ließ. Wir fuhren hinaus auf die gewaltige, ungeschützte Ausdehnung des Sees. Beinahe augenblicklich wurden die Wolken rau und bedrohlich. Graue Windböen tummelten sich um unser kleines Boot und warfen es hin und her, während die von den Böen verstärkten Wellen über das Deck peitschten. Der Rio Azul schüttelte und wälzte sich in dieser eisernen Rührtrommel, brachte unser Wortgeplänkel über Reisegeschichten zum Schweigen. Ich war wahrscheinlich nicht die Einzige, die dankbar war, dass das Frühstück schon eine ganze Weile her war. Ich bin ein selbsternannter Feigling, wenn es ums Ertrinken geht, also bewegte ich mich mit einem schnellen Griff hin zu den Rettungswesten. Mallkus Antlitz, immer leuchtend vor Selbstsicherheit, ließ einen Hinweis auf Angst erkennen, als die Drei-Meter Wellen zu Viereinhalb-Meter Wellen wurden und wir noch nicht in Sichtweite des winzigen Hafens der Amantani Insel waren. Ich wünschte, er hätte mir nicht gesagt, dass die »Boote hier in Peru nicht so sind wie in den Vereinigten Staaten. Sie haben keinen Bordfunk oder irgendeine Möglichkeit, um im Notfall um Hilfe zu rufen.« Falls wir untergehen würden war mein Plan, meinen knappen, sehr alten Lebensretter in einer Hand zu halten, und mit meiner anderen fest Mallkus kräftigen Bizeps zu umklammern.

Die Insel Amantani

Ich war erleichtert, dass ich nicht meinen Eventualfall testen musste. Meine Beine waren am Zittern, als ich dankbarerweise festen Boden betrat. Am Pier waren ein Dutzend Frauen in traditioneller Tracht versammelt, jede von ihnen mühelos Wolle mit einer Handspindel spinnend, welche jede Frau und jeder Mann fortwährend bediente. Ein Mann, der der Bürgermeister sein musste, ordnete die Touristen in jedes der Gästehäuser der Frauen zu. Wir folgten unserer Gastgeberin weit auf einen steilen Hügel hinauf zu ihrem Haus, wo wir für die Nacht Gäste sein würden. Dies sind primitive Inseln, isoliert vom Hauptfestland, wo die Menschen einfach leben. Sie haben keine Fahrzeuge oder Straßen, keine Polizei, keine Kriminalität. Die Familien, so wie ihre Vorfahren vor ihnen, leben in Lehmhütten, die in der Stadt auf den tieferen Hügeln der Insel verteilt sind. Sie hüten Schafe, Ziegen und Hühner. Die höheren Hügel sind gezeichnet von schäbigen Feldern mit Kartoffeln, Bohnen und Gemüse, mit denen die Bauern einen kümmerlichen Lebensunterhalt auf einer unwahrscheinlichen Höhenlage erwirtschaften. Die Regierung hat kürzlich Plumpsklos auf die Insel gebracht. Ich war für Privatsphäre und die relative Hygiene einer Latrine dankbar.

Die Frau, die uns bergauf zu ihrem Haus führte, musste einige Male anhalten, um zu Atem zu kommen. Ihr vom Wetter gezeichnetes braunes Gesicht war übersät mit Falten. Mallku machte zu mir eine leise Bemerkung über ihr fortgeschrittenes Alter und den Mangel an Fitness. In der Annahme, dass sie wahrscheinlich jung war, aber wie frühzeitig gealtert aussah, neckte ich Mallku: »Ich wette, dass sie jünger ist als du.«

»Das kann sie nicht sein!« sagte er, bestürzt bei dem Gedanken. Neugierig jedoch fragte er sie auf Spanisch »Wie alt bist du … wenn du mir die Frage verzeihst?«

»Fünfunddreißg,« sagte sie, sich mit einem breiten Lächeln zu uns umdrehend, das mehr als nur einen fehlenden Zahn offenbarte.

»Gracias,« antwortete Mallku, seine Augen geweitet vor Ungläubigkeit. Ich kicherte, nicht in der Lage, meine Belustigung innezuhalten, und ganz nebenbei, ich liebe es, Recht zu haben! Für die verbleibende halbe Meile bis zum Haus lachten wir, weil Mallku jedes jugendliche Schulmädchen anhielt, um sie nach ihrem Alter zu fragen.

Über einem Feuer aus brennenden Eukalyptusblättern und Zweigen kochte uns unsere Gastgeberin ein herzhaftes Mittagessen aus Kartoffeln, Eiern, Brot-Tee, der uns von ihren neugierigen jungen Söhnen – Jonny und Elvis – serviert wurde. Ich befragte Mallku nach der Herkunft solch ungewöhnlicher Namen für Jungen, die auf so einer unterentwickelten Insel lebten. Mallku erklärte, dass dies den enormen Einfluss der protestantischen Missionare in diesen entlegenen Dörfern zeigte.

Mallku und ich verbrachten den Nachmittag damit, den Berg weiter hinauf zu den zwei verfallenen Tempeln zu wandern, die die Insel Amantani so besonders machten – ein Tempel für die Erd-Mutter, Pachamama; und der andere Tempel für den Erd-Vater, Pachatata.

Gästehaus Gastgeberinnen, Insel Amantani

42
Das Göttliche
Weibliche & Männliche
verschmelzend

〰〰〰〰〰〰〰〰〰

»Es ist Zeit,« sagte Mallku und weckte mich. Er hatte sich schon um 4 Uhr morgens in der Dunkelheit angezogen, als Theodoro, der Herbergsvater, an unsere Tür klopfte, um uns zu wecken. Mallku schaute aus dem kleinen Schlafzimmerfenster hinaus, den Hügel hinunter und jenseits des Horizontes vom Titicaca-See. Ein paar rauchgraue Lichtstreifen unmittelbar vor der Morgendämmerung lagen im Wettstreit mit dem Glühen der Venus und mit dem Rest des schwächer werdenden Lichtes vom Kreuz des Südens. Ein paar Schlucke aus meiner Wasserflasche, ein Besuch im Toilettenhäuschen und ich war ebenfalls bereit.

Wir kletterten schweigend den steinigen Weg empor, meine Stirnlampe leuchtete uns den Weg, vorbei an einem Platz, wo eine Hand voll Arbeiter im Dunkeln darauf wartete, um mit der Tagesbaustelle an einem Gemeindehaus zu beginnen. Der Weg wurde steiler, als Lehmhütten den

Weg zu einfachen Feldern freigaben, die durch flache Steinmauern voneinander getrennt waren. In der nebelhaften Dunkelheit konnte ich kaum die Silhouette einer Frau erkennen, vollkommen in Röcke gekleidet und mit zusammengebundenem Schal, und ihrer Kuh, wie sie langsam einen anderen Weg hinauf zu ihren Feldern gingen. Ich fröstelte an diesem kalten, feuchten Morgen und zog Schal und Kragen enger um meinen Hals. Die Höhenlage ist beträchtlich, über 3900 Meter. Meine Atmung war zwangsläufig tief und zweckmäßig, während wir immer weiter den steinigen Weg bergauf wanderten. Mallku und ich gingen in andächtiger Stille. Unser Ziel war es, Spirit zu erlauben, uns in die kosmische Heilung der Polarität zu führen, speziell auf die Trennung des Weiblichen und Männlichen bezogen, die in unserer Welt vorherrscht. Wir sind hierher gekommen, um dies als Zwillingsseelen zu tun – das Weibliche und das Männliche, nördliche und südliche Hemisphäre, der Adler und der Condor. Dafür mussten wir zur Insel Amantani kommen, einem heiligen Platz im Titicaca-See, welcher von einer bedeutenden, elektromagnetischen Ley-Linie durchzogen wird, die als die Route von Wiracocha bekannt ist und von Bolivien bis nach Nord-Peru verläuft. Eine weitere Gitternetzlinie der Erde verbindet die zwei heiligen Seiten der Insel und macht diese somit zu einem der bedeutendsten Kraftplätze in ganz Südamerika. Mallku erklärte, dass die vorkolumbianischen Menschen ihre Städte, Tempel und Wakas (heilige Stätten) generell auf den elektromagnetischen Konvergenzpunkten gebaut haben, um zu garantieren, dass sie stets von der höchst möglichen Schwingungsfrequenz profitieren würden.[*]

Am höchsten Gipfel der Insel steht der Mutter-Tempel, heiliger Platz der Göttlichen Göttin – der Mutter Erde oder Pachamama, der lange vor der Zeit der Inkas, während der Tiahuanaco-Kultur, erbaut wurde. Der Tempel ist eine kreisrunde Einfriedung, zum Himmel hin offen, ausgestaltet von einer grob gebauten, zwei Meter hohen Steinwand. Der Umriss war einmal achteckig gewesen, aber die Jahrhunderte der Zerstörung und Reparaturen haben es im Gegensatz zu seinem ursprünglichen Design unvollkommen werden lassen. Fünf konzentrische Ringe von dreißig Zentimeter hohen Felsmauern terrassierte den Innenbereich in abfallende Ebenen, ungefähr so, wie ein kleines, rundes Amphitheater.

---

[*] James Arévalo Merejido (Mallku), *Inka Initiation Path*, S. 106

Die Erhebung des männlichen Tempels

Weniger als eine halbe Meile entfernt, auf der zweithöchsten Erhebung der Insel, befindet sich ein großer, pyramidenförmiger Hügel. Hier liegt der Tempel des Erd-Vaters, des Göttlichen Männlichen. Mallku zufolge ist dies der einzige Tempel für die männliche Kraft, oder auch Pachatata, in den gesamten Anden. Es ist eine quadratische Einfriedung aus Felswänden, die höher sind als 2,40 Meter. Der Durchgang war versperrt und verschlossen mit einem Hinweis, Prohibido *(Verboten)*, welcher deutlich angebracht war.

Nachdem wir dreißig Minuten bergauf durch die sauerstoffarme Höhenlage gegangen sind, die Sonne immer noch unterhalb des Horizontes, erreichten wir die Stelle, an der sich der Weg teilte. Mallku würde weiter in Richtung Vater-Tempel gehen, ich würde auf meinem Weg zum Gipfel der Insel und zum Mutter-Tempel eine Reihe von vier Steinbögen passieren. Wir hielten an, um uns gegenüberzustehen. Jeder schaute über die Schulter des anderen hinweg auf seinen eigenen Weg. Wir erhoben unsere Hände mit den Handflächen zueinander. Mallku rief die Geister von Amantani an: Mamacocha – Der Geist des Wassers; Pachamama und Pachatata – das kosmisch

Weibliche und das kosmisch Männliche. Er rief weiterhin die Führer und Meister und die Krafttiere an, genauso auch Inti – die Sonne, und Wiracocha – den Gott der Welt. Er rief auf für Segenswünsche für »unsere Schwester Jonette und unseren Bruder Mallku, für diese heilige Vereinigung.« Wir umarmten uns und gingen dann in entgegengesetzten Richtungen davon, jeder seinem eigenen Gipfel entgegen.

Der Mutter – Tempel

Der Anstieg wurde steiler. Meine Atmung war in dieser Höhenlage schwerfällig. Ich bewegte mich langsam den steinigen Weg nach oben, der kleine, von Hand gepflügte Flächen mit kümmerlichen Saaten halbierte. Der Weg zum Gebiet der Mutter führte durch vier altertümliche Steinbögen. Als ich den ersten passierte, meine Arme ausgestreckt, so dass meine behandschuhten Hände liebevoll die Steinmarkierungen liebkosen konnten, rief ich die Götter für Segnungen und Reinigung an. Über einen weiteren Erdhügel hinweg stand das zweite Tor. Ich ging hindurch mit der Bitte um Schutz und Stärke. Der Gipfel der Insel und der Tempel waren nun in meiner Sichtweite, während ich unter dem dritten Torbogen hindurchging. Ich bat das Universum um Vorbereitung. Du bist vorbereitet, war die feierliche Antwort, die mir in den Kopf kam. Schwerer Nebel vom Wasser her aufsteigend verdeckte die neu aufgegangene Sonne. Die Luft war feucht und kühl. Zum Schluss ging ich durch das vierte und letzte Tor hindurch. Im Gebet verweilend bat ich um Liebe und um die Welt, dass sie um meine Liebe wusste.

Ich fühlte mich von der Kälte zermürbt und mir war übel, vielleicht von dem steilen Aufstieg in der dünnen Luft. Auch war ich ein wenig ängstlich, als ich um die Außenseite des runden Tempels im Uhrzeigersinn herumging. Filigraner, mandarinenfarbiger Mohn drückte sich an einigen Stellen durch die Mauer. Aufgetürmte Steine versperrten die Tür zu der heiligen Stätte der Göttin. Mein Bedürfnis war größer als jedes Verbot, also entfernte ich vorsichtig nur drei Felsbrocken, was es mir ermöglichte, sanft über die Mauer zu steigen, hinein in den Kreis des Tempels. Gegenüber der Tür, am höchsten Punkt dieser Einfriedung, lag eine willkürliche Anhäufung von Steinen, um die hohe, goldene Gräser herumwuchsen. In der Mitte thronte ein Phallus, etwa fünfundvierzig Zentimeter hoch, geschnitzt aus rötlich braunem, porösen Vulkangestein. In der Mitte nahe bei einer kleinen Feuergrube lag eine zerbrochene Steinschüssel, den aufnahmebereiten Schoß des Weiblichen repräsentierend. Die Schüssel enthielt Darbringungen wie eine kleine Muschel, ein verbranntes Stückchen Munay – eine wilde, aromatische Pflanze, die entlang des Weges wächst, und einen herzförmigen Stein. Zu all dem fügte ich eine winzige, goldene Tasche mit Steinen hinzu, die mir Freunde aus Colorado für diese Reise mitgegeben hatten.

Ein eisiger, flacher Stein gegenüber dem Altar wurde zu meinem Stuhl. Während ich dasaß, um wieder zu Atem zu kommen, erlaubte ich mir, die gelben Blüten zu betrachten, die von ihren Stängeln wie Zitronenbonbons herunterhingen. Winzig kleine lila Blumen stachen durch die Ritzen in der Steinmauer. Ich kam dieses Mal nach Peru, um jedwede Dienstleistung für die Menschheit und für diesen Planeten zu erbringen, die ich konnte. Ich betete darum, dass ich wissen würde, was zu tun sei und wie ich es tun sollte. »Ich rufe den Geist der kosmischen Mutter an, das göttlich Weibliche, die

Göttin, Mutter Erde, während ich hier in diesem Tempel sitze, auf dieser heiligen Insel am geheiligten Titicaca-See. Ich bitte nun darum, im Namen der Menschheit und in meinem eigenen Namen, die Energien des weiblichen Pols des Planeten in einer heiligen Weise zu halten. Ich bitte die Große Weibliche Präsenz, in mir und mit mir zu sein.«

In weniger als einer Minute fing mein Körper an, sich nach vorne und hinten zu schütteln; mein Kopf rollte in Wellen hoch und runter. Die Bewegungen waren ähnlich zu denen, die ich in einem Hotel in Puno erfahren hatte, allerdings war nicht zu leugnen, dass diese Energie beherrschender war. Schwingungen strömten in starken Wellen von Kraft durch mich hindurch. Ich war froh, da ich dachte sie würden mich vielleicht warm halten. Die Bewegung ähnelte nicht einem Zittern, es war gewunden und wellenähnlich und gewann exponentiell an Intensität. Laut zu den Kräften des Universums sprechend, äußerte ich meine Akzeptanz dazu, meinen Teil in diesem kosmischen Tanz beizutragen, »Ich bitte nun im Namen des göttlich Weiblichen darum, dass die Kräfte der Erde mit mir sind. Ich wähle es, diese

Kräfte in meinem Sein zu sammeln und mich mit meinem Seelen-Bruder Mallku zu verbinden, welcher die männlichen Energien des Planeten im Tempel des Vaters sammelt.« Ich glaubte daran, dass wir irgendwie wissen würden, wann jeder von uns diese Energien in seinem Körper und seiner Seele aufgenommen hatte. Dann würden wir verschmelzen, uns vereinen und die Trennung zwischen dem Männlichen und Weiblichen heilen. Ich fuhr damit fort, laut auszusprechen: »Wir sind an diesem Morgen gekommen, um die Göttliche Weiblichkeit und die Göttliche Männlichkeit zu heilen. Wir sind zwei Seelen, die den Aufruf beantworten. Wir sind gekommen.«

Meine Atmung wurde schwer wie bei einer Geburt. Mein Körper wogte in sinuskurvenähnlichen, rhythmischen Bewegungen. Mein Oberkörper wölbte sich wiederholt, drängte sich hin zum Altar, während Flutwellen von Energie durch mich hindurch strömten. Wolken bewegten sich in den Tempel hinein, umgaben mich mit kalter Feuchtigkeit. »Sollte sich dies nicht gut anfühlen?« fragte ich mich. »Was passiert? Mache ich es richtig?«

Verwirrt fühlte ich nach einigen Minuten die rollenden Wellen in meinem Körper langsamer werden und schließlich aufhören. Ich wartete, während die Energien zum Stillstand kamen. In diesem Moment war ich die menschliche Verkörperung der gesamten weiblichen Energie des Universums. In der Stille, die daraufhin folgte, begann mein Bewusstsein die Leere zu durchqueren, den Raum von Frieden und dem Nichts zwischen dem Weiblichen und Männlichen. Meine Seele, nun das göttlich Weibliche umfassend, reiste hinaus, um die göttlich männlichen Energien zu treffen, verkörpert durch Mallku. Eine Windböe wehte plötzlich im Inneren des Tempels und ein Vogel schrie in der Nähe. Ich fuhr vor Schreck hoch.

Dann fing es in meinen Knien an. Sie begannen, schnell aufeinander zu und voneinander weg zu schaukeln, was verursachte, dass mein ganzer Körper von einer Seite zur anderen schwang. Das war anders zu der vorherigen Bewegung, die von vorne nach hinten ging. Ich schloss daraus, dass dies bedeutete, ich hatte mich mit Mallkus Geist und den Energien des Universellen Männlichen verbunden. Mein Becken, meine Schultern und mein Kopf pulsierten heftig vor und zurück. »Ich bitte um die Verschmelzung, die Vereinigung des Männlichen und Weiblichen. Ich bitte darum, die Trennung aufzuheben, die wir auf der Erde erfahren, und die Polarität auf unserem Planeten zu heilen. Ich bitte darum, mich in das Einssein mit meinem Seelen-Bruder Mallku hineinzubewegen. Ich bin der Adler und er ist der Condor. Ich bitte um all dies für die gesamte Menschheit, während ich hier in diesem geheiligten Tempel auf dieser heiligen Insel sitze.« Ich seufzte. Meine Atmung wurde schwerer, während meine Knie sich schnell gegeneinander nach innen und außen bewegten. Meine Schultern bewegten sich vor und zurück, nicht sich schüttelnd, sondern eher sich verdrehend. Dann fing mein Oberkörper an, bei dieser Aktion mitzumachen. Diese ganze Bewegung war seltsam, während mein Körper auf Kräfte antwortete, die außerhalb meiner Kontrolle lagen. Dennoch fühlte ich mich sicher, gut geerdet und vollkommen dazu fähig, das zu tun, was ich tun musste.

Das Schütteln meines Körpers wechselte von den seitwärts Bewegungen zu einer nach vorne und hinten wellenartigen Bewegung, welche so war, wie die weibliche Energie zuerst begonnen hatte. Nun waren die Kraft, die durch mich hindurch strömte und die Stärke der Bewegung explosiv. Es war ein Kundalini-Feuersturm, der stromschlagartig jede Faser meines Körpers durchfuhr. Mein Nacken war müde von dem Hoch-und-Runter gehüpfe. Ich wusste irgendwie, dass die starke Bewegung von der Vereinigung des Weiblichen mit dem Männlichen herkam. Ich konnte nicht länger den inneren Zyklus der Mondenergie meiner weiblichen Seite als separiert von der Sonnen- oder männliche Energie meines Körpers fühlen. Sie waren fest verschmolzen zu einer einzigen Erfahrung. Mein Becken bewegte sich nach vorne und hinten, drängte sich gegen den Phallus auf dem Altar vor mir. Schneller und schneller krümmte sich mein Körper im Orgasmus. Meine Atmung erreichte einen Höhepunkt. White Eagle hatte gesagt, dass Mallku und ich zusammenkommen würden wie zwei lebende Drähte, die sich berühren. Ja, aber es war nicht so, wie ich es erwartet hatte; nichts davon fühlte sich sexuell an. Es war ein Energie-Orgasmus, der nichts mit sexuellem Vergnügen zu tun hatte. Ich muss zugeben, dass ich enttäuscht war. Anstatt die Erde auf eine unvergessliche, orgastische Weise zu bewegen, fühlte ich mich einfach nur seltsam.

Das war es. Das war die Vereinigung des Männlichen und des Weiblichen. Meine und Mallkus Energie verschmolzen miteinander zu einer Einzigen. Es gab noch mehr Seufzer, noch mehr Schütteln, schnellere, unwillkürlichere Bewegungen, als Energie-Wellen in einer elektrisierenden Vereinigung von mir Besitz ergriffen. »Im Namen der Kosmischen Mutter, des göttlich

Männlichen und Weiblichen und des Dienstes am Planeten bitte ich, dass sämtliche Polaritäten jedweder Art geheilt werden.« Ein sanftes Wimmern entschlüpfte meinen Lippen, als die Energien langsam erstarben.

Die kraftvollen Wellen hatten aufgehört, verließen mich, um eine neue Stille zu hinterlassen, die ähnlich zu der Leere war, durch die ich zu einem früheren Zeitpunkt gegangen bin, als mein Bewusstsein sich in Richtung von Mallkus Geist bewegt hat. Es fühlte sich friedvoll und vollständig an. Es war der leere, aber kraftvolle Raum, nachdem Materie und Anti-Materie miteinander kollidierten. Männlichkeit und Weiblichkeit hatten sich gegenseitig ausgelöscht, um zu einer Einheit zu werden. Wofür auch immer ich gekommen war um es zu tun, war getan. Es war erst 5:30 Uhr morgens und mir war kalt, richtig kalt.

Mit einer halben Meile steiniger Insel zwischen uns, die uns voneinander trennte, an einem kalten und bedeckten Morgen, haben Mallku und ich uns geliebt. Wir haben es nicht für uns selbst getan. Wir tauschten die Wärme der Umarmung von Liebenden, die Ekstase sich vermischender Leidenschaft gegen zwei einzelne Vorgänge spiritueller Transzendenz in ein paar zusammengefallenen Tempeln aus der Vor-Inka-Zeit. Wir haben es für die Welt getan, einfach weil es an uns war, es zu tun.

Die aufgehenden Strahlen der Sonne kamen nur spärlich durch die Felsöffnung. In der Dämmerung traf das ausgerichtete Licht exakt den Altar. Nach draußen durch den Durchgang des Tempels blickend, der mit Felsen blockiert war, sah ich in der Ferne eine andere Insel, tiefe Wolken und weit entfernten Regen. An einem klaren Tag konnte man die schneebedeckten Berge Boliviens sehen, die den Horizont einkreisten. Ich trat zurück hinaus durch die verbarrikadierte Tür, vorsichtig die Steine wieder zurücklegend, die ich beim Eintreten entfernt hatte. Wieder lief ich unter den vier Steinbögen hindurch, Danksagungen aussprechend. Was gerade passiert war und was seine Bedeutung für mich und für die Welt war, konnte ich nicht wissen. Unser Anteil war es, aufzutauchen und das zu tun, was für uns zu tun war. Meisterschaft in seiner Essenz ist nicht das, was wir wissen; es sind gewöhnliche Menschen, die mutig die Dinge tun, die die Meister tun. Über dies nachsinnend erinnerte ich mich an eine Frage: »Üben wir dafür, um Meister zu sein? Oder sind wir Meister, die üben?«

In der Ferne entdeckte ich Mallku, wie er vom Tempel des Vaters von der Bergspitze herunterging. Rennend, um aufzuholen, rief ich ihm zu: »Bruder.« Er hielt an. Ich strahlte ihn an und hob meine Hände mit der Handfläche nach außen um ihm Erfolg zu signalisieren: »Wir haben es getan!« Sein Grinsen erhellte die graue Morgendämmerung. Wir umarmten uns und steuerten talwärts für ein anständiges Frühstück mit Brot und Butter gemeinsam mit unserer Insel-Familie.

Unser Anteil an der Prophezeiung

Die Prophezeiung über den Adler und den Condor wurde über die Jahrtausende um die Lagerfeuer quer durch ganz Amerika weitergereicht. Heilige Zeremonien, die die Menschen und die Prinzipien von Nord- und Südamerika vereinigten, wurden in Mexiko, Zentralamerika, am Amazonas und in den Anden ausgeführt. Jedes Mal, wenn die Tänze getanzt und die Gebete gesungen wurden, sind unsere kollektiven menschlichen Herzen näher zu dem Traum von Frieden für uns und für Mutter Erde angehoben worden. An diesem Dezembertag habe ich die Macht der weiblichen Kraft des Planeten eingefordert. Mit diesem sengenden, göttlichen Fluss, der durch mich hindurch raste, wurde ich zum Adler. Mallku stand als Vertretung für die universelle männliche Kraft, die er in seinem Namen trägt – der Condor oder Mallku. Nur wir zwei, ohne Fanfaren, zwei gleichwertige Meister aus verschiedenen Welten, führten ein Ritual durch in einer Weise, wie wir es nie planen konnten und es wahrscheinlich niemals verstehen werden. Wir haben unseren Teil dazu beigetragen, den Norden und Süden zu vereinen, das Männliche und das Weibliche, den Adler und den Condor.

Was in dieser halben Stunde auf der Insel Amantani passiert ist, hat mir unzählige Geschenke eingebracht. Es war eine Hauptaktivierung, die den männlichen und weiblichen Anteil in mir gestärkt und vollkommen balanciert hat. Anstatt in einem starren Widerspruch zueinander gehalten zu werden, tanzen, fließen und vermischen sich die Energien untereinander. Das Resultat daraus ist die Vereinigung von Gegensätzen, die meinen Geist über die Polarität hinaus angehoben hat. Ich nehme jetzt einen innersten Kern aus Licht wahr, der mir ein nahezu fortwährendes Gefühl von ›unbegründetem Wohlbefinden‹ verleiht.

White Eagle half mir später zu verstehen, was an diesem Morgen passierte:

Die Heilung fokussierte sich auf die Polarität in allen Seelen, nicht nur auf die Polarität von Männlich und Weiblich. Die Ausführung brachte das menschliche Bewusstsein einen Tick näher heran an die Göttliche Welt, speziell in den Bereichen der Separation und Polarität.

Aus ihrem Kumara-Selbst heraus, ihrem höchsten, göttlichen, dienenden Selbst, wurde Jonette aktiviert, um die Zeremonie zu Gunsten der Welt auszuführen. Ihre Fähigkeit, magnetische Energie zu halten und andere in höhere Zustände anzuheben, ihre Fähigkeit, Balance zu bewahren, sie alle wurden ausgedehnt und verstärkt von der Energie-Einweihung, an der sie teilgenommen hat. Jonette hat nicht nur eine Einweihung erhalten, sie stimmte ab, was passierte.

Ich glaube daran, dass die gesamte Menschheit in den höheren Dimensionen miteinander verbunden ist. Jeglicher Durchbruch, der einem von uns widerfährt, wird durch das morphogenetische Feld zu allen anderen weitergetragen. Die Schwingungsvorlage der geheilten Polarität, die ich jetzt in meinem Körper trage, agiert wie eine Art Stimmgabel, um die Energien von anderen Menschen durch das Prinzip der Resonanz in eine vereinte Harmonie zu bringen.

Nachdenkend über das, was wir getan hatten, erkannte ich, dass Mallku und ich wahrscheinlich Lebzeiten damit verbracht haben, dem Schicksal zu folgen und uns auf diesen Anteil unserer Seelenreise vorzubereiten. Innerhalb von Stunden bei unserem Treffen am Amazonas lag dieser Mann, meine Zwillingsseele, neben mir und verursachte, dass ein neuer und stärkerer sexueller Energiefluss in meinem Körper erwachte. Ich, im Gegenzug dazu, teilte meine Kräfte, indem ich ihn mit dem Zeichen des Führers einweihte. In der Höhle der Schlange choreografierte Mallku einen heiligen Raum derart wirksam, dass mein göttliches Selbst Kumara, ihr erstes Auftreten hatte. Sie bereitete die Basisarbeit für die Zeremonie, die wir gerade vollendeten, indem unsere Gruppe dazu angeleitet wurde, die Essenz des göttlich Weiblichen und des göttlich Männlichen spiralförmig zusammenzubringen. Später am gleichen Tag stellte Mallku wieder seine schamanischen Kräfte auf, dieses Mal einen Raum für meine Suche nach der mystischen

Pyramide erschaffend, wo ich in Kumaras Namen die kodierten Energien und die Weisheit der Sonnenscheibe empfing. Tage später folgte Mallku seinen spirituellen Instinkten, um unsere Gruppe zu dem großen, interdimensionalen Durchgang von Aramu Muru zu bringen, eingeritzt in einem Felsen nahe des Titicaca-Sees, ein Ort, den ich zuvor mit Sue Burch in einer Meditation besucht hatte. Jedesmal, wenn die Richtung wechselte, haben Mallku und ich intuitiv gewusst, wie man zusammenarbeitet.

Mallku testete meinen Mut und mein Vertrauen in ihn, als er mir dabei half, über die Felsoberfläche bei der heiligen Höhle, bekannt als Wiracochas Gehirn, zu klettern. Wir beide bewiesen Glauben in unsere Bestimmung, willens zu sein, unsere Familien zu verlassen, unsere Firmen und unsere geschäftigen Leben, um auf einer winzigen Insel in einem heiligen See auf den Hochplateaus von Peru zusammenzusein. Unsere Leben werden verändert sein, weil wir nach unserem Vertrauen und »lass Liebe uns erschaffen« handelten.

43
Wiracochas Tempel

〰〰〰〰〰〰〰〰〰〰〰

Nur zwei Stunden nach unserer Berggipfelzeremonie auf Amantani waren Mallku und ich am Bootssteg, um den Rio Azul für eine kurze Reise zu der Insel Taquile zu besteigen. Sie war bekannter und weiter entwickelt als Amantani. Mit anderen Worten, sie rühmte sich mit einem Kunsthandwerksladen und einem Restaurant. Dort aß ich frisch gefangenen Fisch zum Mittagessen, während ich die Einheimischen auf dem Hauptplatz beobachtete. Diese extrem traditionellen Einheimischen folgen immer noch einem altmodischen Brauch; Ehemänner spinnen, weben und nähen mit der Hand die gesamte Kleidung, die von ihren Ehefrauen getragen wird und umgekehrt. Wie man sich vorstellen kann war es ein Zeichen von immensem Stolz, gut gekleidet zu sein. Andres, unser Aymara Reiseleiter, zwinkerte, als er uns erzählte: »Die Frauen hier tragen keine Unterwäsche.« Ich dachte nicht darüber nach, ihn zu fragen, woher er diese kleine Belanglosigkeit wusste.

Gegen Nachmittag war unsere Bootstour auf dem Titicaca-See beendet. Nach Puno zurückgekehrt, nahmen wir uns ein Hotelzimmer, so dass ich heiß duschen und ein Nickerchen halten konnte, während Mallku losging, um ein Internetcafé ausfindig zu machen. Unser Plan war es, uns für eine Pizza zum Abendessen zu treffen, dann die ganze Nacht durchzufahren, um bei Sonnenaufgang am Wiracocha-Tempel zu sein. Es ist ein beeindruckender, heiliger archäologischer Komplex in der Nähe des Ortes Raqchi an der Strasse nach Cuzco. Mallku wollte dort sein, um die ersten Strahlen der Sonne zu fotografieren, wenn sie die zwölf Meter hohen Wände und Durchgänge des Haupttempels erleuchteten. Ich erwartete, dass unser Halt am Wiracocha-Tempel ein nachträglicher Einfall in unserer Reise nach Titcaca sei. Ich war überrascht, als ein weiteres Stück des Mysteriums meiner Verbindung zu den Inkas ans Licht kam.

Von all den Mythen der Anden waren die Legenden, die den höchsten Gott Wiracocha umgaben, die faszinierendsten. Er war der unsichtbare Gott der Welt, der Schöpfer und Lichtbringer, manchmal auch erwähnt als »der Lord der Sieben Strahlen.« Sein Symbol war Inti, der Sonnenvater. Er wurde oft dargestellt als ein Sonnenwesen, das zwei Stäbe hält. Wiracocha war die Essenz der Existenz an sich, angebetet von allen Zivilisationen, die in den Anden existiert haben. Die Inkas ließen lediglich frühere Vorstellungen über Wiracocha in ihre eigene Kosmologie mit einfließen.

Der weißhäutige Gott

Dennoch, in anderen Mythen war Wiracocha mehr als nur ein unsichtbarer Schöpfer-Gott; er war ein Gottesmann, der am Titicaca-See nach der großen Sintflut auftauchte. Der Name bedeutet ›aus dem Schaum des Meeres‹. Er wurde als ein großer, bärtiger, weißer Mann beschrieben, Sandalen und einen langes, fließendes Gewand tragend, der lehrte und heilte, während er reiste. Er konnte kein eingeborener Mann gewesen sein, da diese ein dunkles Aussehen und spärliche Bärte haben. Die Legenden von dem hellen Propheten sind überall in den Anden zu finden, obgleich er manchmal unter anderen Namen bekannt war. Einheimische Menschen erzählten den frühen spanischen Chronisten: »Dieser Mann hatte derart große Kräfte, dass

er die Hügel in Täler verwandeln konnte und aus den Tälern machte er große Hügel, verursachte Ströme aus lebendigem Stein fließen zu lassen ...«[*]

Die Legenden besagen oftmals, dass Wiracocha nördlich und westlich
vom Titicaca-See bis zur Küste des heutigen Ecuador reiste, wo er und seine
Begleitung über den Pazifischen Ozean verschwanden. Er reiste mit dem Versprechen ab, eines Tages zurückzukehren. Die Erwartung auf die Rückkehr
eines bärtigen weißen Mannes und seiner Halbgötter veranlassten den In-
kaherrscher Atahualpa vielleicht dazu, die spanischen Eroberer zunächst zu
empfangen und ihnen zu vertrauen. Auf dieselbe Art dachten die Einheimischen, dass Cortez, mit seiner weißen Haut und dem Bart, ihr zurückgekehr-
ter Geheiligter war, was einer der Gründe war, warum es Cortez als so leicht
empfunden hat, Montezuma und das Imperium der Azteken zu erobern.

Ähnliche Geschichten von einem großen, weißhäutigen und bärtigen
Lehrer tauchen überall in Südamerika, Mexiko, Hawaii, Neuseeland und
anderen Südpazifischen Inseln auf. Hawaiianische und Maori Überlieferungen erzählen von einem weißhäutigen Lehrer, den sie Wakea nennen,
der vom Südpazifik nach Südamerika her reiste, wo er zu Wiracocha wurde. Sogar einige Nordamerikanische Cherokee-Legenden erzählen von dem
Bleichen, einem großem Lehrer und Weisen.[**]

Wiracocha, als der gefiederte Schlangengott, wurde von den Maya Kukul-
kan genannt und von den Azteken Quetzalcoatl. White Eagle erzählte mir,
dass es Quetzalcoatl, oder die gefiederte Schlange war, auf die ich traf, die
Sonnenscheibe in der mystischen Pyramide bewachend. War es Wiracocha
selbst, als der gefiederte Schlangengott, der mir den Zutritt zur Sonnenscheibe gewährte? Ich hatte ihn damals als ein kraftvolles Wesen gesehen, einen
gefiederten Umhang tragend.

Die Inkas und Lemurien

War es einfach Zufall, dass das Sonnenwesen Wiracocha vom Titicaca-See
her auftauchte, demselben Ort, zu dem der Lemurische Hohepriester Aramu
Muru mit der Sonnenscheibe flüchtete? Kam Wiracocha aus Lemurien?

---

[*] Graham Hancock, *Fingerprints of the Gods*, S. 46

[**] Wishar Cervé, *Lemuria The Lost Continent of the Pacific*

Beide, Wiracocha und Manco Capac, die legendären Gründer der Inkas, die »Kinder der Sonne«, waren weißhäutig und bärtig. Viele glauben, dass Aramu Muru auch als Manco Capac bekannt war. Drehen sich diese Legenden um dieselbe Person? Oder um verschiedene Erleuchtete, alle aus Lemurien stammend?

James D. Ward gab auf diese Fragen ein wenig Aufschluss in dem Buch, *Lemurien, der verlorene Kontinent des Pazifiks*, veröffentlicht 1931 von den Rosenkreuzern, einem der ältesten spirituellen Orden auf der Welt.[*] Ihre Bruderschaft in Nordamerika war der Verwalter von einigen sehr seltenen Manuskripten, welche von uralten Traditionen handelten, aufbewahrt in geheimen Archiven in Tibet und China. Unter ihnen war eine alte und abgenutzte Kopie der geheimen spirituellen und ethischen Lehren der Tibeter. Es waren diese zeitlosen Aufzeichnungen und die persönlichen Erinnerungen von Dr. Ward, aus denen das Lemurien-Buch zusammengestellt wurde. Dr. Ward war ein hervorragender Schüler der orientalischen Klosterschulen in Indien und Tibet. Er schrieb, dass die Lehren, die er dort studierte, von den uralten Weisen weitergegeben wurden und auf eine absolut verständliche Weise aufgezeichnet wurden:

> *Lemurier waren die am perfektesten dargestellten menschlichen Wesen, die jemals gelebt haben ... und eine Seele so rein wie die universelle Seele, woher sie kamen ... Die Bilder von diesen Männern und Frauen zeigten sie als die Farbe der Sonne und ebenso hell und leuchtend.*

> *Ich persönlich betrachtete mit Interesse einige historische Aufzeichnungen der Lemurier und ich war speziell interessiert an den furchtlosen und unerschrockenen Abenteuern von zwölf Lemurischen Schülern, die sich mit einem Luftschiff aufmachten ... Ihr Traum war es, andere Länder und Kontinente zu erforschen.[**]*

In seinen esoterischen Studien im Fernen Osten behauptete Ward, einmal die aktuelle Karte angeschaut zu haben, die die zwölf Lemurier von ihren Reisen anfertigten.

---

[*] Wishar Cervé, *Lemuria The Lost Continent of the Pacific*

[**] Cervé, *Lemuria The Lost Continent of the Pacific*, Artikel von Dr. James D. Ward, S. 144

Die Idee von Lemuriern, die in Luftschiffen um die Erde gereist sind, doku-mentiert in alten tibetischen Texten, war faszinierend. Es stimmte mit der einheimischen Quechuan Geschichte überein, dass Männer in ›Metallvö-geln‹ in den Anden ankamen. Vielleicht war es eines von diesen Flugzeugen, die ursprünglich Aramu Muru und die Sonnenscheibe zum Titicaca-See transportierten? Es sah für mich eher vertretbar aus, dass es eine spirituelle und technologisch fortgeschrittene Zivilisation in einem nun untergegan-genen Pazifischen Kontinent gab. Vielleicht werden wir nie die Wahrheit über die Unmenge an Wiracocha-Mythen aus den Anden und einer ähnli-chen Person von überall im Pazifik und Amerika erfahren. Dennoch, nach-dem wir die ganze Nacht von Puno aus durchgefahren waren, kamen Mall-ku und ich bei dem massiven heiligen Komplex an, der dem großen Gott Wiracocha gewidmet war. Noch nicht einmal die Hähne waren wach, als wir das Auto in der schwülen Dunkelheit ein paar Stunden vor Sonnenaufgang parkten. Wir schliefen ein wenig, auf den Morgen wartend.

Priesterin der Sonne

Das ganze archäologische Gebiet von Wiracochas Tempel umfasst über sechs Quadratkilometer. Es beinhaltet Terrassen für Ackerbau, rechteckige Häuser, runde Getreidespeicherbauwerke, Paläste, Wasserkanäle und hei-lige Springbrunnen. Hoch aufragende Überreste von einem wunderbaren Tempel, über einundneunzig Meter lang und vierundzwanzig Meter breit, dominieren das Gebiet. Die zentrale Wand, ursprünglich beeindruckende sechzehn Meter hoch, ist auf einer Basis von wunderschön gemeißelten Steinen aufgebaut, mit oben aufgesetzten Mauersteinen aus Lehm. Wäh-rend der Inkazeit bedeckte ein strohgedecktes Dach das gesamte Bauwerk. Wie andere heilige Plätze in den Anden war es höchst wahrscheinlich ein Gebiet mit ungewisser Herkunft aus der Vor-Inkazeit, das die Inkas ausbau-ten und nutzten.

Es diente als ein primärer Einweihungsort für Priester und Priesterinnen der Sonne. Im Morgengrauen der Sonnenwenden strömten die ersten Strah-len des Morgens durch spezielle Markierungen, die heiligen Symbole in den massiven Tempelwänden erleuchtend. Alte Eingeweihte würden, jeder in

einem der zehn Durchgänge, dastehen, um das Licht zu empfangen. Wir waren einen Tag zu früh; die Sommersonnenwende würde am nächsten Tag sein. Und wir waren hunderte von Jahren zu spät. Oder waren wir spät?

Während Mallku die Wege und Gärten entlangging, seine Kamera leer knipsend, um die Sonne genau im richtigen Moment zu erwischen, saß ich eingemummt wie eine Mumie gegen die Kühle auf dem Stumpf einer massiven Säule. War es nur Langeweile vom Warten auf die Dämmerung, oder war es das Rühren einer tiefen Erinnerung, das mich dazu zwang, mich in einen der zehn Durchgänge zu stellen, genau als die Sonne über den Horizont lugte?

Was auch immer der Anstoß war, das Resultat war eine glorreiche Wieder-Einweihung in meinen persönlichen Dienst für das Göttliche. Meine Arme waren ausgebreitet, die Handflächen zur aufgehenden Sonne gerichtet, mein Gesicht nach oben gerichtet, um die warmen Segnungen der ersten Strahlen zu absorbieren. Wieder einmal, wie in vergangenen Lebenszeiten, wurde ich zu einer Priesterin der Sonne. Ich schloss meine Augen in einem Gebet der Dankbarkeit. Die Minuten vergingen zu schnell, bis ein neugieriger, lokaler Arbeiter den Bann brach und ganz plötzlich alle Hähne der Stadt geschäftig zu krähen anfingen.

Das Kreuz der sieben Stufen

Mallku schloss sich mir an, als ich von dem einweihenden Vorsprung wegtrat. Er zeigte auf die Umrisse von einem mystischen Inka-Chakana, oder quadratischem Kreuz, welches in den Stein an den Seiten des Durchgangs gemeißelt war. Dieses Kreuz, mit seinen sieben Reihen oder Stufen auf jedem Quadrant, war ein kraftvolles und heiliges Werkzeug, das nur den höchsten Eingeweihten der Sonne enthüllt wurde.

»Ahh...« dachte ich. »Hier ist der Beweis, dass ich wirklich Zugang zu dem versteckten Inka-Wissen habe.« Ich erinnerte mich zurück an August, als unsere Gruppe bei dem interdimensionalen Durchgang von Aramu Muru war. Während der Meditation wurde mir die Vision von einem quadratischen Kreuz mit sieben Stufen gezeigt, das als Schlüssel für das Haupttor oder Portal zwischen den Dimensionen diente. Ich erkannte es damals irgendwie als das Kreuz der Sieben Strahlen. Die sieben Reihen bezogen sich auch auf die sieben erleuchteten Stufen, die ich zur Sonnenscheibe in meiner schamanischen Reise im Inneren der mystischen Pyramide hochstieg.

Nach der Zeremonie am interdimensionalen Durchgang zweifelte ich an dem siebenreihigen Aufbau des Kreuzes, das ich in meiner Vision miterlebt hatte. Meine Unsicherheit war auf die Tatsache begründet, dass ich überall in Peru Schmuck, Webereien und gemeißelte Steine mit einem dreireihigen, quadratischen Inka-Kreuz gesehen hatte, niemals eins mit sieben Stufen. Ich hatte Mallku darüber im vergangenen August befragt: »Mallku, um es mir zu ermöglichen, den Hauptdurchgang in die anderen Dimensionen zu öffnen, wurde mir ein Symbol von einem siebenstufigen Kreuz präsentiert, aber ich habe nur quadratische Andenkreuze mit drei Stufen gesehen. Existiert ein siebenstufiges Kreuz in der Spiritualität der Anden? Habe ich es falsch verstanden?«

»Es existiert,« war alles, was er sagte. Mallku war niemand, der meine mystischen, aber zufälligen Ausflüge in die Geheimnisse seiner geliebten Kultur ermutigte.

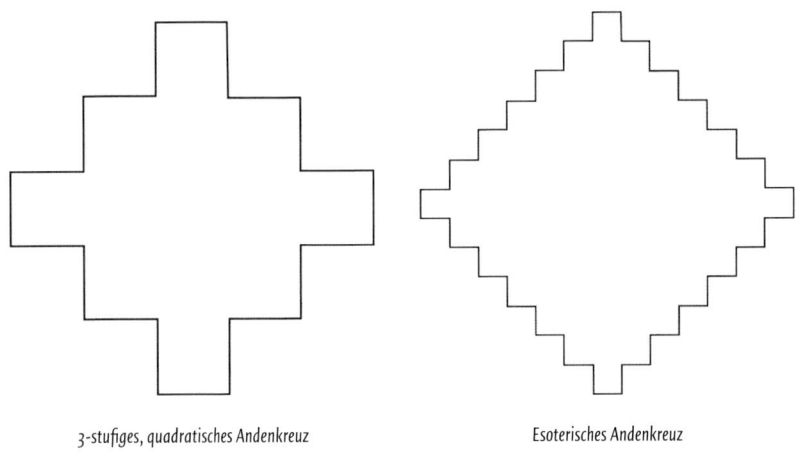

3-stufiges, quadratisches Andenkreuz   Esoterisches Andenkreuz

Am Wiracocha-Tempel bekam ich ein Verständnis davon, dass, obwohl das dreistufige Kreuz in den Anden weit verbreitet ist, das Kreuz der Sieben Strahlen ein versteckter, esoterischer Schlüssel ist, vielleicht aus den Zeiten von Lemurien, der nur den Eingeweihten der Sonne gegeben wurde. Es repräsentiert den großen Regelapparat für kosmische Energie. Dieses Verständnis und die Energien, die in der Sonnenscheibe verschlüsselt sind, wurden mir übergeben, so dass ich sie weiterführen und teilen kann. Auf diese Weise können wir alle Teilnehmer sein beim Beginn des zehnten Pachakuti oder der Fünfhundertjahresperiode des Lichtes und des Friedens, das in den Überlieferungen aus den Anden vorhergesagt wurde. Ich fühlte, dass, als Mallku und ich den Adler und den Condor vereinigten, wir ebenso vorherige geheime, geheiligte Energie in die Welt hinaus entließen. Die Zeit ist angemessen. Die Menschheit ist bereit. Morgen wird die Sonnenwende sein und ich werde zum Machu Picchu gehen.

44
Sommersonnenwende
am Q'enqo

〜〜〜〜〜〜〜〜〜〜〜

Es ist der 21. Dezember, die Sommersonnenwende in der südlichen Hemisphäre, der Grund, warum ich nach Peru reise. In fast allen alten Kulturen sind die Sonnenwenden die kraftvollsten Tage des Jahres. Ich war bereit für die sich entfaltende Magie, als Mallku und ich in die nebelverhangenen Hügel oberhalb von Cuzco um 5:30 Uhr morgens fuhren. Unser Ziel war Q'enqo, ein mysteriöses Einweihungsgebiet aus der Vor-Inkazeit, eine halbe Meile jenseits der monumentalen Ruinen von Sacsayhuaman. Mallku wollte, dass ich Q'enqo in der Morgendämmerung erfahre, bevor ich allein nach Machu Picchu weiterreise. Die dunstige Welt war sanft und verschwommen. Wolken kuschelten sich schwer in die Eukalyptuswälder. Es war, als wenn Mallku und ich die ersten Zeugen für die wirbelnden Nebel in der Schöpfung wären, aus denen Gott das Universum erschuf. Für einen Moment brachte mich der Duft zurück zu meiner Erfahrung im australischen Gummibaumwald, wo ich die Geistfrau – Weiße Büffelkalbfrau – traf. Wer hätte ahnen können, dass der Weg, den ich gehen sollte, mich so weit bringen würde?

Wir fuhren um die scharfe Kurve herum, ein weißes Pferd überraschend, das im Nebel auf der Straße stand. Es nahm aus der perlmuttfarbenen Luft heraus Gestalt an. »Ein Einhorn,« dachte ich und lächelte: »Willkommen im Himmel!« Es erinnerte mich an die Vision, die ich hatte, als ich mit Brad sprach, bevor ich für dieses Abenteuer aufbrach. Ich sah mich selbst, wie ich in eine neblige fließende Welt aus Weiß hineinschaute, die ich damals dem Himmel zuschrieb. Ich genoss meine inneren Reflektierungen, als wir die letzte Kurve nach Q'enqo umrundeten. Meine ruhigen Gedanken stockten jäh bei dem, was ich am Straßenrand von einem Baum hängen sah. Eine vollständig kostümierte, einheimische Frau hing baumelnd in den Zweigen! Ein weiterer Blick enthüllte ein lebensgroßes Abbild von einer Frau, komplett mit Hut und farbigem Schal.

Ich brauchte nicht zu sprechen. Mein schockiertes Einatmen war genug für Mallku, um zu erklären, dass in Vorbereitung auf das Neue Jahr abergläubische Südamerikaner eine Repräsentierung von allem, was alt ist aufhängen, so dass die Bürden des vergangenen Jahres loslassen können. »Oder es könnte ein Tourist ohne Ticket sein!« fügte er kichernd hinzu.

In der feuchten Kühle unmittelbar vor der Morgendämmerung kletterten wir hinunter zu den einzeln stehenden Felsen aus Kalkstein, die eine bizarre Kollektion vaus Nischen, Altären, Stufen und unterirdischen Kammern bildeten. Es gab einen offenen Platz, ein halbkreisförmiges Amphitheater, das die Aufmerksamkeit auf eine flache Felswand lenkte. Tief in den weichen Kalkstein war ein rechteckiger Durchgang eingeritzt, ein kleineres Portal war darin eingebettet. Dies erinnerte an den alten Durchgang von Aramu Muru in dem großen Felsen am Titicaca-See. Ein Absatz, Steinthrone und Bänke waren in den Fels gemeißelt, der diesen wichtigen Einweihungsdurchgang umrundete.

Der jüngste Eingeweihte

Ich absorbierte den Anblick dieses Ortes, und mehr noch, ich absorbierte die Erinnerungen von hier. »Ich war hier schon einmal,« sagte mein Kopf eindeutig. Innerhalb von Sekunden tauchte Mallku neben mir auf. »Warst du hier schon einmal?« fragte er.

Er benutzte denselben Satz, den ich gerade gedacht hatte! Warum sollte mich das derart überraschen? Ich lachte und sagte ihm, dass er übernatürliche Kräfte besäße. In meinem Inneren sagte ich zu mir: »Zwillingsseele.«

So weit ich sagen kann, glaubte Mallku nie an meine Überzeugung von Zwillingsseelen. Obgleich ich ihm einmal von meiner Ungeduld mit der langsamen Manifestierung von Spiritualität hier auf der Erde erzählte, fixierte er seinen Blick auf mich und sagte: »Es muss etwas mit unserer Verbindung auf sich haben, weil du haargenau die gleichen Sachen sagst, die ich fühle.« Ich lächelte.

Ich bin vorher schon einmal in Q'enqo gewesen. Details von inneren Visionen und vergangenen Leben kamen wie ein Kaleidoskop in Sicht: »Ich war jung damals, gerade sieben oder acht, die Jüngste der Eingeweihten.« Ich erinnerte mich, dass dies das Inka-Leben war, in welchem ich zu einer Priesterin am Machu Picchu wurde. Ich war die Tochter eines Arbeiters, nicht von königlichem Blut. Als kleines Kind wurden meine spirituellen Begabungen erkannt und ich wurde mitgenommen, um im Sonnentempel aufgezogen zu werden.[*]

Im Inneren der Höhle, links von der Einweihungsmauer, war ein aus dem Kalkstein gehauener Altar. Auch das war vertraut. Weitere Tische und Nischen waren in die unterirdischen Kammern hinein gestaltet. Mallku erklärte, dass ein Eingeweihter hier liegen würde, um in die höheren Welten aufzusteigen. Er zeigte mir den Platz, an dem der Meister stand, um die Zeremonien anzuleiten und zu dirigieren.

Da es die Sonnenwende war, hätte die Sonne, wenn es ein klarer Morgen gewesen wäre, durch die Öffnung im Felsen geschienen, um den Schatten einer Schlange an der Wand erscheinen zu lassen. Die Illusion der Schlange hätte sich dann die Wand hinunterbewegt in Richtung Boden, wo sie eine andere Form annehmen würde, bevor sie dann die drei Stufen zum Hauptaltar emporgeklommen wäre. Wenn ein Eingeweihter an der Ecke der senkrechten Wand saß, würde die Sonne ein »V« auf seine Stirn projizieren. Durch Mallkus sämtliche Erklärungen fühlte ich nie das Bedürfnis zu

---

[*] In diesem Leben wurde Jonette geboren mit dem Zeichen einer Mystikerin - einem „erdbeer"-roten Geburtsmal auf ihrem dritten Auge, und an der Basis ihres Schädels.

fragen, woher er die Details von dieser Kultur wusste, die sehr viel älter war als die Inkas. Ich vertraute darauf, dass sein Wissen ganz und vollkommen zu ihm kam – auf die Weise, wie es zu mir kommt.

Obwohl wir früh an diesem Morgen des längsten Tages des Jahres dort waren, verteilten die starken Nebel die direkten Strahlen der aufgehenden Sonne. Keine Schatten bildeten sich. Keine Schlangen erkletterten die Wände. Mallku, jederzeit bereit, um archäologisch-astronomische Vorkommnisse für seine Bücher zu fotografieren, war enttäuscht.

Die drei Stufen zum Einweihungsaltar spiegelten das dreireihige Design des Höhlenkomplexes wider. Unterhalb des Hauptstockwerkes der Kammer war die tiefste Ebene, die die Unterwelt repräsentierte. Stufen stiegen aus dem Dunkeln in die innere Höhlenebene, oder das Bewusstsein. Die Spitze der Kalksteinmasse symbolisierte höheres Bewusstsein. Dieses sind dieselben drei Ebenen der allgemein bekannten Realität, die von dem quadratischen Kreuz der Inkas dargestellt werden.

Diese Trilogie in der Anden-Kosmologie wird auch von den drei Krafttieren dargestellt. Die Schlange, oder Amaru, symbolisiert das Unterbewusste oder die innere, unbekannte Welt. Die Schlange ist auch kennzeichnend für die ersten Evolutionsstadien im Mensch. Die temporäre oder mittlere Welt wird durch den Puma dargestellt, oder Titi. Mallku fühlt, dass, sobald der Mensch das Puma-Bewusstsein wiedererlangt, er seine eigene Bewusstheit ausdehnen kann, um als Tür zu anderen Dimensionen zu dienen.[*] Der Condor, oder Mallku, ist das Tier, das die Dimensionen der Götter oder die heilige Welt repräsentiert.

Wir kletterten nach draußen, oberhalb der Höhle, um die Tierformen zu untersuchen, die in die Oberfläche des Kalksteins eingeritzt waren: ein Delfin, ein Lama und ein Eichhörnchen. Q'enqo, was zickzack bedeutet, wurde nach der schlangenförmigen Einkerbung im Felsen benannt. Archäologen sagen, dass Opferblut in die Schalenform, die den Schlangenkopf darstellt, eingegossen wurde, dieses dann die Furche des Schlangenkörpers herunterfloss, die Zukunft vorhersagend. Mallku denkt, dass sie Chicha anstelle von Blut benutzt haben – der in den Anden verbreitete fermentierte Trank. Er wies auf das Phänomen hin, in welchem das Licht und die Schatten der

---

[*] Mallku, *Machu Picchu forever*, S. 83

Sonne der Wintersonnenwende in Peru (21. Juni) eine klare Abbildung des Pumagesichtes erschaffen. Beweise für diese Theorie werden in seinem Buch *Inka Initiation Weg: das Erwachen des Pumas*[*] ausgeführt.

Die Sonne war erneut aufgegangen, als wir uns auf die Abreise vorbereiteten. Ich stand auf der Kuppe des Hügels, nach Osten durch den Nebel blickend und befehligte: »Möge ich alles sein, was ich je gewesen bin. Möge ich alles sein, für was ich bestimmt bin.«

Ein Auto mit einem Reiseleiter und einer Hand voll Touristen fuhr heran. »Sie sind spät dran,« murmelte Mallku verächtlich, als wir wegfuhren. Er wies darauf hin, das Wichtigste der Sonnenwende die Sonnenstrahlen in der Morgendämmerung sind.

Wir machten einen weiteren Stop. Dieses Mal überblickten wir das mit roten Ziegeldächern bedachte Cuzco, das sich wie lange Röcke im tiefer gelegenen Tal ausbreitete. La Mesa, ein ziemlich großer, runter Felstisch, ist einer der vielen Kraftplätze rund um die Inka-Hauptstadt. Das Morgenlicht war zum Schluss goldfarben, als es die Stadt unterhalb beleuchtete. Mallku sah großartig auf dem Hügel aus, Cuzco und die heiligen Plätze, die er liebte, überschauend. Er band einen goldenen Schal um seinen Hals, als Würdigung an dieses speziellen Tages. Sein gebräuntes Gesicht reflektierte sie Sonnenstrahlen wie Kupfer. Ich dachte, wie wunderbar es war, dass er all dies beobachtete, studierte und niederschrieb, so dass die alte Kultur und die Überzeugungen anerkannt werden konnten.

»Magst du Cuzco jetzt?« fragte Mallku, sich offensichtlich an den ungünstigen Kommentar erinnernd, den ich neulich gemacht hatte.

»Ja, das tue ich jetzt!« würdigte ich diesen herrlichen Schauplatz.

Mallku ließ mich an der Station heraus, so dass ich den Zug nach Machu Picchu erreichen konnte, und händigte mir die Tickets und Hotelgutscheine aus. Unsere gemeinsame Zeit war vorbei.

---

[*] Mallku, *Machu Picchu forever*, S. 84-93

45
Noch einmal
Machu Picchu

~~~~~~~~~~~~~~~~~~~~~~~~~~~

Es ist der Morgen des 21. Dezembers 2004 und ich bin im vordersten Wagon des Touristenzuges, durch das Heilige Tal zum Machu Picchu reisend. Gelbe Blumenbüsche säumen die Gleise, sich in Intervallen öffnend, um Felder preiszugeben, die sich wie Karokästchen über die gekräuselten Hügel falten. Dieses Mal ist es anders. Ich leite keine Gruppe und heute ist die Sommersonnenwende, der zweitwichtigste Tag des Inka-Kalenders.

Meine Mission in die Anden fühlt sich mit der Zeremonie auf der Insel Amantani vollständig an. Unsichtbaren Schnüren folgend, webten Mallku und ich einen multidimensionalen Teppich, der jenseits von Zeit begann und niemals beendet sein wird. Meine menschlichen Emotionen sind gestillt, während ich aus dem Zugfenster starre. Anstelle der feurigen Seelenliebe, die ich anfangs für Mallku empfand, halte ich ihn jetzt in meinem Herzen als einen geschätzten Freund und Zwillingsbruder. Paradoxe Gefühle haben sich von selbst aufgelöst, nicht so sehr, weil sie letztendlich verstanden wurden, sondern weil ich mein Bewusstsein zu einem Ort ausgedehnt habe, der alle Teile des Paradoxen beinhalten kann, alle Aspekte meiner Verwirrung.

Pachamamas Höhle am Machu Picchu

Ich bin nur eine der Tages-bepackten Touristen, die der Zug bei Aguas Calientes ausspuckt. Mit noch genug verbleibendem Tageslicht fuhr ich per Bus
die serpentinenförmige, staubige Straße zum Eingang von Machu Picchu
hinauf. Ich wollte an meinem Lieblingsplatz meditieren, der Höhle von

Pachamama. Allerdings ist er voller Touristen. Hier, wo die Energien weich und stark sind, ist ein Thron, aus dem Granit rausgehauen, und Stufen, so herausgeschnitten, dass sie aus dem Stein selbst herauskommen. Dieser Tempel für Mutter Erde ist in einer schützenden Höhle verstaut, direkt unter dem kreisförmigen Sonnentempel. Weil heute die Sonnenwende ist, würden die ersten Strahlen der Morgendämmerung durch das zweite trapezförmige Fenster des Sonnentempels scheinen, um genau den inneren Altar zu erleuchten.

Ein paar Türen weiter unten ist ein weniger frequentierter Fleck. Eine einfache Gasse zwischen zwei Gebäuden, überwachsen mit Unkraut, sieht für mich vertraut aus. Einem winzigen Funken von Erinnerung in meinem Kopf folgend, finde ich jetzt ein dachloses Steinhaus vor, wo es sich so anfühlt, als hätte ich hier in einer längst vergangenen Inkarnation gelebt. Auf den Steinstufen sitzend, die den Durchgang formten, aß ich meinen Energieriegel und sinnierte über die Verbindungen zwischen den Welten.

Zum Schluss zieht es mich hin zu dem wunderbaren offenen Bereich auf dem Hauptplatz, um zu entspannen, den langen Strahlen des Sonnenscheins am Ende eines Tages gegenüberstehend, dem längsten Tag des Jahres. Ich muss vorsichtig sein, einen grasbewachsenen Platz zu finden, der frei von Lamakot ist. Ich wähle einen Fleck in der Nähe vom Rand des Hauptplatzes, nahe zu einem verwilderten Gebiet mit dichter Vegetation, mit gigantischen, wahllosen Felsbrocken und dunklen Höhlen und Spalten – keinesfalls einladend. Und doch, auch daran erinnere ich mich. In diesem anderen Leben bin ich ein junges Mädchen, frei zwischen den Felsen und Bäumen herumlaufend, während mein Vater, ein Steinmetz, arbeitet, um diese wunderbare Stadt in den Wolken zu erbauen. Eine vage Erinnerung... an das Nachlaufen von Geistern, die nur ein Kind sehen kann... in die Tunnel hier herein, durch Portale hindurch... blaue Wesen, die eine Maske von meinem Gesicht losmachen... zwei Fragen, gestellt und beantwortet... siebenundzwanzigdimensionale Wesen... die Maske, ein menschliches Gesicht, meine Göttlichkeit maskierend.

Keine dieser Visionen ergibt irgendeinen Sinn, aber sie sind da, um akzeptiert zu werden; vielleicht, um in meinem Verstand für weitere zwanzig Jahre behalten zu werden, bis zu dem Moment in meiner Zukunft, wenn dieses bisschen Wissen ebenfalls einen Sinn ergibt.

In dieser Zeit und dem Raum bitte ich darum, eine Sonneneinweihung zu erhalten. Die Sonne schibt sich sofort hinter den Wolken hervor, brillant durch die mit grünen Teppichen überzogenen, senkrechten Berge scheinend. Wenn es mir ernst ist mit dem Erhalten einer Einweihung von der Sonne, sollte ich besser meine Universität-von-Colorado-Buffalos-Baseballkappe abnehmen, so dass mein Kronenchakra dem Licht ausgesetzt ist. Obendrein schmiere ich mir ein wenig Sonnenschutz auf meine Nase und die Arme. Ich lache bei dem Gedanken, dass die modernen spirituellen Eingeweihten Produkte kaufen, um die Sonne zu filtern, sogar während der Bitte für eine Sonneneinweihung! Als ich aufhöre mich bereit zu machen und letztendlich die Augen schließe, fühle ich, als ob ich ein Tetraeder aus Kristall bin, mit der Sonne im Zentrum. Es scheint nicht so, als ob ich im Inneren dieses alten, pyramidenartigen Symbols bin, sondern eher, dass ich das Ding bin und all seine Kraft. Mallku sagte, dass »Machu Picchu in den spirituellen Dimensionen entworfen wurde mit der Absicht, seine Einwohner zu den raffiniertesten Ebenen der Wahrnehmung zu erhöhen.«[*] Meine Erfahrung hier ist der Beweis dafür.

Ich bin im letzten Bus, der aus Machu Picchu abfährt. Der Touristenort Aguas Calientes ist wie ein Schmutzfleck am Fuße der Berge, wo ein Bach mit seinen heißen Wasserquellen auf den Fluss Urubamba trifft. Mein Zimmer hat den besten Ausblick der Stadt, sein Balkon im dritten Stock überblickt den trübseligen, schaumigen, cappuccinobraunen Fluss. Der ohrenbetäubende Lärm des Wassers außerhalb von meinem Fenster konkurriert mit dem Klang der Niagara oder Iguazu Fälle. Morgen wird der letzte Tag in den Anden sein. Ich schlafe gut.

Huayna Picchu, Berg der Kolibris

Huayna Picchu, was junger Berg bedeutet, ist der Berg, der hoch über Machu Picchu ragt. Mit seinen klassischen, senkrechten Hängen, die annähernd auf jedem Foto von Machu Picchu dargestellt sind, ist er bekannt für seine Schönheit und seine geomagnetischen Kräfte. Mallku sagt, dass

---

[*] Mallku, *Machu Picchu forever*, S. 84

Huayna Picchu Gipfel am Machu Picchu

in Machu Picchu der ältere Berg überirdische Höhen repräsentiert und mit dem Condor der Anden verbunden wird, dem größten Beutevogel der Welt. Der Vogel, der den kleineren, aber auffallend schönen Huayna Picchu Berg repräsentiert, ist der Kolibri. Wegen des Kusses des Kolibris in meinem Traum und weil dies mein letzter Tag in den Anden ist, werde ich heute diesen herrlichen und herausfordernden Gipfel besteigen.

Gestern belauschte ich zwei junge Männer bei ihrer Prahlerei, dass sie den Huayna Picchu bestiegen haben und den Nachbarberg, bekannt als der Tempel des Mondes, in weniger als zwei Stunden. Ich rechne damit, dass ich dafür drei brauchen werde. Ich unterzeichne das Registrierungsbuch am bewachten Eingang zum Wanderweg hoch auf den Berg. Von unten sieht es nicht einmal so aus, als wäre es möglich, seine scharfen, erodierten Flanken ohne Seil zu erklimmen.

Zuerst ist der Pfad lediglich steil und felsig, dann steigt er hinauf in den Himmel, wird zu einem schmalen Weg, der kaum mit dem bloßen Fels des Hanges zusammenhaftet. Schwindelerregend gerade hoch klettere ich, meine Hände für die Balance benutzend. Auf den Gipfel zukommend sind die schwindelerregenden Stufen so steil und schmal, dass ich sie wie eine Leiter erklimmen muss. Mit weißen Knöcheln greife ich nach dem Seil, das nur am gefährlichsten Fleck angebracht ist.

Ich halte meinen Atem an, mich auf die nächste Stufe fokussierend, denn herunterzuschauen ist wahrlich erschreckend. Dies ist nicht der Ort für Feiglinge. Ich zwinge mich selbst hinauf zum Gipfel. Wie viele Dinge, die schwierig sind im Leben, ist es jeden Schritt wert.

Ein Dutzend weiterer Touristen und ich werden mit einem spektakulären Ausblick zum Machu Picchu vom Gipfel aus belohnt. Sogar hier, auf Teilstücken der Erde, haben die Inkas Terrassen für Saaten in Mikrogröße gebaut, Steineinfriedungen, kleine Tunnel und Beobachtungsplattformen. Meinen Rucksack absetzend setze ich mich auf einen Fels und mache einige Fotos, erlaube mir den Genuss an der Bewältigung und ein paar Minuten des Nachsinnens.

Das zweite Mal innerhalb von vier Monaten schaue ich auf Machu Picchu. Mein flüchtiger Eindruck im August war vom Sonnentor aus, auf der anderen Seite der Stadt, während dieser Aussichtspunkt vom Gipfel des Kolibri Berges hinausblickt. Peru und die Anden haben mir so viel gegeben. Dennoch hätte ich starrköpfig meinem ursprünglichen Plan folgen können, welcher es war, eine Gruppe zur Besteigung des Kilimanjaro in Afrika mitzunehmen. Es ist nicht immer einfach gewesen, aber ich habe mich

Jonette auf dem Gipfel des Huayna Picchu

bemüht, dem Rat von Weißer Büffelkalbfrau an mich vor zwei Jahrzehnten treu zu bleiben: *Dein Weg entsteht durch das Laufen.* Dennoch fragte ich mich oftmals: »Wo ist es, wo ich hingehe?« Ich kenne das endgültige Ziel nicht, nur die Richtung, die jetzt zu gehen ist. Der ultimative Zweck meiner Seele rief diese mystischen Erfahrungen hervor. Tatsächlich kennt das kleine Ich normalerweise nicht den höheren Zweck, bis sich später ein Ereignis manifestiert. Sogar dann stehe ich oft im Dunkeln. Nichts von dem, was passiert ist, wurde aus meinem persönlichen Willen heraus erschaffen. Ich weiß genau, dass Wunder und Magie weiterhin unerwartet entlang meines Weges durchbrechen werden.

Häuptling Woableza erzählte uns letzten Sommer, als er sich auf die große Prophezeiung bezog, die in den Felszeichnungen des Navajolandes geschrieben stehen: »Wir müssen auf die Weisheit der Großmütter hören. Die Frauen haben die Antworten.« Ich bin eine spirituelle Großmutter, eine aus einem wachsenden Kader von Weisen. Wir haben uns selbst geboren. Wir sind stark und wir sind bereit. Vom Gipfel des Berges aus blicke ich hinaus über das Panorama aus der Vergangenheit und ich kann flüchtig die Zukunft sehen.

Obschon der Aufstieg schwierig war, so ist der Abstieg grauenhaft! Jetzt kann ich sehen, wo ich hinfallen könnte, falls ich eine Stufe verpassen würde oder mein unsicheres Gleichgewicht verlor. Wahlweise auf dem Hintern rutschend, wann immer ich kann, schlussfolgere ich, dass ich sicherer bin mit mehr Oberfläche am Boden. Es ist eine peinliche Erfahrung. Ich zittere und bin schwer erleichtert, als ich es endlich zu der Gabelung in der Nähe des unteren Teils des Weges schaffe, der zum Tempel des Mondes führt. Auf meine Uhr schauend stelle ich fest, dass immer noch Zeit genug ist, die andere Wanderung zu machen. Zumindest geht diese nicht geradeaus den Berg hoch. Für eine weitere halbe Stunde wandere ich entlang des Pfades zum Mondtempel, und dann halte ich an, um ein Foto zu machen.

Aber wo ist meine Kamera? Vielmehr, wo ist mein Rucksack?... mein Portemonnaie?... mein Pass? »Oh, mein Gott, nein... das kann nicht sein!« keuche ich. »Wie kann ich nur so dumm sein?!« Ich habe alles in meinem Rucksack ganz oben auf dem Huayna Picchu zurückgelassen! Nicht nur, dass ich den unmöglichen Berg wieder hinaufsteigen muss, sondern dieses Mal muss ich ihn schnell besteigen – damit ich den Bus erwische, den Zug erwische, das Flugzeug zurück nach Hause nach Colorado erwische.

Epilog

Vier Tage später, Weihnachten 2004, liegt die Welt der Inka-Legenden, Sonnenscheiben und des Schamanen, der meine Zwillingsseele ist, weit hinter mir. Meine ganze Familie ist bei meiner Schwester Mo zu Hause in den Gebirgsausläufern südlich von Denver versammelt für das traditionelle Weihnachtsabendessen der Crowleys. Ihr Ehemann Andrew brät eine Gans; die Aromen vermischen sich mit dem Duft des frisch geschnittenen Weihnachtsbaumes. Jimmy Buffets Feiertags-CD spielt im Hintergrund; kleine Jungs in Rentierpyjamas sind viel zu aufgeregt, um ins Bett zu gehen. Wir sind alle hier: mein geliebter Ed, Brüder und Schwager, Schwestern und Schwägerinnen, Nichten und Neffen.

Um den Tisch herum sitzend, der geschmackvoll dekoriert ist mit Stechpalmen und Süßigkeiten, plaudert unsere Familie, und unsere Unterhaltungen springen wie erwartet zwischen den Themen über Geschenke und Essen, Kindern und Neujahrsplänen hin und her. Mein witzelnder Bruder John erinnert sich plötzlich, dass ich gerade von meiner Alleinreise in die Anden zurückgekehrt bin.

»Hey Jonette, wie war Peru?« fragt John laut. Sobald er die Aufmerksamkeit der Familie hat, fährt er fort: »Ich habe versucht, Wetten anzunehmen, stellte mir vor, dass die Chancen fünfzig Prozent sind, dass du in Südamerika bleiben würdest.« Meine Familie kicherte. John machte weiter, ermutigt: »Und fünfundzwanzig Prozent, dass es Ed egal wäre! Aber ich konnte keine Abnehmer finden.«

»Das hätte ein paar Mal in der Vergangenheit stimmen können, aber jetzt nicht mehr,« kommt Eds schnelle Antwort. Dann dreht sich mein Mann zu mir um, seine blauen Augen funkeln vor Liebe und er sagte: »Ich bin wirklich froh, dass du zurück bist!«

Ich gebe ihm einen Kuss, der ihm sagt: »Hier gehöre ich hin.« Ich brauche nicht einmal den Mistelzweig.

Der Inka-Wanderweg

Nach Hause kommen C.O.D.*

Ich komme nach Hause c.o.d.,
Der Welten Straßen in meinem Rücken.
Meine Taschen leer, Steine und Muscheln aufbewahrt,
die ich entlang des Weges gefunden habe.

---

* C.O.D. bedeutet „Cash on Delivery" (Bargeld bei Lieferung). Es ist eine Versandangabe für etwas, das nicht bezahlt wird, bevor es an seinem Ziel ankommt.

Ich trampte durch alpine Wildnis,
Australiens grandioses Outback.
Meine Beine tun weh, meine Jeans sind zerrissen,
Als ich langsam meine Packtasche hebe.

Mein Ticket sagt, ich reise nach Hause,
Aber meine Seele möchte bleiben.
Ich kann einfach kein Leben annehmen, dass besagt,
Dass ich jeden Tag am selben Ort sein werde.
Sicher denkst du, dass du glücklich bist,
Aber schau hin, was du bezahlst.
Du siehst niemals die Sonne aufgehen
Über einer blauen neuseeländischen Bucht.

Für mich ist in der Spur bleiben ein Ort
Mit vier Wänden und einer Tür.
Hereinkommen ist leicht,
Aber das Verlassen ist Arbeit.
Du bekommst dein großes T.V.
und denkst, dass es nichts anderes mehr gibt.
Ich bin reich an Steinen und Muscheln,
Dein Geld hält dich arm.

Du siehst, ich habe gelernt, dass Stillstehen
deine Seele alt werden lässt.
Wenn du also fühlst, dass die Dinge, die du hast,
zu einer schweren Last werden,
Erinnere dich, dass du nichts hast,
Wenn es der Seelenfrieden ist, den du verkauft hast.
Und so wirst du mich dort wartend vorfinden
Entlang irgendeiner entfernten Straße.

Jonette Crowley, März 1981
Südpazifik, auf dem Weg nach Hause

Bibliographie

ARÉVELO MEREJILDO, JAMES (Mallku), »Inka Initiantion Path, The Awakening of the Puma«, Shamanic Productions, Cusco, Peru 2004

ARÉVELO MEREJILDO, JAMES (Mallku), »Machu Picchu Forever, City of Pilgrims Spiritual Path«, Cusco, Peru 2001

BAILEY, ALICE A., »Initiation, Human and Solar«, Lucis Publishing, New York, NY-1922

CERVÉ, WISHAR S., »Lemuria The Lost Continent of the Pacific«, Supreme Grand Lodge of Amorc, Rosicrucian Library, San Jose, CA-1931

CHILDRESS, DAVID HATCHER, »Lost Cities of Ancient Lemuria & the Pacific«, Adventures Unlimited Press, Stelle, IL-1988

CHILDRESS, DAVID HATCHER, »Lost Cities & Ancient Mysteries of South America«, Adventures Unlimited Press, Kempton, IL-1986

COTTERELL, MAURICE, »The Lost Tomb of Viracocha«, Bear & Company, Rochester, VT-2001

EMOTO, MASARU, »Messages from Water«, Hado Publishing, Terrance, CA-1999

GILBERT, ADRIAN G., »The Mayan Prophecies«, Element Books Limited, Boston, MA-1995

HANCOCK, GRAHAM, »Fingerprints of the Gods«, Three Rivers Press, New York, NY-995

KENYON, TOM & JUDY SION, »The Magdalen Manuscript«, Orb Communications, Orcas, WA-2002

LITTLE, GEORGE L., »Ancient South America: Recent Evidence Supporting Edgar Cayce's Story of Atlantis and Mu«, Eagle Wing Books, Memphis, TN-2002

MACLAINE, SHIRLEY, »The Camino«, Atria, New York, NY-2001

PAIVA, ANTÓN PONCE DE LEÓN, »The Wisdom of the Wise ONE«, Bluestar Communications, Woodside, CA-1995

PAIVA, ANTÓN PONCE DE LEÓN, »In Search of the Wise ONE«, Bluestar Communications, Woodside, CA-1996

PERKINS, JOHN, »Spirit of the Shuar«, Destiny Books, Rochester, VT 2001

PERKINS, JOHN, »Confessions of an Economic Hit Man«, Berrett-Koehler Publishers, Inc. San Francisco, CA-2004

PHILIP, BROTHER (Williamson, George Hunt), »Secrets of the Andes«, Transworld Publishers Ltd., London 1961

PINKHAM, MARK AMARU, »The Return of the Serpents of Wisdom«, Adventures Unlimited Press, Kempton, IL-1997

RACHOWIECKI, ROB, »Peru«, Lonely Planet Publications, Oakland, CA-1996

Roberts, Jane, »The Nature of Personal Reality« (Ein Buch von Seth), Amber-Allen Publishing, San Rafael, CA-1994

STELLE, DR. ROBERT D., »The Sun Rises«, Lemurien Fellowship, 1952

WHITE EAGLE, »The Quiet Mind, Sayings of White Eagle«, The White Eagle Publishing Trust, Hampshire, England, 1972
Kontaktinformation

Kontaktinformation

CENTER FOR CREATIVE CONSCIOUSNESS
5380 S. Monaco St.
Greenwood Village, CO-80111

Telefon: 001 - (303) 6 89 - 93 18
Fax: 001 - (303) 6 89 - 76 66

E-mail: info@JonetteCrowley.com
Web: www.theEagleandtheCondor.com
www.JonetteCrowley.com

Dort erhalten Sie alle Informationen zur Arbeit von Jonette Crowley.
Workshops, Spirituelle Reisen, Konferenzen.
Im Internet: Internet-Tagebuch, weitere Fotos und Austausch zu dem Buch,
kostenlose Meditationen, Newsletter u.v.m.

Infos zu Seminaren in Deutschland:
www.elraanis.de